MANFRED ALBERTI
VORSORGEBUCH

MANFRED ALBERTI

VORSORGEBUCH
ALTER · STERBEN · BESTATTUNG

MIT HILFREICHEN TIPPS UND CHECKLISTEN

Dieses Buch enthält Entscheidungen und Wünsche von

neukirchener
aussaat

Dieses Buch wurde auf FSC®-zertifiziertem Papier gedruckt.
FSC® (Forest Stewardship Council®) ist eine nichtstaatliche,
gemeinnützige Organisation, die sich für eine ökologische und
sozialverantwortliche Nutzung der Wälder unserer Erde einsetzt.

Bibliografische Information der Deutschen Nationalbibliothek

Die Deutsche Nationalbibliothek verzeichnet diese Publikation in der Deutschen Nationalbibliografie; detaillierte bibliografische Daten sind im Internet
über http://dnb.d-nb.de abrufbar.

Umschlaggestaltung: Andreas Sonnhüter, www.sonnhueter.com, unter
Verwendung eines Bildes von © Monkey Business Images / shutterstock.com
Lektorat: Wolfgang Schrödter, Hamburg
DTP: Breklumer Print-Service, www.breklumer-print-service.com
Verwendete Schrift: Frutiger, Sabon
Gesamtherstellung: FINIDR Lipová
Printed in Czech Republic
ISBN 978-3-7615-6188-1

www.neukirchener-verlage.de

Vorbemerkung

Das Leben ist vielschichtig und die Menschen sind sehr unterschiedlich. So sind auch die rechtlichen Verhältnisse von nicht zu überschauender Vielfalt. Im deutschsprachigen Raum gibt es in jedem Staat, in jedem Bundesland, in jeder Stadt, auf jedem Friedhof unterschiedliche Vorschriften, Regeln und Gebräuche. Dieses Buch will und kann solche Unterschiede weder behandeln noch berücksichtigen. Im konkreten Einzelfall muss man sich nach den jeweils geltenden Vorschriften erkundigen. Verfasser und Verlag wollen, können und dürfen mit diesem Buch keine verbindlichen Rechtsauskünfte geben.

Da dieses Buch auch wie ein Handbuch benutzt werden kann, war es nicht zu vermeiden, dass manche Hinweise an verschiedenen Stellen auftauchen.

Der leichteren Lesbarkeit wegen soll die meistens gewählte männliche Sprachform beide Geschlechter einschließen.

Die Listen der Kapitel 11 und 12 können Sie auch im Internet unter www.neukirchener-verlage.de/vorsorgebuch-alter herunterladen. Das Passwort lautet MA1503VB.

➡ weist auf Kapitel dieses Buches hin, in denen Sie weiterführende Erklärungen oder Checklisten und Formulare zum Thema finden.

Dieses Buch ist aus einer Vielzahl von Gesprächen und Erfahrungen entstanden. Wenn Sie weitere Vorschläge oder kritische Anmerkungen haben, dann schreiben Sie bitte an den Verlag oder an den Autor (manfredalberti@hotmail.com), damit diese in einer neuen Auflage berücksichtigt werden und anderen Menschen in ähnlicher Situation helfen können.

Danksagung

Dieses Buch war nicht zu erstellen ohne die Hilfe sachkundiger Experten und engagierter Korrekturleser. Deshalb danke ich ganz herzlich: Ingo Schellenberg (Ev. Friedhofsverband Wuppertal), Wolfgang Zocher (Ehrenpräsident des Bundesverbandes Deutscher Bestatter), Eva Weik (Wupperadvokaten, Erbrecht, Fachanwältin für Familienrecht), Dr. Bruno Kurth (Katholischer Dechant), Karin Eichhorst, Christa(†) und Dr. Peter Altreuther, Sabine und Bernhard Kröger, Dieter Belgardt, Heinz Bock, Udo Scheer, Gesa Jürgensen, Frank Köbbemann (St. Remigius-Haus), Dieter Hanke (Ev. Altenpflege in NRW), Dr. Arno Mersmann, Hans-Dieter Fischer, Erika Hilgendorf, Jürgen Hüttemann, Sabine Fischer, Karl-Hermann Mallmann, Reimund Sieper (alle Wuppertal), Inga Alberti (Düsseldorf), Nils Alberti (Berlin), Leonid Goldberg (Solingen), Volker Wobbe (Dortmund), Sabine Pacht (Wülfrath), Martin Schlegel (Kettwig), Dagmar Fernau, Sandra Prott (beide Heiligenhaus), Norbert, Micaela und Florian Nakatenus (Grävenwiesbach), Susann Eichhorst (Köln), Pfrn. Adelheid Vitenius (Berlin), Nina Buntenbach (Hilden) und vielen anderen.

Geleitwort von Nikolaus Schneider

„Herr, … lehre uns bedenken, dass wir sterben müssen, auf dass wir klug werden" – dieser Gedanke aus dem 90. Psalm weist uns auf eine Gegebenheit unseres Lebens hin. Nichts kann so sicher über das irdische Leben eines neugeborenen Menschen gesagt werden wie sein unausweichliches Ende: Jedes Leben läuft auf den Tod zu. Die Vergänglichkeit unseres irdischen Lebens gehört zu den Gegebenheiten, die wir hinnehmen müssen. Sie ist kein Problem, das wir lösen könnten. Selbst wenn medizinische Fortschritte unser Leben verlängern und wenn wir gesund bis zum Ende des Lebens bleiben: dann sterben wir eben gesund. Aber wir werden sterben.

Unser irdisches Leben ist begrenzt. Aber jeder Tag, den wir erleben, zählt. Ob wir ihn genießen oder erleiden, gestalten oder verschlafen, wert-schätzen oder vergeuden – jeder Tag zählt und führt uns wieder ein Stück näher an unsere Sterbestunde heran. Diesen Sachverhalt zu verdrängen oder zu beschönigen, taugt nicht. Was aber taugt, ist, ihn zu bedenken und klug zu werden.

Als eine Anleitung zum Bedenken und zum Klugwerden verstehe ich dieses „Vorsorgebuch". Es speist sich aus einem langen Pfarrerleben. Manfred Alberti reflektiert seine Erfahrungen in der Begleitung von Menschen im Alter, beim Sterben, auf dem Friedhof und bei der Trauer. Das Buch wird durch das Bedenken der konkreten Erfordernisse in den verschiedenen Lebensphasen zu einer „Lebenshilfe". Es nimmt manchen Tabus ihre lähmende Kraft, die für viele Menschen mit den Themen Sterben, Tod, Trauer, Bestattung, Friedhof … verbunden sind. Denn das sind Lebensthemen, die wir nicht nur irgendwie bewältigen müssen, sondern in Würde, mit Bedacht – eben „klug" gestalten können.

Dem „Vorsorgebuch" wünsche ich viele Nutzerinnen und Nutzer. Es möge zu einem Segen werden und Menschen helfen, ihr Leben zu gestalten. Wer die Schritte durchdenkt, die vor uns liegen, wer die notwendigen Informationen zusammenträgt und ordnet, die zur Gestaltung von „Alter – Sterben – Bestattung" notwendig sind, der kann mit Ruhe und Souveränität diese Lebensstrecke in Angriff nehmen – und sein Leben genießen. Und Hoffnung und Zuversicht kann seinen Alltag bestimmen, weil Gott uns auch im Sterben und durch den Tod hindurch tragen wird. Der Prophet Jesaja bringt das so zum Ausdruck: „… ich will euch tragen, bis ihr grau werdet. Ich habe es getan; ich will heben und tragen und erretten" (Jesaja 46,4).

Nikolaus Schneider
Berlin, im Advent 2014

INHALT

Checklisten

Exkurse

1. EINLEITUNG

1.1. Die Reise durch das Leben ab sechzig

Die dritte Lebensphase kann zu den schönsten Zeiten im Leben gehören. Der Mensch ist
- frei von beruflichem Stress,
  - frei von Sorgen um Kinder,
    - frei in der Zeiteinteilung,
      - frei in seinem Engagement,
        - frei von materiellen Sorgen.

Man kann das Leben genießen, von der „Generation 50+" bis ins Seniorenalter.

Nie zuvor durften sich so viele Menschen nach dem Arbeitsleben über eine solch hohe Lebensqualität freuen. Nie zuvor konnten Menschen so alt werden und so lange ihr Leben selbst gestalten: mobil, reisend, durch das Fernsehen informiert und unterhalten, versorgt mit guten Speisen und auch bei Krankheiten lange in der eigenen Wohnung gepflegt. Nur wenige Länder kennen eine solche Absicherung des Älterwerdens und des Alters.

Es ist allerdings ganz natürlich, dass diese Zeit auch ihre anderen Seiten hat: Gesundheitliche Probleme nehmen zu, Leistungsfähigkeit und Gedächtnis lassen nach, die Interessen werden weniger, und wenn Partner und Freunde sterben, muss man sich damit auseinandersetzen, dass auch das eigene Lebensende unaufhaltsam näherrückt. Irgendwann wird man nicht mehr stark genug sein, alleine in seiner Wohnung zu leben. Irgendwann braucht man Pflege. Irgendwann beginnt der Sterbeprozess. Das alles gehört ganz natürlich zum Älterwerden hinzu.

Dieses Buch möchte Ihnen dabei helfen, diese Lebensphase bewusst und nach dem eigenen Willen zu gestalten. Sie kann dreißig Jahre oder auch nur wenige Wochen dauern. Wer frühzeitig seine eigenen Entscheidungen trifft und verbindlich schriftlich niederlegt, hat dafür gesorgt, dass auch die vielleicht kommenden schweren Zeiten nach seinen eigenen Vorstellungen ablaufen können. Dazu gehören auch die vielen Entscheidungen, die mit Sterben, Tod und Bestattung zusammenhängen.

1.2. Die Schwerpunkte dieses Buches

Älterwerden und Abschied langfristig bedenken (Kapitel 2)
Wohnen und Hobby, Freundschaft und Reisen: Vieles kann man jetzt neu gestalten. Wer sich nicht von den Belastungen der dritten Lebensphase blenden lässt, sondern die Chancen und neuen Gelegenheiten bewusst wahrnimmt, dem kann eine schöne und erfüllte Zeit bevorstehen. Je besser man sich darauf einstellt, dass die eigenen Kräfte abnehmen, desto länger kann die Phase zufriedenen Lebens andauern. Ideen und Anregungen für ein bewusstes und angemessenes Älterwerden sollen Ihnen helfen, diesen Wegabschnitt zu gestalten.

Das Sterben (Kapitel 3)
Wer sich frühzeitig mit den Fragen zu Sterben und Tod auseinandersetzt, dem werden vielleicht viele belastende Gedanken und Gefühle leichter. Das unausweichliche Ende des eigenen Lebens zu verdrängen, ist der falsche Weg.

Zwischen Tod und Trauerfeier: 1000 Entscheidungen (Kapitel 4)
Als ein großes Geschenk empfinden es meistens die Angehörigen, wenn sich der Verstorbene weit im Voraus Gedanken über die vielen Entscheidungen gemacht hat, die getroffen werden müssen, diese Gedanken mit seinen Angehörigen besprochen und dann seine Wünsche und Verfügungen schriftlich festgelegt hat. Doch nicht immer können sich Angehörige an diesen Regelungen orientieren: Deshalb hilft dieses Kapitel mit Informationen und Argumenten auch bei kurzfristig notwendigen Entscheidungen.

Friedhof und Grabstelle (Kapitel 5)
Kurzfristige Entscheidungen sind oft von kurzfristigen Überlegungen bestimmt. Mit Gräbern und dem Friedhof haben die Angehörigen 20 bis 30 Jahre zu tun, vielleicht noch mehrere Generationen danach. Langfristiges Überlegen und Beraten vermeidet kurzschlüssige Fehler.

Aber auch bei unerwarteten Sterbefällen soll die umfassende Übersicht zu guten Entscheidungen verhelfen.

Die Trauerfeier (Kapitel 6)
Der emotionale Abschied bei der Trauerfeier oder am Grab soll bei der Trauerarbeit helfen. Dieses Kapitel erläutert, was dabei zu beachten ist, und gibt Anregungen für eine angemessene persönliche Ausprägung der Bestattungsfeier.

Aufgaben nach der Bestattung (Kapitel 7)
Das Leben ist vielfältig und vielfältig sind daher die Aufgaben für die Angehörigen: Die Wohnung muss aufgelöst werden, Verträge und Abonnements sind zu kündigen, das Erbe muss geregelt werden.

Die Grabgestaltung (Kapitel 8)
Wer lange für die Gräber seiner Vorfahren Verantwortung trug und viel Arbeit in die Pflege investiert hat, der hat Wünsche für sein eigenes Grab. Dieses Kapitel informiert über die Möglichkeiten, seine Grabpflege auf Dauer zu sichern.

Meine persönliche Daten- und Dokumentenliste (Kapitel 11)
Jeder Mensch kennt für sein eigenes Leben alle wichtigen Details. Die Nachkommen wissen oft nur weniges davon. Gerade wenn Kinder nicht im eigenen Haushalt, sondern in einer entfernten Stadt wohnen, oder gar ein Fremder Bestattungsvorbereitungen, Wohnungsauflösung, Vertragskündigungen und Erbschaftsfragen erledigen muss, dann sind Listen mit Informationen, Vertragsnummern, Adressen, Verwandtschaftsverhältnissen etc. äußerst hilfreich. In kurzer Zeit kann man selbst alle wichtigen Daten und Dokumente zusammentragen und geordnet hinterlassen: Man erspart seinen Angehörigen mühevolle und oft erfolglose Sucharbeit.

Meine eigenen Wünsche und Entscheidungen (Kapitel 12)
Auf den Schlussseiten dieses Buches können Sie alle persönlichen Entscheidungen, Wünsche, Informationen und Anregungen für Ihr Älterwerden und Ihren Abschied aus diesem Leben zusammenstellen: Mit Hilfe durchdachter und präziser Formulierungen können Ihre Angehörigen oder Betreuer Ihre letzte Lebensphase und Ihren Abschied so gestalten, wie das Ihren Wünschen entspricht.

1.3. Zum Umgang mit diesem Buch

Dieses Buch kann und soll man nicht von A bis Z lesen und bearbeiten.

Beginnen Sie mit dem für Sie Interessanten. Das ausführliche Inhaltsverzeichnis möchte Ihnen dabei helfen, für Sie wichtige Fragen und Anregungen zu finden. Stöbern Sie in diesem Buch herum.

Und dann fangen Sie bei dem Einfachen an: Wenn Sie in Kapitel 11 alles das eintragen, was Sie über Ihr eigenes Leben wissen, dann haben Sie bei einem Unfall, einer plötzlichen schweren Erkrankung oder einer beginnenden Demenz denen, die sich um Sie kümmern, eine riesengroße Hilfe gegeben. Ihre Kinder, Ihre Verwandten oder Ihre Betreuer werden Ihnen sehr dankbar sein. Ein Ordner mit den gesammelten wichtigen Dokumenten erleichtert Ihnen und Ihren Angehörigen das Leben sehr. Nicht nur das fertig ausgefüllte Buch ist wertvoll, sondern jede einzelne bereitgestellte Information und jede getroffene Entscheidung ist hilfreich.

In Kapitel 12 können Sie die Entscheidungen eintragen, die Sie für sich für richtig halten. Die dazugehörigen Kapitel des Buches sollen Ihnen Hintergrundinformationen geben und Hilfe bei Ihren Entscheidungen sein. Alle Wünsche sollten schriftlich festgehalten sein, damit sie in Ihrem Sinne umgesetzt werden.

Die Listen der Kapitel 11 und 12 können Sie auch im Internet herunterladen (die Adresse finden Sie auf Seite 5 dieses Buches). So können Sie auch die ausgedruckten Seiten ausfüllen und in Ihren Vorsorgehefter einordnen. Das gilt natürlich auch, wenn Sie Änderungen und Aktualisierungen vornehmen oder ein Register für Ihren Partner/Ihre Partnerin anlegen möchten.

Wenn Sie dieses Buch allerdings zur Hand nehmen, weil Sie nach einem Todesfall eine Bestattung in den nächsten Tagen vorbereiten müssen oder weil Sie sich Gedanken über den Ablauf Ihrer eigenen Beerdigung machen möchten, dann beginnen Sie die Lektüre dieses Buches mit dem Kapitel vier: In den Kapiteln vier bis acht werden Sie ausführlich durch alle anstehenden Fragen und Entscheidungen geleitet. Dieses Buch möchte Ihnen eine Hilfe und ein Leitfaden sein, Ihnen Argumente und Überlegungen für Ihre Entscheidungen an die Hand geben und Ihnen ein Ratgeber sein in dieser schwierigen Zeit.

Niemand weiß, wie lange er die geistige Kraft besitzt, Entscheidungen selbst treffen zu können. Nehmen Sie sich Zeit und beschäftigen Sie sich zuerst mit dem Leichten oder dem, was Sie besonders interessiert. Dann denken Sie über die anderen Fragestellungen nach. Nur sollten Sie die lange Bank nicht als Ausflucht nehmen, Entscheidungen auszuweichen. Besser treffen Sie mutig Ihre Entscheidung. Ändern können Sie sie ja jederzeit wieder.

Der Autor dieses Buches hat in vielen Gesprächen erfahren, wie entlastet sich Menschen fühlen, wenn sie sich mit den wichtigen Fragen ihres letzten Lebensabschnittes beschäftigt und ihre Entscheidungen getroffen haben. Diese Entlastung kann sehr viel zur Lebenszufriedenheit und zum Lebensglück beim Älterwerden beitragen. Das Schwinden der körperlichen und geistigen Kräfte, Krankwerden, Sterben und Tod verlieren viel von ihren Schrecken, wenn sie als normale Abschnitte der letzten Strecke auf dem Lebensweg wahrgenommen werden und wenn diese Abschnitte, so gut es geht, vorher bedacht und geplant werden.

Diese Erfahrung gab die Motivation, das vorliegende Buch zu schreiben. Ihnen als Leserinnen und Lesern wünsche ich viele gute Gedanken, verständnisvolle Gesprächspartner beim Überlegen und viel Mut zu Entscheidungen.

Manfred Alberti

2. ÄLTERWERDEN UND ABSCHIED LANGFRISTIG BEDENKEN: EINMAL SOLLTE MAN MUTIG ANFANGEN

2.1. Nachdenken kann nicht schaden: „Je früher desto besser"

Am Ende des menschlichen Lebens steht der Tod. Eine Selbstverständlichkeit, von der kein Mensch ausgenommen ist. Der medizinische und pharmazeutische Fortschritt, die besseren hygienischen Verhältnisse, die guten allgemeinen Lebensbedingungen und der lange Friede haben die Lebenserwartung in unserem Kulturraum rasant in die Höhe getrieben. Alle drei Jahre wächst die durchschnittliche Lebenserwartung eines neugeborenen Kindes um ein Jahr: Die Hälfte aller heute geborenen Mädchen wird den hundertsten Geburtstag feiern können, wenn diese Entwicklung so weitergeht.

Aber trotz allem: Am Ende jedes Lebens steht der Tod. Eine Binsenweisheit. Wer ehrlich gegen sich selbst ist, muss sich eingestehen: Ich kann in dreißig Jahren sterben, oder auch morgen. Ein Verkehrsunfall oder Herzinfarkt kann mein Leben schnell beenden, ich kann aber auch mehrere Jahre als Pflegefall an ein Bett gefesselt leben müssen. Niemand hat seine Zukunft vollständig selbst in der Hand. Zwar hoffen fast alle Senioren, dass ihr Leben irgendwann jäh von einer Minute auf die andere endet, aber vielen bleibt eine lange Zeit der Pflegebedürftigkeit nicht erspart.

So ist es nur vernünftig, sich rechtzeitig mit den Fragen des Älterwerdens und des eigenen Sterbens auseinanderzusetzen. Viele schieben diese Aufgabe immer wieder auf und haben doch dabei ein schlechtes Gewissen sich selbst und ihren Angehörigen gegenüber. Jeder tödliche Verkehrsunfall oder Herzinfarkt im Bekanntenkreis ist eine Mahnung, dass es ein „zu früh" nicht gibt. Schließlich kann man seine Entscheidungen später jederzeit wieder ändern.

Schlimm ist das „zu spät". Wer sich als Pflegefall permanent mit ungeklärten Fragen quält und dabei nichts mehr tun und entscheiden kann, der ärgert sich über das Hinausschieben.

Und selbst derjenige, der „Was nach meinem Tode mit mir passiert, ist mir völlig egal!" sagt, der bürdet lediglich seinen Angehörigen die offenen Fragen und ungelösten Probleme auf. Die Hinterbliebenen stehen dann plötzlich und unvorbereitet unter Entscheidungsdruck. Nicht wenige Streitigkeiten unter Geschwistern rühren daher, dass man sich nach dem Tod eines Elternteils unter ungeheurem Zeitdruck nicht einigen konnte, was der Verstorbene wohl gewollt hätte.

2.2. Selbst Entscheidungen treffen, statt sich auf andere zu verlassen

Lebens- und Sterbefragen sind ganz persönliche Fragen. Helfen können bei den Entscheidungen viele Menschen – sehr nahe und sehr fernstehende –, Bücher, Ratgeber, Fernsehsendungen und Zeitungsartikel … aber treffen muss sie jeder für sich selbst.

Grundlegende Fragen verändern sich im Laufe des Lebens: Jugendliche denken anders über den Tod als Menschen im Rentenalter. Selbst im Alter können sich durch neue Erfahrungen, durch Gespräche und auch durch die Lektüre dieses Buches neue Aspekte ergeben, welche Entscheidungen von einst in einem anderen Licht erscheinen lassen. Die Checklisten in den Kapiteln 11 und 12 am Ende des Buches können Sie auch aus dem Internet herunterladen (die Adresse finden Sie auf Seite 5 dieses Buches) – somit können Sie sie jederzeit neu ausfüllen und dem aktuellen Stand ihrer Entscheidungen anpassen: So wie ja auch ein Testament jederzeit veränderbar ist.

2.3. Überlegungen mit nahen Menschen besprechen: Vielleicht hat jemand noch eine bessere Idee oder Bedenken

Andere Menschen werden nach Ihrem Tod Ihre Wünsche und Ihre Entscheidungen umsetzen müssen – freiwillig aus Überzeugung und Loyalität oder zwangsweise durch testamentarische Verfügung. Es ist deshalb sinnvoll, die Entscheidungen nicht ohne Rücksprache mit jenen Menschen zu treffen, die nachher Verantwortung tragen: Partner, Kinder, Geschwister, vielleicht sogar Neffen und Nichten. Möglicherweise gibt es mehrere Angehörige, denen juristisch im selben Maße die Aufgabe zufällt, die Beerdigung zu organisieren. Nicht alle haben die gleichen Vorstellungen. Sie werden sich zu manchen Ihrer Entscheidungen andere Gedanken machen und eigene Wünsche haben, zum Beispiel, dass das Grab wegen der Pflege in Nähes ihres eigenen Wohnorts liegt.

Die Sichtweise der Kinder und Enkel, die Erfahrungen und Interessen ihrer Generation sollten so früh wie möglich in die Überlegungen einfließen, auch wenn letztlich jeder für sich selbst entscheiden muss.

Die Angehörigen denken (oft) anders

Ein Ehepaar war zu einer auswärtigen Bestattung eingeladen. Der Verstorbene wurde auf einer grünen Wiese mit einem großen Rosenfeld beigesetzt. Es gab kein erkennbares Grab und keinen Grabstein. Auf der Rückfahrt sprechen die beiden darüber, dass diese Bestattung doch wunderbar für die Angehörigen sei: Keiner muss sich um die Grabpflege Sorgen machen. Ihre eigenen Kinder würden sich vermutlich sowieso nicht um die Gräber kümmern wollen, denn bislang hätten sie noch nie das Familiengrab gepflegt und nur höchst selten die Gräber der Großeltern besucht. Die Kosten für die Grabpflege könnte man ihnen so auch ersparen. Kurz darauf gehen sie zum Friedhofsverwalter und kündigen ihre Familiengrabstätte, auf der inzwischen alle Ruhezeiten abgelaufen sind. Einige Tage später erzählen sie ihren Kindern von ihrem Erlebnis und der Rückgabe der Familiengrabstätte.

Doch die Kinder sind entsetzt. Sie spüren, dass bei den Eltern die Angst besteht, dass sie sich nicht um ihre Gräber kümmern würden. Sie empfinden dieses Gefühl als Misstrauen in ihre Liebe zu den Eltern. Selbstverständlich würden sie die Gräber ordentlich pflegen und besuchen: Die Gräber seien schließlich ein Ort ihrer Familie. Die Kinder waren sehr betroffen über die Ängste ihrer Eltern. Am nächsten Tag hat das Ehepaar die Kündigung seiner Familiengrabstätte wieder rückgängig gemacht.

Interessant und überraschend können Gespräche über diese Themen auch im (gleichaltrigen) Freundeskreis sein. Jeder macht sich seine Gedanken, jeder hat seine eigenen Befürchtungen, Ängste, Erfahrungen. Nur sind die selten Gesprächsthema, sodass jeder auf sich selbst gestellt ist. Dabei quält sich mancher Nacht um Nacht mit bestimmten Fragen. Daher ist die Dankbarkeit groß, wenn sich im Bekanntenkreis einer traut, den ganzen Problembereich offen anzusprechen: Älterwerden, die eigene Bestattung, Vorsorge, Patientenverfügung, Betreuungsvollmachten.

Das naheliegendste Gespräch ist oft das schwierigste. Selbst zwischen Ehepaaren wird das Thema häufig ausgeklammert. Zuerst fühlt man noch keine Notwendigkeit, wenn aber einer krank wird, haben beide Scheu: Der Kranke soll nicht den Eindruck bekommen, dass er praktisch schon für tot gehalten wird, und der Gesunde soll nicht glauben, sein Partner habe für sich jetzt mit dem Leben abgeschlossen. Auch vermuten beide vielleicht, dass es an mancher Stelle zu keiner Einigung kommen könnte: dieser oder jener Friedhof, kleine oder große Trauerfeier, Sarg oder Urne, Bestattung durch einen Pfarrer oder einen Redner, anschließender Beerdigungskaffee, Leichenschmaus ja oder nein …

Manche unterschiedlichen Interessen werden sich vereinbaren lassen, wenn man die richtigen Informationen hat. Bei anderen kann man sich Kompromisse erarbeiten. Selbst bei sich ausschließenden Wünschen – „In euer oder unser Familiengrab?" –, kann man zu einer Lösung kommen, wenn in der einen Frage der Wunsch des einen, in der anderen der Wunsch des anderen berücksichtigt wird. Hauptsache, die Partner haben sich geeinigt und jeder weiß, woran er ist. Im Ungewissen zu sein, weil man nicht darüber gesprochen hat, ist eine genauso schlechte Lösung wie die, das Problem bis zum Tod des einen Partners zu vertagen oder die Entscheidung auf Kinder und Angehörige abzuladen.

2.4. Eigene Wünsche und Entscheidungen schriftlich festlegen: Nur das Geschriebene zählt

Die Vorstellungen, die man vom eigenen Älterwerden und von der eigenen Bestattung hat, berühren intime Zonen der eigenen Persönlichkeit. Glaube und Erfahrung, Gesellschafts- und Familientraditionen, Beziehungsansprüche – sie bilden zusammen ein schwer entwirrbares Geflecht aus Wünschen, Zielen und Möglichkeiten. Immer wieder ändern sich dabei auch die persönlichen Prioritäten.

Dieses Buch möchte Fragen und Antworten zum Thema formulieren und so für die anstehenden Entscheidungen Hilfestellung geben. Es möchte Sie dazu ermutigen, für sich Beschlüsse zu fassen. Normalerweise sind die für die Bestattung verantwortlichen Angehörigen froh und erleichtert, wenn der Wille des Verstorbenen zweifelsfrei und klar festgehalten ist.

Auch wenn man sich sicher ist, dass die Angehörigen bemüht sein werden, die Beerdigung nach dem Willen des Verstorbenen zu gestalten, sollte man der Deutlichkeit halber seine Vorstellungen in einem Schriftstück festhalten. Unklarheiten und unterschiedliche Erinnerungen bei den Angehörigen kommen durchaus vor: „Mutti wollte doch immer nur im Sarg beerdigt werden!" „Nein, vor einem halben Jahr bei der Urnenbeisetzung ihrer Freundin hat sie mir gesagt, dass sie inzwischen auch eine Urnenbeisetzung für sich besser findet!"

Die schriftlichen Erklärungen im letzten Kapitel 12 dieses Buches helfen dabei, alle zu entscheidenden Fragen zu klären. Solche klaren Wünsche vermeiden Streit unter Kindern oder zwischen Kindern und dem Partner usw. Leider entstehen vielfach aus Streitereien um Bestattungsfragen und Erbangelegenheiten Auseinandersetzungen, die das Verhältnis der Betroffenen über Jahre oder Jahrzehnte trüben.

In Kapitel 12 können Sie Ihre eigenen Wünsche und Entscheidungen notieren. Dort sollten Sie auch die Existenz eines Testamentes, eines Bestattungsvorsorgevertrages und anderer Verfügungen angeben und festhalten, wo diese wichtigen Dokumente aufbewahrt sind. Ein leicht anzulegender Dokumentenordner (siehe Kapitel 11) hilft dabei, alle Dokumente und Kopien zusammenzustellen.

Das Ankreuzen oder Ausfüllen gibt den Entscheidungen noch keine rechtlich bindende Wirkung für die Angehörigen. Wenn man nicht sicher sein kann, dass Angehörige schriftlich geäußerte Wünsche auch erfüllen, muss man ein rechtlich gültiges Testament aufsetzen. Die wichtigsten Hinweise zum Verfassen eines Testamentes finden Sie im Kapitel 2.6.

Für die Gestaltung der eigenen Beerdigung ist es am sichersten, einen Bestattungsvorsorgevertrag mit einem renommierten Beerdigungsinstitut (siehe Kapitel 2.26.) abzuschließen.

Alle schriftlichen Festlegungen und Testamente nützen aber nichts, wenn sie nicht rechtzeitig aufgefunden werden oder von Unbefugten unterschlagen oder vernichtet werden können.

Zu Ihrer Sicherheit könnten deshalb folgende Hinweise zur Aufbewahrung der schriftlichen Erklärungen hilfreich sein:
- Weisen Sie mehrere vertraute Angehörigen und Freunde auf die Existenz dieses Buches und des Dokumentenordners hin und zeigen Sie Ihnen, wo beides in der Wohnung aufbewahrt wird.

- Einigen Personen sollten Sie Kopien des Testamentes und Ihrer Festlegungen in Kapitel 12 dieses Buches zur Aufbewahrung geben.
- Auch in einem Ordner mit wichtigen Dokumenten (siehe Kapitel 11) ist ein guter Platz für Kopien, damit besonders die für die Bestattung wichtigen Dokumente schnell aufgefunden werden können.
- Die Festlegungen zur Bestattung müssen nach einem Todesfall unmittelbar aufzufinden sein. Das garantiert ein Bestattungsvorsorgevertrag mit einem Bestattungsinstitut – in einem Testament, das erst Wochen oder Monate nach dem Tod eröffnet wird, sind sie dagegen falsch aufgehoben.
- Im Portemonnaie und neben dem Telefon oder an einem anderen gut sichtbaren Ort im Eingangsbereich der Wohnung sollten Haftnotizen oder ähnlich auffallende Zettel nicht nur auf Namen und Telefonnummer der engsten Angehörigen hinweisen, sondern auch auf dieses Vorsorgebuch, auf Patientenverfügung (➡ 12.5.), Organspendeverfügung (➡ 12.6.), Bestattungsvorsorgevertrag (➡ 12.8.) und Testament (➡ 12.7.).
- Bei der Bundesnotarkammer kann das Testament durch den Notar (kostenpflichtig) hinterlegt werden (www.testamentsregister.de). Ein Notar kann auch im Todesfall das Testament relativ schnell zur Verfügung stellen.
- Ein Erblasser kann sein Testament persönlich im Amtsgericht zur Verwahrung abgeben.
- Zusätzlich kann man unterschriebene Kopien diverser Dokumente (eventuell in einem Briefumschlag, der nur im Todesfall geöffnet wird) bei mehreren Angehörigen (oder auch bei der Heimverwaltung) hinterlegen.

> ○ Alle meine Entscheidungen, Verfügungen oder Wünsche sind auf den letzten Seiten dieses Buches im Kapitel 12 aufgelistet.

2.5. Sein Erbe planen und Streit verhindern

Sie können Ihr Erbe so verteilen, wie Sie das möchten -- innerhalb der gesetzlichen Vorschriften. Der Pflichtteil zum Beispiel ist praktisch nicht zu umgehen, so gern man das vielleicht auch möchte. Lediglich Geschenke, die mindestens zehn Jahre vor dem Tod gemacht worden sind, gelten als nicht mehr antastbar und fallen für Erbe und Pflichtteil nicht mehr ins Gewicht.

Wenn man plant, bestimmten Personen, Kirchen oder Vereinen aus der Erbmasse Erinnerungsstücke, kleinere Wertgegenstände wie Bilder, Möbel oder Schmuck oder eine Geldsumme zukommen zu lassen, dann sind das „Vermächtnisse", die die Erben nach Antritt des Erbes erfüllen müssen.

Erfahrungsgemäß gibt es oft Schwierigkeiten, solche Vermächtnisse zu erfüllen: Das zugedachte Geld ist nicht mehr vorhanden, die Schmuckstücke sind nicht auffindbar, das Gemälde ist nicht eindeutig definiert, dem Betreuer fehlt die notwendige Zeit und so weiter. Wesentlich besser und sicherer ist es, solche Vermächtnisse schon als Geschenke zu Lebzeiten weiterzugeben.

Wenn es bei einer Erbschaft um mehr als um ein paar Erinnerungsstücke geht, dann ist der Rat eines sachkundigen Rechtsanwaltes (Fachanwalt für Erbrecht) oder eines Notars sinnvoll:

Der Rechtsanwalt berät über die juristischen Möglichkeiten der Erbverteilung. Nach den Grundinformationen über die rechtliche Situation kann man dann überlegen, wie man den Spielraum der Gesetze ausnutzen kann, um seinen Besitz so zu verteilen, wie man es sich wünscht. Anschließend kann man nach den gesetzlich verpflichtenden Regeln (➥ 2.6.) sein Testament handschriftlich niederschreiben.

Der Notar dokumentiert den klaren Willen des Erblassers in einem Schriftstück, wenn der Erblasser dies wünscht oder selbst nicht mehr in der Lage ist, sein Testament vollständig eigenhändig zu schreiben. Die Beurkundung durch einen Notar gilt als Beleg dafür, dass der Erblasser bei vollem Bewusstsein und klarem Verstand seinen letzten Willen bekundet hat.

Als Hinweis auf die zu beachtenden komplizierten Regelungen nur einige Anmerkungen (ohne juristische Gewähr!) zu grundsätzlichen Sachverhalten:

a) Wenn kein Testament oder Erbvertrag existiert, gilt die „gesetzliche Erbfolge":

- Erben 1. Ordnung: Abkömmlinge des Erblassers (Kinder, Enkel, Urenkel)
- Erben 2. Ordnung: Eltern des Erblassers und deren Abkömmlinge (Geschwister, Nichten und Neffen)
- Erben 3. Ordnung: Großeltern des Erblassers und deren Abkömmlinge (Tanten und Onkel, Kusinen und Vettern)

Bei mehreren Erben in der gleichen Ordnung erben diejenigen (zu gleichen Teilen), die dem Erblasser verwandtschaftlich am nächsten stehen -- also bei Erben erster Ordnung die Kinder und nicht die Enkel. Wenn allerdings ein Kind verstorben ist, erben dessen Anteil seine Kinder, also die Enkel des Erblassers.

Verwandte niedrigerer Ordnung schließen Angehörige höherer Ordnung aus: Das heißt, wenn Kinder oder Enkel (also Erben 1. Ordnung) vorhanden sind, erben die Erben 2. Ordnung (zum Beispiel Nichten oder Neffen) nicht.

Der Erbanteil des Ehegatten (oder Lebenspartners) ist einerseits davon abhängig, ob es Erben 1. oder 2. Ordnung gibt, und andererseits vom Güterstand, in dem die Eheleute zum Zeitpunkt des Erbfalles gelebt haben.

b) Wenn ein Verwandter sich in besonderem Maße um die Pflege des Erblassers gekümmert hat, kann das unter bestimmten Umständen zu einem besonderen Anspruch auf Ausgleich führen. Dies sollte jedoch vorab schriftlich vereinbart werden.

c) Der Pflichtteil sichert nahen Verwandten, die ganz oder teilweise enterbt wurden, einen Teil des Nachlasses (die Hälfte des gesetzlichen Erbteils) durch Zahlung eines entsprechenden Geldbetrages.

d) Das „Berliner Testament" ist das gemeinschaftliche Testament von Ehe- oder Lebenspartnern, in dem diese sich gegenseitig zu Alleinerben einsetzen und bestimmen, wer nach dem Tode des zuletzt Verstorbenen das Erbe bekommen soll. Nach dem Tode des Erstverstorbenen ist dieses Testament nicht mehr veränderbar.

e) Der gesetzliche Güterstand für Ehepartner ist der der „Zugewinngemeinschaft". Durch einen notariell zu beurkundenden Ehevertrag können sie aber auch die „Gütertrennung" und die „Gütergemeinschaft" festlegen.

f) Sind weder Ehegatte (bzw. Lebenspartner) noch Verwandte vorhanden, erbt das Bundesland.

g) Bei Erbschaften fällt Erbschaftssteuer an (Freibeträge für Ehegatten € 500 000, für Kinder € 400.000 – Stand 1.12.2014).

h) Wer nur einzelne Teile des Nachlasses erben soll, bekommt ein „Vermächtnis" und ist nicht anteiliger Erbe am Gesamtnachlass.

Das Erbrecht ist sehr kompliziert und oft für den Laien völlig unverständlich: Zum Beispiel erbt die Witwe eines kinderlosen Erblassers beim Vorhandensein von Neffen und Nichten des Verstorbenen nur höchstens drei Viertel der Erbmasse. Angesichts der Kompliziertheit ist es ratsam, sich frühzeitig von einen Rechtsanwalt über die konkrete Erbfolge im Falle eines Todes beraten zu lassen. Wer die gesetzliche Erbfolge verändern möchte, kann dies in den gesetzlichen Grenzen (außer Pflichtteil) nur durch ein Testament oder einen Erbvertrag erreichen.

Erben kann man nicht nur Vermögen, sondern auch Schulden. Deshalb gibt es für jeden Erben die Möglichkeit, ein Erbe auszuschlagen. Dies muss innerhalb von sechs Wochen geschehen, nachdem man von seinem Erbe erfahren hat. Die Frist kann z.B. schon mit dem Todestag des Erblassers beginnen. Die Sechs-Wochen-Frist ist eine wichtige juristische Ausschlussfrist. Bei Risiken in einer Erbschaft ist frühzeitige juristische Beratung durch einen Rechtsanwalt unumgänglich (⟶ 2.6, 7.3.).
Eine nicht unkomplizierte aber wertvolle Hilfe ist auch die Broschüre des Bundesjustizministeriums: „Erben und Vererben" (www.bmjv.de).

Vor allem wenn man keine direkten Nachfahren (Erben 1. Ordnung) hat, kann es sinnvoll sein, eine Ahnentafel zu erstellen, damit Erbschaftsansprüche leichter geklärt werden können (⟶ 11.1., bes. 11.1.16.).

2.6. Ein Testament oder einen Erbvertrag aufsetzen: So hat man die größte Sicherheit

Wer mit den Regelungen der „gesetzlichen Erbfolge" nicht einverstanden ist oder absehbare Konflikte vermeiden möchte, der kann in einem gesetzlich vorgegebenen Rahmen durch ein Testament oder einen Erbvertrag die Erbfolge in seinem Sinne regeln.

2.6.1. Das Testament

Es gibt zwei Möglichkeiten, ein rechtsgültiges Testament zu verfassen:
1. Man kann eine einfache testamentarische Form wählen: ein formloses Blatt, handschriftlich überschrieben mit den Worten „Mein letzter Wille". Das Blatt muss komplett per Hand geschrieben werden und mit Orts- und Datumsangabe und vollständigem Namen unterschrieben sein. Es kann sinnvoll sein, dass bei der Abfassung ein (unabhän-

giger) Zeuge zugegen ist, der später bekunden kann, dass das Testament bei klarem Verstand abgefasst worden ist.

2. Hilfreich und bei allen Zweifelsfällen oder absehbaren Unstimmigkeiten unter den Erben sehr sinnvoll ist es, nach der Beratung durch einen Rechtsanwalt das Testament mit einem Notar abzufassen („Öffentliches Testament"). Ein Vorteil des notariellen Testaments ist die Fälschungssicherheit und dass es nicht unterschlagen werden oder verloren gehen kann. Der Erblasser ist nicht darauf angewiesen, dass die Erben das Testament beim Amtsgericht abliefern, denn dies übernimmt der Notar.

Auch wenn später einmal Zweifel geäußert werden könnten, ob der Kranke noch im Vollbesitz seiner geistigen Kräfte war, als er das Testament verfasste, ist die Beurkundung durch einen Notar am sichersten. Der Notar kann auch Hausbesuche machen, z.B. im Seniorenheim. Der Notar ist verpflichtet, den Erblasser, dessen Wille klar ist, bei der Abfassung des Testamentes so umfassend sprachlich und sachlich zu beraten, dass sein letzter Wille unmissverständlich und juristisch einwandfrei zum Ausdruck kommt.

Für die inhaltliche und erbrechtliche Beratung ist der Rechtsanwalt zuständig, für die Dokumentation des Testamentes der Notar.

Wenn ein (Teil-)Testament die Form der Beerdigung betrifft, reicht die Hinterlegung beim Amtsgericht nicht aus, da die offizielle Testamentseröffnung normalerweise erst lange nach der Bestattung stattfindet. So ein Teiltestament sollte deshalb kopiert und unterschrieben an mehreren Stellen vorhanden sein: Beim Verfasser, bei engsten Angehörigen, beim Heimträger, beim Bestattungsinstitut. Auch muss ein solches (Teil-)Testament, um gültig zu sein, eine Zuwendung an den Erben beinhalten, für die er als Gegenleistung die Bestattung in der verfügten Form durchführt.

Für die Durchführung des Testamentswillens muss ein Testamentsvollstrecker eingesetzt werden.

Die Kosten für einen Notar sind im Gerichts- und Notariatskostengesetz geregelt. Auf der Seite der Bundesnotarkammer (www.bnotk.de) kann man die im Einzelfall entstehenden Kosten leicht ausrechnen. Die Bundesnotarkammer führt auch im gesetzlichen Auftrag das „Zentrale Testamentsregister", bei dem das Testament durch den Notar hinterlegt werden kann (kostenpflichtig).

2.6.2. Der Erbvertrag

Neben dem Testament kann man durch einen Erbvertrag von der gesetzlichen Erbfolge abweichen und Regelungen über die Aufteilung des Vermögens nach dem Tod treffen. Anders als beim Testament, das widerrufen werden kann, bindet sich der Erblasser beim Erbvertrag, der vor einem Notar geschlossen werden muss, gegenüber seinem Vertragspartner.

2.7. Eine Stiftung gründen: Über seinen Tod hinaus Gutes tun für das, was einem am Herzen liegt

Vielen Menschen liegt eine bestimmte gemeinnützige, soziale oder kirchliche Arbeit sehr am Herzen: Der heimische Sportverein mit seiner Jugendarbeit, der Kirchenchor, das städtische Kunstmuseum oder Nothilfe für Kinder in der Dritten Welt. Neben der Möglichkeit, solche Organisationen als Empfänger von Erbschaften oder Vermächtnissen in seinem Testament zu bedenken, kann man auch eine Stiftung gründen und die jährlichen Erträge für diese gemeinnützigen, mildtätigen oder kirchlichen Zwecke bestimmen. Diese Förderstiftungen sollten ein Grundkapital von mindestens € 25 000 umfassen. Im Internet findet man die unterschiedlichsten Angebote von Organisationen und Rechtsanwälten zu Rat und Mithilfe bei der Gründung einer Stiftung. Sinnvollerweise bittet man zuerst die als Begünstigte vorgesehene Organisation um rechtliche Hilfe, da diese Organisationen meistens Mitarbeiter haben, die auf das Errichten einer Stiftung spezialisiert sind.

2.8. Noch zu Lebzeiten Geschenke machen: Besser jetzt als irgendwann

Der Volksmund beschreibt eine bittere Wahrheit: Das letzte Hemd hat keine Taschen. Keiner kann etwas von seinem Reichtum in eine andere Welt mitnehmen. Es ist erstaunlich, wie viele Menschen mit ihrem vielen

Geld so umgehen, als wenn es für die Ewigkeit reichen müsste. Selbst Menschen, die keine Kinder haben, denen sie ihr Vermögen vererben könnten, sind oft knauserig und geizig, statt sich mit dem Geld Menschen gewogen zu machen, auf deren Hilfe sie vielleicht irgendwann einmal angewiesen sind. Die Putzfrau muss für einen Hungerlohn die Villa putzen, statt dass der reiche Villenbesitzer ihr mit einem angemessenen Lohn eine Freude macht und so ihr Leben erleichtert. Eine winzige Kleinigkeit für ihn, auf seinem Konto nicht bemerkbar – für seine Putzfrau aber eine große Hilfe für ihr Leben und das Leben ihrer Familie.

In langen Zeiten der Menschheitsgeschichte mussten Menschen ihr Geld sorgsam zusammenhalten, um die nächste Krise zu überstehen. Heute hat sich bei etlichen Menschen so viel Reichtum angesammelt, dass sie ihn niemals in ihrem Leben ausgeben werden. Auf der anderen Seite ist die Not bei so vielen Menschen so groß, dass jeder reiche Mensch leicht Projekte oder Organisationen finden kann, die mit seinem Geld sorgsam umgehen und es bedürftigen Menschen zukommen lassen. Wer einmal die „Tafel" in einer Großstadt besucht hat, der weiß, dass jeder aus seinem Vermögen verschenkte Euro beim Empfänger seinen Wert vervielfacht.

„Lieber mit warmer Hand geben als mit kalter." Auch hier hat der Volksmund eine Volksweisheit auf eine kurze Formel gebracht: Wer zu Lebzeiten verschenkt, kann sich an der Freude des Empfängers und an seinem Dank noch selbst erfreuen.

Sehr sorgsam sollte man sich allerdings informieren, welche steuerlichen und rechtlichen Konsequenzen Geschenke haben. Muss der beschenkte Hartz IV-Empfänger sein Geschenk beim Amt angeben und wird die Summe auf die Leistungen des Amtes (teilweise) angerechnet? Wie muss der Beschenkte das Geschenk versteuern? Erbschaftssteuer und Schenkungssteuer sind im gleichen Gesetz geregelt.

Sollte der Schenkende (z.B. durch Heimkosten) selbst in eine Notlage geraten, so kann er noch zehn Jahre lang gezwungen werden, seine Geschenke vom Beschenkten zurückzufordern.

Frühzeitige Schenkungen sind oft für die Begünstigten viel sinnvoller als das spätere Erbe: Eine junge Familie mit Kindern braucht für einen guten Lebensunterhalt oft mehr Geld, als die Eltern in der Anfangsphase ihres Berufslebens verdienen können. So kommt das von den Großeltern geschenkte Geld fühlbar den Kindern oder Enkeln zugute und ist eine wichtige Hilfe bei Ausbildung oder Studium. Vielleicht ermöglicht eine solche vorzeitige Auszahlung des Erbes, eine Schenkung, dass nicht beide Elternteile Vollzeit arbeiten gehen müssen, sondern sich mehr um die Kinder kümmern können.

Wer seinen Kindern oder Enkeln durch Schenkungen zu Lebzeiten Verfügung über Gelder oder Immobilien geben möchte, sollte zur Sicherheit für die Beschenkten fachkundige Hilfe durch Juristen und Steuerberater in Anspruch nehmen, da sich die Regelungen ständig verändern.

2.9. Eigene Erinnerungen weitergeben

2.9.1. Der Schatz des Lebens besteht nicht nur aus Geld

Menschen gehen in ihrer Lebenszeit immer wieder anders mit ihrer eigenen Geschichte um: Manche Kinder interessieren sich brennend für Erzählungen der Eltern oder Großeltern aus der Vergangenheit, für andere ist das völlig uninteressant. In den vielfältigen Verpflichtungen der Familien- und Berufsphase kümmern sich nur wenige um die eigene Familiengeschichte. Erst mit dem eigenen Älterwerden, mit dem Wachsen einer eigenen interessanten Lebensgeschichte rücken die eigene Herkunft und die Geschichten der Vorfahren wieder in den Blickpunkt des Interesses. Doch sind zu diesem Zeitpunkt wahrscheinlich die eigenen Großeltern oder gar Eltern schon längst gestorben, und niemand kann mehr Auskunft geben.

Eltern sind oft enttäuscht, dass die Kinder so wenig von ihrer Lebensgeschichte erfahren wollen. Väter und Großväter mit lebensbedrohlichen Kriegserfahrungen wagen von diesen einschneidenden Erlebnissen dann bald nichts mehr zu erzählen. Frauen würden gerne ihren Kindern und Enkeln beschreiben, wie das Hausfrauendasein früher ohne Waschmaschine, Kühlschrank, Fertiggerichte, Spülmaschine und Wegwerfwindeln eine anstrengende Arbeit rund um die Uhr war.

Die Bedeutung der Erinnerungen an alte Zeiten mit ihren beschwerlichen Lebensumständen ist für kommende Generationen angesichts der sich rasant verändernden Welt kaum zu überschätzen.

Solche Erinnerungen an die Lebensgeschichte der eigenen Vorfahren stärken das Einfühlungsvermögen für die Lebensumstände vieler Menschen in ärmeren Ländern, gerade in der Dritten Welt. Sie warnen vor leichtfertigem Umgang mit Kriegsträumen. Sie schärfen den Blick für die modernen Errungenschaften der Technik. Sie können Menschen dankbar machen für die ihnen geschenkten Wohltaten des Lebens in unserem Land.

Für Kinder und Enkel ist eine solche Erinnerungsgeschichte unbezahlbar. Sie kann ihnen dazu verhelfen, sich mehr an ihrem Leben zu erfreuen und sich weniger über Nichtigkeiten zu beklagen.

Ein privates Erinnerungsbuch zu schreiben oder ein Fotoalbum über die Geschichte(n) seines Lebens anzulegen, kann deshalb eine sehr aufregende und für andere informative Tätigkeit sein. Die eigene Familiengeschichte ist für die Nachkommen spannender als jede offizielle Geschichtsschreibung. Ein Buch voller Erinnerungen, Ereignisse, Anekdoten und Erfahrungen wird mit Sicherheit noch von vielen kommenden Generationen gerne gelesen. Weder Vollständigkeit noch historische Genauigkeit sind hier gefragt, sondern das subjektive Erleben eines einzelnen Menschen.

Bei Print-on-Demand-Anbietern kann man sich heutzutage so ein Erinnerungsbuch auch kostengünstig in kleinster Stückzahl und mit ansprechendem Äußeren professionell herstellen lassen.

Wer sich zu einer solchen persönlichen Geschichtensammlung anregen lassen möchte, findet dazu im Buchhandel Vorlagen: zum Beispiel „Mama, erzähl mal" oder „Opa, erzähl mal" von Elma van Vliet.

Manche Erinnerungen sind einzigartig und für die Historiker eines Dorfes, einer Stadt oder einer Institution von großem Wert. Diese freuen sich über (auch handgeschriebene) Zeitzeugenberichte, die späteren Geschichtsforschern wertvolle Einblicke geben können. Z.B. „Als Hilfskrankenschwester im Notlazarett in der Stadthalle 1943", „So kam es zum Untergang des Fußballvereins SV 15/16", „Die Geschichte des Bauernhofes an der Müritz", „Mein Dorf in meiner Kinderzeit".

Die eigenen aufgeschriebenen Erinnerungen schon zu Lebzeiten an die Kinder oder Enkel weiterzugeben, erfordert Mut. Lebensgeschichte besteht ja nicht nur aus Erfolgen. Gerade ehrlich beschriebene Niederlagen helfen kommenden Generationen, ebenso verständnisvoll mit der eigenen Geschichte umgehen zu können. Sie zeigen, dass man auch aus Tiefen des Lebens wieder zu Höhen aufsteigen kann: Z.B. ist aus dem Vater, der in der Schule wegen Mathe einmal sitzengeblieben ist, doch noch ein erfolgreicher Kaufmann geworden.

Mut ist auch erforderlich bei der Offenheit über unschöne Zeiten der Vergangenheit. Aber solcher Mut kann folgenden Generationen mehr erklären, als viele Geschichtsbücher: „Warum ich im Krieg Mitglied der NSDAP wurde", „Drogen haben lange mein Leben zerstört", „Eine Nacht im Gefängnis als steinewerfender Student bei einer Demonstration gegen die Volkszählung 1967". Solche Erzählungen können Verständnis für frühere Zeiten mit ihrem Denken, Fühlen und Entscheiden wecken, auch wenn heutiges Denken und Bewerten meilenweit davon entfernt sind.

Den Enkeln zum achtzehnten Geburtstag ein (handgeschriebenes) Büchlein mit Geschichten aus ihrer Kinderzeit zu schenken, kann erfahrungsgemäß ein schöner Überraschungserfolg sein. Noch lange nach dem Tod der Großeltern bleiben so Erinnerungen lebendig.

2.9.2. Sich von Erinnerungen trennen: Geheimverstecke leeren

Zum Umgang mit der Vergangenheit gehören die angenehmen wie die unangenehmen Seiten: Vergangene Liebesbriefe wecken Erinnerungen, sie gehen aber keinen anderen Menschen etwas an. Peinliche Dokumente sollten nicht in die falschen Hände gelangen. Manche Bilder, Filme, Tonbänder, Kassetten oder Briefe sollte man rechtzeitig vernichten, bevor sie vergangenen Streit wiederbeleben oder Menschen in eine unangenehme Lage bringen könnten. Brisante Dinge werden besser frühzeitig zerstört, damit sie keinen Schaden mehr anrichten können. Nach dem Tode bestimmen andere über solche Dokumente und man selbst hat keinen Einfluss mehr darauf.

Private und geheime Unterlagen gehören nicht in die blaue Tonne oder den Altpapiercontainer. Man kann sie eigenhändig in die Müllverbrennungsanlage bringen oder einen handlichen kleinen Aktenvernichter benutzen, den es heute schon für unter 30 Euro zu kaufen gibt.

2.10. Einen Ordner für wichtige Daten und Dokumente anlegen: „In meinem Chaos finde ich mich zurecht! Aber die anderen?"

In seinem eigenen Haushalt kennt sich jeder aus: Jeder weiß, wo wichtige Unterlagen sind: Personalausweis, Pass, Stammbuch, Versicherungsunterlagen, Miet- oder Hausunterlagen, Autobrief, Sparkassenbücher und so weiter.

Aber was passiert bei einem plötzlichen Todesfall: Findet diese Unterlagen auch derjenige, der in kürzester Zeit die Beerdigung organisieren muss? Findet er die „garantiert sicheren" Verstecke? Kann er ahnen, welche Verträge bestehen und was er bei wem kündigen muss?

Eine unschätzbar wertvolle Hilfe für diejenigen, die sich um die persönlichen Angelegenheiten kümmern müssen, ist ein Dokumentenordner, in dem alle wichtigen Unterlagen gesammelt werden. Es muss kein teurer Lederordner aus dem Schreibwarengeschäft sein, ein normaler Aktenordner mit Trennblättern und Dokumentenhüllen reicht hierfür aus.

Die im Kapitel 11 abgedruckte Liste mit wichtigen Daten und Dokumenten kann als Inhaltsverzeichnis für die einzelnen Abteilungen des Dokumentenordners dienen. Ein Ordner, ein Dutzend Trennblätter und 50 Dokumentenhüllen reichen völlig aus, seinen Nachfahren Überblick über alle wichtigen Dokumente zu geben.

a) Bei manchen Fragen, z.B. Daten, genügt es, die betreffenden Rubriken in Kapitel 11 in diesem Buch auszufüllen.

b) Die Dokumente sollten im Dokumentenordner in der gleichen Ordnung und mit der gleichen Nummerierung wie in Kapitel 11 eingeordnet werden.

c) Sind die Dokumente zu wertvoll oder einmalig, sollten für den Dokumentenordner Kopien angefertigt werden; die Originaldokumente können im Tresor oder Bankschließfach verwahrt werden.

d) Sind Dokumente in eigenen Ordnern (z.B. Ordner „Auto" oder „Versicherungen") gesammelt, reichen Hinweise in der betreffenden Rubrik in Kapitel 11 auf den genauen Ordner aus. Zur Sicherheit sollten dann trotzdem die Vertragsnummern etc. in diesem Buch notiert werden.

e) Man sollte darauf achten, dass brisante Informationen nicht in fremde Hände fallen können. Bei einem Diebstahl der Ordners sollte z.B. niemand Kontonummern und die zugehörigen Geheimnummern finden können. Solche Informationen müssen getrennt aufbewahrt und gegebenenfalls in einem Safe gesichert werden.

Zum gesunden Älterwerden gehört auch die Einsicht, dass das Gedächtnis langsam aber sicher nachlässt. Ein solcher frühzeitig angelegter Ordner erspart später Ihnen und den Angehörigen viel aufgeregtes Suchen.

2.11. Adressenlisten erstellen: „Wer weiß schon, wo jeder wohnt?"

Spätestens wenn der Todesfall eintritt, stehen die Hinterbliebenen vor der Frage, wer für die Trauerfeier benachrichtigt werden soll. Oft stellt sich dann heraus, dass man von vielen nur den Vornamen kennt, die ungefähre Adresse oder noch nicht einmal die. Gerade wenn im Alter in Seniorenkreisen neue Kontakte geknüpft werden, ist die Suche nach den genauen Namen manchmal sehr schwierig.

Für die Hinterbliebenen ist es eine unschätzbare Hilfe, wenn eine Adressenliste mit den Namen und Adressen derjenigen existiert, die dem Verstorbenen wichtig waren. Diese Adressenliste sollte immer, spätestens alle zwei Jahre, auf den aktuellen Stand gebracht werden. Dann können alle wichtigen Personen rechtzeitig vor einer Trauerfeier benachrichtigt werden (➡ 11.10.).

In manchen Fällen werden, wenn bei einem Amtsgericht ein Erbschein beantragt wird, auch hier die Verwandtschaftsverhältnisse geprüft. Für die Erben ist es dann oft schwer, über noch lebende oder verstorbene Verwandte exakte Auskunft zu geben. Auch hier ist eine möglichst präzise Aufstellung vorhandener Verwandter, eine Ahnentafel, wichtig, selbst wenn keine persönlichen Beziehungen mehr bestehen und keine Einladung zu einer Trauerfeier erwogen werden müsste (➡ 11.1.16.).

2.12. Das Leben altersgerecht einrichten

2.12.1. Der „natürliche" Lebenslauf

Früheren Generationen war es sehr bewusst, dass auch menschliches Leben einen Verlauf hatte – wie alles andere Leben in der Natur: Vom

33

Geborenwerden über die Kindheit, die Lernphase der Jugend in Schule und Beruf, die Phase der Familienbildung und Berufsfindung, der Höhepunkt des Lebens mit Familie und Beruf, die Phase des Abstieges mit zunehmenden Krankheiten und Schwächen, bevor die Altersphase immer ruhiger auf das Abschiednehmen und den Tod vorbereitete. Ein Lebenslauf wie eine Bergwanderung: Geborenwerden, Aufstieg, Höhenplateau, Abstieg und Tod.

Aus anderem Blickwinkel könnte man diesen Lebenslauf als eine Abfolge von Enge, Weite und Enge sehen: Das Baby wird geboren als totaler Egoist, es kennt nur sich selbst und seine Bedürfnisse und muss erst lernen, dass die Mutter oder der Vater ein anderer Mensch ist. Großwerden heißt davon Abschied nehmen, Mittelpunkt der Welt zu sein: Je älter Kinder werden, desto mehr vergrößert sich ihr Gesichtskreis, und sie lernen, ihren Platz in dieser Welt zu finden. Ihr Horizont wird immer weiter – im Mittelteil des Lebens interessieren sich Menschen für die ganze Welt, sie haben alles mit Interesse im Blick: Reisen, Fernsehen, Zeitungen, Telefon, Internet.

Im Alter verengt sich diese Perspektive wieder: Die Herausforderungen des Berufes gehen zu Ende, körperliche Gebrechen zwingen einen dazu, dem eigenen Wohlbefinden mehr Aufmerksamkeit zu widmen, das Reisen verliert seinen Reiz. Man konzentriert sich immer mehr auf sich selbst und auf seine nähere Umgebung, bis sich schließlich bei kleiner werdendem Aktionsradius, schwindender Aufnahmefähigkeit und nachlassendem Gedächtnis das eigene Leben zurück in den Mittelpunkt des Denkens und Fühlens schiebt.

2.12.2. Die verlängerte Lebenszeit

Dieser natürliche Lebenslauf hat in den letzten Jahrhunderten und Jahrzehnten immer mehr von seiner Zwangsläufigkeit eingebüßt: Durch bessere Lebensverhältnisse und medizinischen Fortschritt altert der Mensch wesentlich langsamer, die Lebenserwartung steigt. „So lange wie's geht jugendlich bleiben und wirken!", wurde zum Lebensmotto vieler älter werdender Menschen. Seniorengerechte Wohnungen, maschinelle Haushaltshilfen und umfassende ärztliche Betreuung erleichtern diese Verlängerung der aktiven mittleren Lebensphase. Seniorengerechte Reiseangebote, attraktive Hobbys, VHS und Seniorenstudium, Mobilität mit dem Auto oder dem Öffentlichen Personenverkehr bis ins hohe Alter: Vieles macht die neue Phase zwischen Ende der Berufstätigkeit und krankheitsbedingter Sterbephase zu einem Erlebnisraum voller Lebensfreude und Lebenslust, meist abgesichert und ermöglicht durch eine gute Rente: Keine frühere Generation hat diese Lebensphase im Seniorenalter so genießen können. Medizinische Erfolge haben vielen Krankheiten ihren Schrecken genommen und ermöglichen ein zufriedenes und lange Zeit krankheitsfreies Leben.

Der Traum vom jugendlichen Hundertjährigen ist allerdings unrealistisch und führt bei manchen Menschen zu falschen Erwartungen an das Leben. Wer mit Gott hadert, weil er mit 94 zum ersten Mal im Leben ins Krankenhaus eingeliefert wird, der verdrängt, wie dankbar er für seine bisherige Gesundheit sein müsste.

2.12.3. Viel Freude über Mögliches, wenig Trauer über Vergangenes

Das Bild vom Glas, das zugleich halbvoll und halbleer ist, steht für die große Chance des Älterwerdens: Man mag den schwindenden Fähigkeiten und Gelegenheiten nachtrauern oder sich über das freuen, was man noch machen und unternehmen kann – die Entscheidung liegt ganz im Auge des Betrachters. Es ist der eigene persönliche Entschluss, auf wen man seinen Blick richtet und an wem man sich selbst misst: Schaut man auf den gesund strahlenden Hundertjährigen oder denkt man an längst verstorbene Gleichaltrige? Wird man neidisch oder dankbar? Das wird die Grundeinstellung zum Älterwerden prägen: Freude über die verbleibenden Möglichkeiten oder Trauer um verpasste Chancen.

Eigentlich ist das ganze Leben ein Abschiednehmen: Schon mancher Jugendliche trauert darüber, dass er nicht als Wunderkind geboren wurde. Wer sich auf einen Beruf oder Lebenspartner festlegt, muss vielen anderen Wahlmöglichkeiten dauerhaft Lebewohl sagen. Die Entscheidung für Urlaub in diesem Land oder auf jenem Schiff lässt andere Ferienziele ausscheiden, vielleicht für immer. Leben hat Grenzen.

Doch der Übergang aus dem Berufsleben oder aus der Familienphase mit Kindern ist nicht nur ein Abschiednehmen, er eröffnet auch ganz neue Chancen: Im Älterwerden kann man sich teilweise neu erfinden: Tageslauf, Wohnort, Beschäftigung sind nicht mehr strikt vorgegeben, sondern man kann in einem gewissen Rahmen neu wählen. Älterwerden eröffnet neue Wege.

Aber vor dem Nachdenken über neue Chancen soll eine Warnung stehen:

2.12.4. Nicht sich selbst unter Druck setzen

Wer daran gewöhnt ist, dass ihm in Beruf oder Haushalt permanent Höchstleistungen abverlangt werden, läuft Gefahr, in der Nachberufsphase mit unverminderter Schlagzahl weiterzurudern: Hausrenovierung, Ehrenamt, Marathon ... Anreize, weitere Höchstleistungen von sich selbst zu erwarten, gibt es genug. Auch wenn man vielleicht noch ein paar Jahre solchen Selbsterwartungen gerecht werden könnte – der Übergang in die dritte Lebensphase ist ein guter Zeitpunkt, innezuhalten und nachzudenken: Will ich die gleichen Wege, die ich bisher so gegangen bin, weiterhin gehen? Will ich mich weiterhin dem gleichen Stress aussetzen wie bisher?

Jetzt ist ein guter Zeitpunkt, sein Leben und die eigenen Maßstäbe kritisch zu hinterfragen: Was macht mir Freude? Was tue ich gerne? Was sind Lasten für mich? Sollen sie auch mein zukünftiges Leben prägen? Was würde ich gerne neu machen? Was habe ich für Träume?

Vorsicht: Ein Leben ohne alle Sorgen, Lasten und Konflikte kann es nicht geben – es sei denn, man kann und möchte sich als reicher Einsiedler irgendwohin zurückziehen. Belastungen, familiäre Konflikte, Krankheiten und Schwächen gehören zum Leben hinzu, sonst wäre das Leben sehr langweilig. Schließlich ist jedes menschliche Leben auf andere angewiesen, auf Beziehungen, auf hilfreiche Unterstützung wie kritische Rückmeldungen: Das Paradies wird man auch im Ruhestand nirgendwo finden.

2.12.5. Freiheiten genießen

Eine neue Lebenserfahrung lockt: wirkliche Freiheit zu genießen. Die Jahrzehnte der Schulausbildung und Berufstätigkeit, die Zeiten der Verantwortung für Kinder und Familie sind nun weitgehend vorbei, das eigene Haus ist fast schuldenfrei: Partner tragen noch gegenseitig Verantwortung, aber alle äußeren Kräfte, die Menschen zu einem bestimmten Verhalten zwingen, haben keine Macht mehr. Rente oder Pension oder Grundsicherung im Alter werden ohne eine Gegenleistung bezahlt. Wer damit auskommen kann, kann sein Leben finanziell sorgenfrei genießen und im möglichen Rahmen gestalten.

„Wenn das mal so stimmen würde!", wird mancher jetzt einen Stoßseufzer loslassen: Da gibt es doch so viele Sorgen um Kinder und Enkel, denen man bei der Betreuung hilft oder mit Geld unter die Arme greift, da fordert die Verantwortung für Haus, Garten und Familiengrabstätten viel Engagement, da verlassen sich viele Vereinsmitglieder auf die eigene ehrenamtliche Arbeit – es gibt viele Verpflichtungen, die die neu gewonnene Freiheit einschränken. Dennoch: Fast alle Einschränkungen sind jetzt freiwillig, im Großen und Ganzen ist die Phase beruflicher und familiärer Zwänge vorüber.

Freiwillig eingegangene Zwänge sind für diese kommende Lebensphase äußerst wichtig. Sie geben dem eigenen Leben konkreten Sinn in der Hilfe und Unterstützung für andere. Doch diese Zwänge sollte man sich nicht von außen aufnötigen lassen, sondern von selbst aus eingehen. Familiären Zwängen in der Betreuung von Enkeln kann und möchte man oft nicht ausweichen, doch alles ehrenamtliche Engagement sollte man in dieser Phase auf den Prüfstand stellen: Möchte ich diese Arbeit? Tut sie mir gut? Profitiere ich für mich davon? Werden hier meine Fähigkeiten optimal zum Nutzen anderer und von mir selbst eingesetzt?

2.12.6. Neue Chancen entdecken

Freizeitaktivitäten nach Feierabend haben in erster Linie der Erholung und Entspannung von beruflichen oder familiären Verpflichtungen gedient. Die neue Freiheit (und Freizeit) bietet nun Gelegenheit, sich auch neuen Aufgaben zu stellen: Persönlichen Herausforderungen wie eine neue Sprache zu erlernen, einen Computer- oder Kochkurs zu belegen – oder auch Herausforderungen, bei denen andere Menschen von den eigenen Fähigkeiten profitieren können, zum Beispiel Vorlesepatin im Kindergarten oder einer Grundschule zu werden, Nachhilfe für benachteiligte Schüler zu geben, sich bei einem Besuchsdienst zu engagieren, den Bürgerbus zu fahren. Vielleicht kann man sogar seine beruflichen Kenntnisse einsetzen und Auszubildende unterstützen, den Kassenwartposten im Verein übernehmen oder sein Fachwissen über den Senior Experten Service (SES) für einige Wochen oder Monate im Ausland an eine junge Generation von Führungskräften weitergeben. Viele soziale Organisationen sind glücklich, wenn ein geschickter Handwerker ehrenamtlich seine Fähigkeiten für Kurse oder für Reparaturarbeiten am Vereinsheim zur Verfügung stellt.

In immer mehr Städten gibt es Organisationen, die Angebot und Nachfrage in Kontakt zueinander bringen und ehrenamtliche Arbeit dorthin vermitteln, wo sie dringend gebraucht wird (z.B. www.buergergesellschaft.de).

2.12.7. Hobbys

Unendlich groß ist die Zahl der Hobbys. Jetzt endlich kann man sich einmal auf das konzentrieren, was man immer schon gerne gemacht hätte – oder man probiert einfach mal was ganz anderes, lässt Fremdes auf sich wirken und sich durch überraschende Erfahrungen bereichern. Hobby ist nicht Beruf, Hobby ist Vergnügen. Wer ständig Topleistungen von sich verlangt wie einst im Berufsleben, wird sich schnell Spaß und Laune verderben. Die Ambition, direkt Meister in seiner U70-Klasse werden zu wollen, wenn man gerade erst das Laufen überhaupt angefangen hat, dürfte bald durch Niederlagen und körperliche Probleme in Enttäuschungen enden: Hobby soll stressfrei Freude machen.

Das Hobby sollte aber noch eine andere Gelegenheit bieten: Regelmäßig Kontakte zu anderen Menschen zu pflegen. Wer beruflich viel mit anderen Menschen zu tun hatte und darüber lange Zeit seine privaten Kontakte vernachlässigt hat, der fällt nicht selten in ein Loch. Vereine bieten hier niederschwellig die Gelegenheit, Kontakte zu finden und neue Freundschaften zu gründen. Gut organisierte Vereine dürften zu solcher Kontaktpflege besser geeignet sein als Sportstudios, in denen man weitgehend für sich alleine trainiert. Niemand muss sich ja zu Vereinsmeierei verpflichtet fühlen.

Noch eine andere Chance des Hobbys sollte nicht unbedacht bleiben: Nachdem das Familienleben jahrzehntelang durch die Berufstätigkeit belastet war, freuen sich die meisten auf viele gemeinsame Stunden mit Partner oder Partnerin. Doch schnell gehen dann die Gesprächsthemen aus, wenn keine Impulse von außen kommen und Paare alles immer nur gemeinsam erleben. Wenn Partner aber auch unterschiedlichen

Interessen nachgehen, eigene Kreise haben und verschiedene Vereine besuchen, dann erlebt jeder eigene Kontakte, eigene Gespräche und eigene Erfahrungen: Ein Stück eigenes Leben. Das hilft, Langeweile zu vermeiden, die entsteht, weil es nichts zu erzählen gibt.

Auch um sich einmal mit anderen aussprechen zu können, ist das Kaffeetrinken im Frauenkreis oder der Kneipenbesuch nach dem Männergesangvereinsabend für ein gesundes Leben unverzichtbar.

2.12.8. Reisen

Auf einem Kreuzfahrtschiff Seeluft schnuppern, ein Wohnmobil als zweite Heimat, mit dem Motorrad über die Route 66 nach Kalifornien, eine Studienreise auf einen fremden Kontinent, in mildem Mittelmeerklima überwintern, den ganzen Sommer auf dem Campingplatz verbringen … Reisen zählen zu den stärksten Träumen beim Gedanken an Rente und Ruhestand. Ohne Terminvorgabe durch den Arbeitgeber nach Lust und Laune und Geldbeutel und ohne Zwang die Welt zu erobern – das ist nach all dem beruflichen Stress eine hoffnungsvolle Perspektive.

Menschen werden älter. Kurz nach dem Ende des Berufslebens erlauben die Kräfte noch viele Abenteuer. Doch zum Älterwerden gehört, dass die Krankheiten und Beschwerden zunehmen, die Kräfte schwinden. Damit wächst die Sehnsucht nach fester Heimat und überschaubarem Lebenskreis. Auch der leicht erreichbare eigene Hausarzt wird immer wichtiger.

Deshalb gehört zum Reisen nicht nur eine gut sortierte Reiseapotheke – man muss sich auch ständig befragen, welche Reiseformen noch gut vertragen werden; insbesondere sollten Partner einander im Blick behalten. Fremde Länder auf weiten Autofahrten zu erobern, kann mit zunehmenden Rückenbeschwerden zur Tortur werden; und der mit viel täglicher Arbeit verbundene Langzeitaufenthalt auf dem Campingplatz verwandelt sich vielleicht vom Traum zum Alptraum, wenn Sanitäranlagen, Wasch- und Kochmöglichkeiten und Einkaufsgelegenheiten irgendwann nicht mehr dem von zu Hause gewohnten Komfort entsprechen.

Daher hat jede Lebenszeit ihre eigene Reisemöglichkeit. Und wer sich mit 60 Jahren nicht im Traum vorstellen kann, mit einer Kirchengemeinde oder einer Seniorenreisegesellschaft vierzehn Tage gemeinsamen Busurlaub in einer Gruppe zu verbringen, freut sich vielleicht als Alleinstehender mit 80 Jahren, dass er es in einer begleiteten und betreuten Gruppe überhaupt noch einmal wagen kann, ein Urlaubsziel in den Bergen oder an der See anzusteuern.

2.12.9. Krankheiten als die Abenteuer des Älterwerdens

Wenn jüngere Menschen gefragt werden, worüber sich ältere Menschen unterhalten, dann werden sie meistens sagen: Über Krankheiten. Und sie haben damit nicht ganz Unrecht. Krankheiten sind das beliebteste Thema: spannend, interessant, immer wieder anders, mit vielen eigenen Erfahrungen, mit schrecklichen und mit weniger schrecklichen. Ein Thema, dessen Schwerpunkte sich jeden Tag ändern und bei dem jeder mitreden kann. Und wer gesundheitlich keine Probleme hat, der kann gute Tipps zum Gesundbleiben geben.

Ernsthaft: Kein anderes Thema könnte mit mehr Berechtigung im Mittelpunkt stehen, auch wenn jüngere Menschen darüber oft gequält lächeln. Es betrifft jeden, und jeder kann mitreden. Keiner ist ausgeschlossen. Jeder kann seine Erfahrungen mit Krankheiten und Medikamenten, mit Ärzten und Krankenhäusern, mit Therapeuten und Kuren weitergeben. Und jeder lernt vom anderen. Geheimtipps breiten sich rasend schnell aus und Warnungen werden ernst genommen. Man bekommt Mitleid oder Hochachtung und kann mit anderen mitleiden oder ihnen Hochachtung zollen. Andere sind Vorbild, oder man nimmt sich vor, ganz anders zu handeln.

Nicht umsonst wird die Apothekenrundschau die „Bravo des älteren Menschen" genannt: spannend von der ersten bis zur letzten Zeile. Hier geht es nicht um Wissen oder Kenntnisse, hier geht es um das intime persönliche Erleben und Erleiden: Krankheiten sind die Abenteuer des Älterwerdens. Bei jedem anders.

Manchmal erkennen Menschen allerdings das rechte Maß nicht: Wenn sie ihre Krankheiten in den Mittelpunkt eines ganzen Gespräches rücken und andere nicht zu Wort kommen lassen, wenn sie mit den ewig gleichen Geschichten langweilen oder wenn sie Grenzen nicht beachten und beim Gespräch über Krankheiten Anderer deren Intimsphäre nicht respektieren – auch Kinder oder Familienangehörige haben das Recht, dass ihre Krankengeschichte nicht auf dem Marktplatz verbreitet wird.

2.12.10. Gesund leben: Trinken

Mit Ratgebern für ein gesundes Leben beim Älterwerden kann man ganze Bibliotheken füllen: Das soll nicht die Aufgabe dieses Buches sein. Glücklicherweise hat sich in den letzten Jahren die Scheu sehr gelegt, Hilfsmittel in Anspruch zu nehmen: Ein Hörgerät zu tragen, gehört schon fast zum Standard bei älteren Menschen, und mit einem „Rentnerporsche" oder Rollator einkaufen zu gehen, ist heute für viele eine Selbstverständlichkeit. Die täglichen Medikamente werden mit einer Dosierhilfe nach Tageszeiten und Wochentagen vorsortiert.

Nur ein einziger gesundheitlicher Rat soll hier gegeben werden: Eigentlich eine Pflicht für jeden, der sich seine Gesundheit lange erhalten will: Genügend Trinken! Vielleicht auch das Gläschen Rotwein am Abend. Aber da das Durstgefühl mit zunehmendem Alter schwindet, vergessen viele ältere Menschen das Trinken. Ein Tipp: Immer ein gefülltes Glas Wasser vor sich auf dem Tisch stehen haben. Dann trinkt man fast automatisch. Und wer morgens zwei volle große Flaschen Wasser neben seinen Sessel stellt, kann abends genau sehen, ob er sein Soll an Flüssigkeit zu sich genommen hat. Der besseren Übersicht wegen sollte bei Partnern jeder seine eigenen Flaschen und Gläser haben.

2.12.11. Gedanken kreisen um die Familie

Ein anderes zentrales Gesprächsthema sind die eigenen Kinder und Enkel. Wenn es ihnen gut geht und sie erfolgreich sind, wird voller Stolz von ihnen erzählt. Ein bisschen von dem Glanz fällt dann auch auf Eltern oder Großeltern. Babys oder Kleinkinder mit ihrer Neugier, ihrem Lerneifer, ihren überraschenden Aussprüchen und sprunghaften Fortschritten sind dabei besonders beliebte Themen.

Allerdings stoßen diese Lobeshymnen nicht immer auf ungeteilte Mitfreude bei den Zuhörern. Da jeder die eigenen Kinder kennt und tolle wie Schattenseiten realistisch einschätzen kann, ertönt bisweilen der leise Kommentar: „Ein Wunderkind – bis es in die Schule kommt."

Bei diesem Thema gilt die Regel ganz besonders, dass allzu viel des Guten Widerstand und Verärgerung hervorruft. Nicht jeder Gesprächsteilnehmer hat Kinder oder sogar Wunderkinder, und nicht jeder möchte gerne seine Probleme mit den Enkeln erzählen. Viele ältere Menschen leiden auch darunter, dass die eigenen Enkel – was an sich ganz natürlich ist – häufiger bei den Eltern der Schwiegertochter zu Besuch sind als bei ihnen. Deshalb ist hier ganz besonders Zurückhaltung angesagt.

Auch Enkelkinder haben ein Grundrecht auf Schutz ihrer Persönlichkeit. Deshalb gehört nicht jede Krankheit, jeder Kinderstreich, jedes Fehlverhalten oder jede schlechte Schulnote an die große Glocke. Kinder ohne geschützte eigene Würde fühlen sich leicht blamiert.

2.12.12. Menschen neu sehen

Bei manchen Menschen wird das Leben sehr stark vom Beruf geprägt. Nicht nur unter der Woche, sondern auch in der Freizeit werden sie von Ängsten und Sorgen niedergedrückt. Verständlich, dass sie dann oft missmutig, aggressiv oder ängstlich ihr Leben leben, zum Leidwesen von Familie, Verwandten und Freunden.

Endet das Berufsleben, enden auch diese Qualen: kein Chef mehr, der täglich ertragen werden muss, keine hinterhältigen Kollegen, keine andauernde Angst um den Arbeitsplatz. Erleichtertes Aufatmen. Von ihrer Last befreit, entwickeln manche eine Fröhlichkeit oder Freundlichkeit, die ihnen vorher niemand zugetraut hätte. Die Erleichterung ist ihnen ins Gesicht geschrieben. Gut, wenn sich dann die Mitmenschen über die Wandlung des ehemaligen Griesgrams zum netten Nachbarn mitfreuen.

Doch das Gegenteil kommt natürlich auch vor: Soeben noch in verantwortungsvoller Position, in der ständig schwere Entscheidungen getroffen werden mussten, dazu ein interessantes Arbeitsgebiet und höfliche Untergebene – und nun, von einem Tag auf den anderen, ist niemand mehr da, der einem den Kaffee bringt, den Chef hofiert, auf sein Wohlwollen spekuliert. Zu entscheiden ist jetzt nur noch, welche Marke Kaffee man einkauft, um sie dann selbst alleine zu trinken. Nicht jeder verkraftet diesen plötzlichen Abschied in die gesellschaftliche Bedeutungslosigkeit. Selbstzweifel, Antriebsarmut, Depressionen sind schnell die Folge.

Dann hilft ein bisschen Humor: „Na, bist du jetzt auch bei der Gema?" Ein Gesicht voller Fragezeichen. „Ja, ‚geh' ma' hier hin, geh' ma' da hin!'" Wobei der Übergang vom Chef zum Haushaltsgehilfen in der Tat nicht leicht ist. Frauen sind dann sicher schlecht beraten, wenn sie ihren Ehemann sofort hundertprozentig in Beschlag nehmen.

Damit sich die Lebensperspektive nicht auf Hilfstätigkeiten im Haushalt reduziert, sind jetzt Freunde oder vielleicht auch frühere Kollegen wichtig, die diesen Schritt schon hinter sich gebracht haben. Nicht jeder hatte rechtzeitig Interesse und Kraft, sich intensiv auf seine Zeit nach der Arbeit vorzubereiten. Freunde können dazu ermuntern, sich neu zu orientieren, sie können an die vorhandenen Stärken erinnern, Zugang zu neuen Bekanntenkreisen in Vereinen schaffen, zu neuen Aufgaben herausfordern.

Mit dem Ende des Berufslebens ändern sich die Fundamente, auf denen der Mensch sein Leben aufgebaut hat. Da ist es nur konsequent, wenn sich der Mensch mit ändert: Zum Guten – die Chance sollte man ihm geben –, oder auch zum Schlechten – dann sollte man aufmerksam hören, ob Hilfe gebraucht wird.

2.12.13. Neu verlieben: Manchmal ein Geschenk

Nach Scheidung oder Tod des Partners passiert manchmal sogar noch in älteren Lebensjahren das Wunder: Man verliebt sich neu und die Liebe wird erwidert. Was für ein Geschenk, denn Einsamkeit ist für die meisten Menschen eine große Last. Natürlich ist das Zusammensein mit einem neuen Partner nie ohne Schwierigkeiten, bei jungen wie bei älteren Menschen nicht. Junge sind in ihrem Lebenszusammenhang noch flexibel und können sich leichter neu orientieren. Für ältere Menschen ist das nicht ganz so leicht: Man hat seine Gewohnheiten, man hat seine Familie. Und nun stößt ein neuer Partner mit seinen Gewohnheiten, seiner Familie und seinen ganz anderen Lebenszusammenhängen dazu: Ein spannendes Experiment, das viel von den Partnern verlangt, aber dann auch große Freude und Zufriedenheit bringen kann.

Jeder Ältere kennt das Leben und weiß, dass große Kompromissfähigkeit Grundvoraussetzung für eine erfolgreiche Partnerschaft ist. Allerdings hat jeder auch gelernt, wo seine Grenzen sind. Und die zu überwinden, fällt mit zunehmendem Alter nicht leichter.

Für die Zufriedenheit ist in diesem Moment daher die beiderseitige Freiwilligkeit einer Beziehung entscheidend: So ist es ratsam, dass zumindest vorläufig jeder seine eigene Wohnung behält, bis man sich ganz sicher ist, mit diesem Partner auch die schweren Phasen des Älterwerdens gemeinsam durchstehen zu wollen. Und wer sich nach langer ehelicher Gemeinsamkeit und dem Tod seines Partners mit viel Mühen eine neue Selbstständigkeit erarbeitet hat, sollte diese Selbstständigkeit nicht allzu schnell einer neuen gemeinsamen Partnerschaft wegen wieder aufgeben. Wahrscheinlich wird ja mindestens einer der beiden diese Selbstständigkeit nach dem Tod des neuen Partners wieder brauchen.

Vor allem ältere Männer flüchten sich nach dem Tod ihrer Ehefrau oder nach einer Scheidung Hals über Kopf in eine neue Beziehung, um haushaltsmäßig versorgt zu sein. Viele machen dann die Erfahrung, dass eine solche Verbindung nicht lange hält. Man braucht nach dem Tod seines Partners Abstand von der langen Ehezeit, um sich selbst, seine Bedürfnisse und seine Ängste in der neuen Situation wahrnehmen zu können. Erst dann kann man sich sinnvoll auf eine neue Partnerschaft einlassen.

Kinder sind bei einer neuen Partnerschaft des Vaters oder der Mutter meist zwiegespalten: Einerseits sind sie hocherfreut, dass Vater oder Mutter nicht mehr alleine sind, dass sie einen Partner haben, der ihre Aufmerksamkeit, Fürsorge und Liebe beansprucht und dass sie selbst deshalb für Haushaltsreparaturen, Mobilität oder nur für das Überbrücken der Einsamkeit wesentlich weniger in Anspruch genommen werden. Andererseits wird der verstorbene Elternteil durch einen fremden Menschen ersetzt. Das ist nicht einfach zu verkraften: Gefühlsmäßig hält für Kinder die idealisierte elterliche Liebe über den Tod hinaus. Manche empfinden die neue Beziehung als Verrat am verstorbenen Vater oder der verstorbenen Mutter. Manche fühlen sich einfach auch nur um ihr Erbe betrogen, sich materiell oder ideell ihres Elternhauses beraubt. Der neue Partner wird als Erbschleicher abgestempelt. Hilfreich kann es dann sein, wenn die neuen Partner sich eine komplett neue gemeinsame Bleibe suchen und das Erbe so geregelt wird, dass es in der jeweiligen Familie bleibt.

Hier müssen Kinder lernen, dass mit dem Tod des Partners eine lebendige Beziehung ihr Ende gefunden hat und der Überlebende jetzt sehr viel Einsamkeit verkraften muss. Diese auch emotionale Einsamkeit können Kinder oder Enkel lindern, aber sie können sie nicht beheben. Es gehört deshalb zu den Rechten eines Menschen, sich nach dem Tod des Partners oder nach einer Scheidung neu zu verlieben und eine neue Beziehung einzugehen. Diesen Lernschritt müssen Kinder gehen, auch wenn es ihnen schwerfällt und sie dabei vielleicht nicht ohne psychologische Unterstützung auskommen.

Andererseits bleiben die besonderen Eltern-Kind-Beziehungen lebenslang bestehen. Das muss der neue Partner respektieren. Das Aus- und Erleben dieser Beziehungen braucht auch genügend Zeit, nicht nur für regelmäßige Treffen, sondern auch für Urlaub mit Kindern und Enkeln. Ein Partner, der darauf mit Eifersucht reagiert, gefährdet seine neue Beziehung, denn Kinder bleiben Kinder ihr Leben lang. Und ein gutes Verhältnis zu den Kindern ist eine Verpflichtung, die auch bei unterschiedlichen Anschauungen und Streitigkeiten nicht durch den neuen Partner zerstört werden darf.

2.12.14. Sex im Alter: Kein Tabu, sondern Freude

Endlich stören keine ungestümen Kinder mehr das Zusammensein, endlich braucht man keine empfängnisverhütenden Mittel mehr, endlich kann man mit Ruhe und ohne Hektik kuscheln, endlich steht der Sex nicht mehr unter Erfolgszwang, endlich kriechen die beruflichen Sorgen nicht mehr andauernd über die Bettdecke, endlich muss man sich und dem Partner nichts mehr beweisen … Sex im Alter birgt mehr entspannte Freude und Spaß, als sich jüngere Menschen das vorstellen können. Es gibt Menschen, die können mit sechzig besseren Sex erleben als in ihrer Jugend oder am Beginn ihrer Ehe. Dass heute potenzstärkende Mittel leicht auf Rezept zu bekommen sind und Gleitgel in jedem Drogeriemarkt zu kaufen ist, erleichtert die ungestörte Freude am sexuellen Erleben bis in ein Alter hinein, das man sich früher nie hat vorstellen können.

Andererseits sind viele auch sehr froh, dass nun die Zeit von Erfolgsdruck und Versagensängsten zu Ende geht. Das Älterwerden bietet jedem die Freiheit, für sich selbst ohne Zwang den passendsten Weg zu finden.

2.12.15. Zeit für Ruhe, Muße, Rückblick

Wie oft hat man sich in seiner stressigen Berufszeit oder im familiären Trubel nach einem ganz ruhigen Abend gesehnt? Jetzt hat man die Zeit für Ruhe, für Nichtstun, für Entspannung. Aber wie ein Leistungssportler nicht von einem auf den anderen Tag mit seinem Sport aufhören kann und darf, sondern seinem Körper eine Zeit des langsamen Zurückschaltens zugestehen muss, so sollte auch der Übergang aus Beruf oder Familienphase abgefedert werden. Ein langsamer Übergang zahlt sich aus für die körperliche und seelische Gesundheit. Die Herausforderungen ehrenamtlicher Aufgaben, die tatkräftige Unterstützung bei Kindern oder Freunden in deren Familienstress oder auch ein den Kopf forderndes Erlernen einer neuen Sprache oder eines neuen Hobbys können dabei behilflich sein.

Ruhe und Muße fördern auch den Blick auf das eigene Leben. Lebensperspektiven verschieben sich. Das eigene Leben und die eigene Familie dürfen wieder wichtiger werden gegenüber den beruflichen Anforderungen, die jahrzehntelang Vorrang hatten.

Seine Erinnerungen aufzuschreiben, kann eine Chance sein, sich den Lauf des eigenen Lebens mit allen Hochs und Tiefs noch einmal vor Augen zu führen (➞ 2.9.). Allerdings besteht das Leben nicht nur aus abgeschlossenen und verarbeiteten Kapiteln. Wenn man nach Erinnerungen gräbt, tauchen unvermeidlich ungeklärte Beziehungen, unentschuldigte Fehler oder peinliche Ausrutscher auf. Leben besteht aus vielen unabgeschlossenen Episoden. Eigene und Anderer Unzulänglichkeiten vergessen zu können, gehört zur Grundvoraussetzung eines guten und zufriedenen Lebens:

Ohne Vergessenkönnen gibt es keine Ruhe. Wenn man sich auch nach Jahren noch bei anderen für eigene Fehler entschuldigen kann, sollte man sich über die eigene Stärke freuen – keinesfalls sollte man solche Stärke von anderen erwarten oder fordern. Dann besser vergessen.

2.12.16. Zeit für den Glauben

Wer viel über Sterben und Tod und das Danach sinniert, entdeckt nicht selten seine religiösen Gefühle (wieder). Der eigene Glaube wird in der dritten Lebenszeit immer wichtiger. Ruhe und Muße ermöglichen die Rückschau auf die Phasen des eigenen Lebens – mit Freude, Stolz, Scham, Ärger. Glaube kann helfen, sich mit diesem Lebenslauf abzufinden, ihn als sein eigenes Leben zu akzeptieren. Der christliche Glaube versichert dem Menschen, dass auch Gott ihn mit diesem Leben, mit dieser Geschichte annimmt und ihm vergibt, was ihm selbst als Last dieses Lebens auf dem Gewissen liegt.

Immer öfter sterben Freunden oder Altersgenossen. Jede Beerdigung fordert dazu heraus, sich mit dem eigenen Glauben zu beschäftigen: Was ist mir wichtig? Wie stelle ich mir das Jenseits vor? Was weiß ich eigentlich von dem Glauben, in dem ich groß geworden bin? Normalerweise hat sich seit der Konfirmation oder Firmung vieles verändert: Wichtige Fragen werden vielleicht jetzt ganz anders beantwortet als damals.

Kirchen in Kurbädern oder Urlaubsorten sind sonntags oft überfüllt, während zuhause der Schritt in den Gottesdienst der eigenen Gemeinde schwerfällt. Immer mehr Gemeinden haben deshalb Angebote im Programm, die es erleichtern, Kontakt zu seiner oder einer anderen Gemeinde aufzunehmen: Im Internet findet man dann Ausflüge, Seminare, Vortragsabende oder auch besondere Gottesdienste mit spezieller Musik oder unkonventionellem Programm. Gerade die Citykirchen bieten eine große Auswahl interessanter Angebote. Und für das Angebot ehrenamtlicher Tätigkeit sind viele Gemeinden offen: Wie junge Mütter überall auf eigene Initiative Spielgruppen gründen, können Seniorinnen und Senioren zum Beispiel Gesprächskreise für Männer oder neue Hobbygruppen anbieten.

2.13. Geld im Alter: Rente, Pension, Grundsicherung

Die meisten Menschen können im Alter – mit einigen Abstrichen gegenüber dem vorherigen Einkommen – ihren normalen Lebensunterhalt durch ihre Pension, Rente aus eigener Erwerbstätigkeit, die Witwen- oder Waisenrente oder die Erwerbsminderungsrente bestreiten. Die Geburtsjahrgänge bis 1946 hatten mit 65 Jahren Anspruch auf ihre Rente. Seitdem muss jeder Jahrgang einen Monat gegenüber dem Vorgängerjahrgang länger arbeiten, bis der Rentenanspruch eintritt. Renten und Pensionen müssen teilweise versteuert werden, Kranken- und Pflegeversicherung fallen weiterhin an.

Für künftige Generationen wird die private Vorsorge immer wichtiger werden. Ob es dabei am sinnvollsten ist, zum Beispiel in eine Lebensversicherung, eine Riesterrente oder in ein eigenes Häuschen oder eine Eigentumswohnung zu investieren, wird jeder nach guter Beratung selbst entscheiden müssen.

Immer mehr Menschen arbeiten neben der Rente. Dabei können unter Umständen Hinzuverdienstgrenzen zu beachten sein. Die Deutsche

Rentenversicherung gibt dazu nähere Auskunft, auch im Internet unter www.deutsche-rentenversicherung.de.

Eine staatliche Unterstützung für Bezieher kleinerer Renten und Pensionen oder alte Menschen ohne eigenes Einkommen ist die „Grundsicherung". Die Grundsicherung ist keine Sozialhilfe, sodass das Einkommen der Kinder nicht angetastet wird. Auch hier informiert die Deutsche Rentenversicherung über Einkommensgrenzen etc. Als Faustregel gilt, dass man bei einem monatlichen Gesamteinkommen von weniger als € 758 von den Ortsstellen der Deutschen Rentenversicherung prüfen lassen sollte, ob man einen Anspruch auf Grundsicherung besitzt.

Diese Grundsicherung hat ihr Ziel, der verdeckten Altersarmut entgegenzuwirken, nur zum Teil erreicht. Noch immer verzichten mehr als die Hälfte aller anspruchsberechtigten älteren Menschen auf diese Hilfe. Die meisten werden den Weg zum örtlichen Sozialamt scheuen und versuchen, durch eiserne Spardisziplin ihr Leben zu meistern. Die Grundsicherung kann allerdings auch bei den örtlichen Beratungsstellen der Deutschen Rentenversicherung beantragt werden.

Empfänger der Grundsicherung können auf Antrag von der Rundfunkgebührenpflicht befreit werden: ARD ZDF Deutschlandradio, Beitragsservice, 50656 Köln (www.rundfunkbeitrag.de)

Die größte finanzielle Sorge vieler älterer Menschen ist die Frage, ob die eigene Bestattung finanziell abgesichert ist. Die größte Sicherheit kann man dann bekommen, wenn man sich von einem Bestatter alle vermutlichen Kosten ausrechnen lässt und diese Summe nach Abzug aller zu erwartenden Zuschüsse (Versicherungen usw.) auf ein durch den Bestatter vermitteltes abgesichertes Treuhandkonto hinterlegt (➟ 2.26.).

Vom Abschluss einer Sterbegeldversicherung wird vielfach abgeraten, da die Einzahlungen die Auszahlungen meistens weit übersteigen. Bei einem Eintrittsalter von 65 Jahren wäre für eine Versicherungssumme von € 5000 mit monatlichen Beiträgen von ca. 25 bis 35 € zu rechnen.

2.14. Seniorengerecht wohnen: kleiner, bequemer, ohne Gefahren

2.14. Seniorengerecht wohnen: kleiner, bequemer, ohne Gefahren

2.14.1. Von der jungen Familie im Grünen zum einsamen Witwer

Als junge Familie mit kleinen Kindern träumt man von einem Haus im Grünen mit vielen Zimmern und riesigem Garten. Das Haus aufzuräumen und den Garten zu pflegen, ist mit den Kräften der Jugend problemlos zu schaffen. Fünfundzwanzig Jahre später haben die Kinder das Haus verlassen, und nach weiteren fünfundzwanzig lebt im selben großen Haus nur noch ein Mensch als Witwe oder Witwer. Die Belastungen sind gleich geblieben: Viele Zimmer und der arbeitsintensive Garten. Man ist immer mehr auf fremde, oft kostspielige Hilfe angewiesen. Die Stadt mit ihren Einkaufsmöglichkeiten ist weit entfernt. Das Autofahren fällt immer schwerer, und dementsprechend werden die Kontakte zu Verwandten, Bekannten und Freunden immer seltener: Die Einsamkeit wächst. Das Haus ist Heimat, eigene liebgewordene Heimat. Der Gedanke an einen Umzug fällt sehr schwer, die Belastungen wiegen aber auch täglich schwerer.

Auch wenn der Gedanke lange weit weggeschoben wurde: Vielleicht ist ein frühzeitiger freiwilliger Schritt in ein neues Zuhause mitten in einer Stadt besser, als im Alter gezwungenermaßen das Haus verlassen zu müssen, weil man vollkommen überfordert ist. Man kann sich besser in eine neue Umgebung eingewöhnen, kann sich selbst neue eigene Einkaufsmöglichkeiten erobern und kann die Vielfalt der städtischen Kultur genießen. Manchmal liegt der Umzug in eine fremde Stadt nahe, weil dort die Kinder wohnen. Manchmal möchte man auch gerne in ein Urlaubsgebiet ziehen, um dort Sonne und Freiheit zu genießen.

2.14.2. Die seniorengerechte Wohnung: Gefahren mindern und den Alltag erleichtern (Checkliste 1)

Wer mit zunehmendem Alter in seiner Wohnung wohnen bleiben möchte, sollte sich nicht zu spät Gedanken machen, ob seine Wohnung wirklich seniorengerecht ist, also auch barrierefrei. Eine frühzeitige Beratung durch einen Architekten kann da Gold wert sein.

Manchmal sind es nur Kleinigkeiten, die man ändern muss und die einem später das Leben erleichtern. Bau- und Elektronikmärkte bieten oft preiswerte Lösungen an.

○ Hat man einen Haltegriff an den drei Treppenstufen zur Haustür?

○ Sind alle Treppen in der Wohnung gut gesichert?

○ Gibt es Stolperkanten oder Teppiche, auf denen man leicht ausrutschen könnte?

○ Kann man seine Mülltonnen draußen vor der Haustür unterbringen, wenn man sie nicht mehr alleine aus dem Keller wuchten kann?

○ Kann man die Haustür aus der Wohnung heraus, eventuell sogar vom Bett aus, automatisch öffnen?

○ Hat man bei schwindendem Hörvermögen ein optisches Signal für die Türklingel?

○ Kann man durch einen Monitor sehen, wer draußen vor der Tür steht?

○ Hat man ein mobiles Telefon, damit man auch bei Bettlägerigkeit telefonieren kann?

○ Hat man ein Telefon mit großen Ziffern und beschriftbaren Namenstasten für Familie und Freunde?

○ Hat man ein elektrisch höhenverstellbares Bett mit stufenlos verstellbarer Liege- und Sitzfläche, damit man auch zuhause gut gepflegt werden kann?

○ Hat man im Schlafzimmer einen Fernseher, den man vom Bett aus gut sehen und bedienen kann, damit man auch bei Bettlägerigkeit Unterhaltung hat?

○ Bei eingeschränktem Sehvermögen können CD-Player und Radios, die per Fernbedienung ein- und ausgeschaltet werden können, lange Zeiten des Liegens angenehmer gestalten.

○ Steht der Kühlschrank so hoch, dass man ihn ohne großes Bücken benutzen kann?

○ Hat man eine kleine Trittleiter griffbereit, damit man keinesfalls in Versuchung gerät, auf Stühle oder Tische zu steigen und einen Sturz zu riskieren?

○ Hat man die Waschmaschine in der Wohnung, damit man nicht dauernd in den Waschraum im Keller gehen muss?

○ Ist besonders das Badezimmer seniorengerecht eingerichtet? Große, leicht bedienbare Armaturen, bodengleiche Dusche, Klappsitz in der Dusche, Haltegriffe vor und in der Dusche, gut erreichbare Aufbewahrungskörbe für Duschartikel, rutschfeste Badematten, Griffleisten neben der Toilette, niedrige Spiegel und Badezimmerschränkchen, unterfahrbares Waschbecken?

○ Hat man eine Toilette mit erhöhtem Toilettensitz? Vielleicht kann der Arzt solche Hilfe verordnen und die Krankenkasse bezahlt oder gibt einen Zuschuss.

○ Für einen Rollstuhl sollte rechts und links neben der Toilette genügend Platz sein.

○ Zu viel Mobiliar in der Wohnung behindert die Bewegungsfreiheit.

○ Ist die Wohnung gut gegen Einbrecher gesichert, damit man als Alleinlebender keine Angst haben muss?

○ Weiß man, wer in der Nähe einen „Hausnotruf" anbietet? „Hausnotruf" bedeutet, dass man in der Wohnung ein kleines Gerät, wie eine Stoppuhr, an einer Halskette mit sich herum trägt. Wenn man hingefallen ist und nicht mehr aus eigenen Kräften aufstehen kann, drückt man einen Knopf, worauf automatisch durch ein Mikrofon und einen Lautsprecher in der Wohnung eine Verbindung zur Notrufzentrale hergestellt wird. Von dort wird umgehend die notwendige Hilfe organisiert (Krankenwagen, Notarzt, eigene Kräfte der Notrufzentrale, Information der Angehörigen).

○ Hat man die Telefonnummer eines Lebensmittelgeschäfts griffbereit, das im Krankheitsfall auf telefonische Bestellung ins Haus liefert?

○ Hat die Hausnummer große Zahlen und ist von der Straße aus gut lesbar angebracht? Ist sie beleuchtet? Wenn der Notarzt oder die Rettungssanitäter kommen müssen, zählt jede Sekunde.

○ Hat man eine telefonische Kontaktperson, mit der man regelmäßige tägliche Telefongespräche (als Kontrolle für das eigene Wohlergehen) verabreden kann?

51

Nicht sehr preiswert, aber oft unumgänglich, ist der Einbau eines Treppenlifts, wenn man nicht mehr in der Lage ist, die Treppen zwischen Wohnzimmer im Erdgeschoss und Schlafzimmer und Bad in der ersten Etage zu überwinden. Da kann es finanziell sinnvoll sein, frühzeitig Angebote zu vergleichen oder auch zu überlegen, ob man einen solchen Treppenlift nur mietet oder gebraucht kauft.

Wenn man eine neue Wohnung bezieht, sollte man grundsätzlich darauf achten, dass diese neue Wohnung seniorengerecht ausgestattet ist: Möglichst sollte keine einzige Treppe zu überwinden sein. Ein Aufzug sollte die Wohnung einfach erreichbar machen, falls man einmal einen Rollator oder gar einen Rollstuhl braucht. Breite Türen und keine Stufen innerhalb der Wohnung, großzügig angelegtes Bad oder Dusche mit Haltegriffen und leichtbedienbare Schränke und Kücheneinrichtungen erleichtern das Leben, wenn man sich nicht mehr so gut bewegen kann. Manchmal kann es sinnvoll sein, sich seine Traumwohnung schon vor dem Einzug seniorengerecht umbauen und ausstatten zu lassen – wenn es später dringend ist, fällt es sehr schwer, die notwendigen Umbaumaßnahmen zu organisieren.

Krankenkassen und Pflegeversicherung können in gewissen Fällen Zuschüsse zu Umbaumaßnahmen geben, zum Beispiel wenn der Arzt Haltegriffe im Bad verordnet. Die Kreditanstalt für Wiederaufbau (KfW) kann durch ihr Förderprogramm „Altersgerecht umbauen" Hilfen als Investitionszuschuss oder als Kredit gewähren. Wohnberatungsstellen der Städte oder Kreise geben Auskünfte.

Eine regelmäßig bediente Haltestelle des öffentlichen Nahverkehrs in der Nähe ermöglicht die preiswerte Teilnahme am öffentlichen Leben (ohne Taxi) auch dann noch, wenn man sein Auto abgeschafft hat.

2.14.3. Seniorenwohnungen: Auf Handikaps eingestellt

Eine gute Alternative zu einer irgendwo gemieteten Wohnung sind die Seniorenwohnungen. Oft in der Nähe von Seniorenheimen gelegen und organisatorisch an diese angebunden, bieten sie den Mietern eine „normale" seniorengerechte Wohnung, nur dass Pflichten wie Treppenhaus-, Keller- und Speicherreinigung, Schneeräumen und Müllentsorgen vom Vermieter erledigt werden. Wenn der Mieter besondere Hilfe braucht, wie zum Beispiel Haushaltsunterstützung nach einem Krankenhausaufenthalt, dann sorgt das organisierende Seniorenheim – natürlich gegen Bezahlung – für eine unkomplizierte Betreuung: Essen auf Rädern, Reinigungsdienste, Pflege, Notfallrufdienst usw. Alles Notwendige für den Senior, der immer mehr an eigenen Möglichkeiten verliert, kann in Seniorenwohnungen unkompliziert und schnell in Anspruch genommen werden, ohne Dienste auf dem freien Markt mit regelmäßigen Anfahrtskosten zu suchen. Wenn man sich erholt hat und die Dienste nicht mehr braucht, dann sind sie schnell abbestellt und man kann sein Leben wieder ohne Hilfestellung selbst bewältigen.

Beim Aussuchen einer Seniorenwohnung, vielleicht in einem Seniorenstift, sollte man allerdings sehr genau die Preise vergleichen. Manchmal lässt sich der Betreiber das Bereithalten solcher Dienstleistungen durch eine unverhältnismäßig teure Miete bezahlen, obwohl jede Extraleistung auch noch gesondert berechnet wird.

2.14.4. Der Traum vom Ruhestand auf Mallorca

Der Traum von der Finca oder der Wohnung auf Mallorca hat sich nach einigen Jahren für viele Residenten (so werden die Ausländer genannt, die auf Mallorca oder anderswo ihren Altersruhesitz, ihre „Residenz" haben) zum Albtraum entwickelt. Am Anfang ist man froh, auf der Sonneninsel weit weg zu sein von allen nervenden Verwandten, fordernden Kindern, zu beaufsichtigenden Enkeln und geschwätzigen Bekannten und Nachbarn. Doch bald merkt man, dass man in der Fremde als älterer Mensch nur noch schwer neue Kontakte knüpfen kann und sehr schnell einsam wird. Ohne Sprachkenntnisse erscheinen die organisatorischen Probleme fast unüberwindbar und die (finanziell teure) Abhängigkeit von einheimischen Helfern wird zur großen Belastung. Probleme bei der Krankheitsversorgung kommen hinzu.

Die schwerwiegendste Erfahrung vieler in den Süden ausgewanderter Rentner und Pensionäre liegt aber auf einer ganz anderen Ebene: In der Fremde hat man zwar keine Verpflichtungen, aber im Gegenzug interessiert sich auch niemand für einen. Man kommt sich überflüssig vor. Es war vielleicht lästig, wenn man kurzfristig als Babysitter oder Kinderchauffeur eingespannt wurde, aber – man war wichtig, man konnte helfen. Die Freiheit von den nervenden Verpflichtungen und Verbindungen zuhause stellt die Bedeutung des eigenen Lebens in Frage.

53

2.14.5. Fast wie früher: Das Mehrgenerationenhaus

Das Mehrgenerationenhaus lebt von der Idee, dass wie in alten Zeiten mehrere Generationen unter einem Dach leben und sich gegenseitig helfen, allerdings nicht mehr Angehörige einer Großfamilie, sondern vieler Familien: „Wahlverwandtschaften".

Diese haben in einem Mehrgenerationenhaus jeweils ihren eigenen Wohnbereich, benutzen aber auch Gemeinschaftsräume zusammen. Die Älteren helfen die Kinder zu beaufsichtigen und steuern bei allen Problemen ihren Erfahrungsschatz bei, die Jüngeren unterstützen bei nachlassenden Kräften und zunehmender Pflegebedürftigkeit die Älteren.

Mehrgenerationenhäuser bekommen zurzeit politische Unterstützung als Modellprojekt für zukünftiges Wohnen. Allerdings scheint sich herauszustellen, dass das Modell für Ältere wesentlich attraktiver ist als für jüngere Menschen: Pflege ist weitaus aufwendiger und schwieriger als Kinderbetreuung. Bei allen Schwierigkeiten gelang das Zusammenleben mehrerer Generationen früher deshalb, weil die Familienbande nicht erlaubten, interne Hilfe gegeneinander aufzurechnen. Zudem konnte man als junger Mensch darauf vertrauen, dass in fünfzig Jahren jemand für einen da sein würde. Dieser „Generationenvertrag" dürfte in Mehrgenerationenhäusern mit unterschiedlichen Familien nur sehr schwer zu erfüllen sein.

2.15. Hilfe bei der Pflege: Irgendwann braucht sie jeder

2.15.1. Die häusliche Pflege durch die Familie

Die meisten älteren Menschen werden im Pflegefall zuhause von Angehörigen versorgt und gepflegt. Schleichend nehmen die Kräfte und Fähigkeiten ab und schleichend wird der Pflegeaufwand immer größer. Oft sind es die Töchter oder Schwiegertöchter, die diese Arbeit neben ihrem eigenen Beruf, der Kindererziehung oder dem eigenen Haushalt übernehmen.

Pflege ist nicht einfach, und besonders die Pflege eines liegenden Menschen erfordert besondere Kenntnisse. Es gibt Kurse für häusliche Krankenpflege, in denen die Teilnehmer viele Kniffe und Fähigkeiten vermittelt bekommen, die die Aufgabe erleichtern können.

Pflege ist nicht nur die körperliche Versorgung und Pflege. Pflege umfasst sehr viel persönliche Zuwendung, es muss viel auf die Probleme des bettlägerigen oder an Demenz erkrankten Menschen eingegangen werden.

In der Leidenszeit vor dem Tod verändern sich manche Menschen sehr stark. Je älter ein Mensch wird, desto mehr grenzt sich sein Gesichtsfeld auf die eigene Person ein. Dass für ihn irgendwann Zeitungen und Nachrichten nicht mehr interessant sind, ist ein Anzeichen für diesen Prozess, der bei jedem Menschen in unterschiedlicher Intensität abläuft. Das Interesse konzentriert sich immer mehr auf die eigene Familie und dann auf das Ich, seinen Glauben, sein Leiden und Sterben. Die Fähigkeit, sich auf die Umwelt einzustellen und deren Bedürfnisse mit den eigenen abzustimmen, geht verloren. So werden auch die mangelnde Dankbarkeit und viele Aggressionen verständlich.

Oft fehlt den Pflegebedürftigen der realistische Blick auf das hohe Engagement, das ihre Umgebung ihnen entgegenbringt. Kleinigkeiten werden zu großen Problemen aufgebauscht. Gerade jene Angehörigen, an deren Engagement rund um die Uhr nicht der leiseste Zweifel besteht, müssen Vorwürfe von Vernachlässigung und Egoismus ertragen.
Pflegende in Seniorenheimen oder im Ambulanten Pflegedienst können als berufliche Profis damit umgehen. Für pflegende Angehörige ist das hingegen eine sehr schwer zu ertragende Situation.
Sehr häufig machen Pflegende drei Fehler:
- Sie warten zu lange damit, einen ambulanten Pflegedienst mit in die Betreuung einzuschalten.
- Sie bestellen nicht zu ihrer eigenen Entlastung alle verfügbaren zusätzlichen Hilfsdienste: z.B. Essen auf Rädern, eine Reinemachefrau, Fensterputzer, Getränkedienst, einen Friseur, der ins Haus kommt, Maniküre, Pediküre, Hausnotruf, Fachärzte mit Hausbesuch und so weiter.
- Sie gönnen sich nicht beizeiten die notwendige eigene Erholung von der Pflege. Das sollten sowohl regelmäßige stunden- oder tageweise Freizeiten in der Woche sein, wie auch längere Urlaubspausen.

Wie lange die Pflege eines sterbenden Menschen dauern wird, weiß niemand im Voraus. Deshalb sollte man möglichst früh alle Entlastungsmöglichkeiten in Anspruch nehmen – zum Beispiel, indem sich vorübergehend andere Angehörige kümmern. Kurzzeitbetreuung für einige Wochen in einem Seniorenheim ist eine weitere Möglichkeit; die Tagespflegeangebote der sozialen Werke können ebenfalls eine entlastende Hilfe sein.

Da ein Platz im Seniorenheim sehr wahrscheinlich deutlich teurer sein würde als professionelle Hilfe bei der Pflege, kommt eine Auszeit in jedem Fall auch dem Kranken zugute: Er kann viel länger zu Hause gepflegt werden, wenn die Pflegeperson nicht chronisch überlastet ist.

Oft ist es notwendig, dass entfernt wohnende Angehörige eingreifen und die Pflegeperson zu solchen Auszeiten zwingen: Kinder können ihre Mutter in Urlaub schicken und für einige Zeit die Pflege des Vaters anders organisieren. Eine erholte Mutter ist für alle Beteiligten das Beste.

Der Gesetzgeber hat dieses Problem erkannt und in die Pflegeversicherung Geldmittel und Urlaubsansprüche für die Pflegeperson eingebaut. Beides in Anspruch zu nehmen, ist im wohlverstandenen Interesse des Pflegebedürftigen, auch wenn der selbst nicht mehr in der Lage ist, das einzusehen.

Mitglieder einer gesetzlichen oder privaten Krankenkasse haben unter bestimmten Voraussetzungen, unabhängig von Einkommen und Vermögen, entsprechend der Pflegestufe Anspruch auf Pflegegeld. Dabei kann die Pflege durch Privatpersonen oder durch professionelle Pflegekräfte erfolgen. Anträge sind bei der Pflegekasse zu stellen.

2.15.2. Die Ambulanten Pflegedienste

Seit einigen Jahrzehnten gibt es ein flächendeckendes Netz ambulanter Pflegestationen. Diakonie, Caritas, Wohlfahrtsverbände und freie Anbieter teilen sich einen immer größer werdenden Markt. Viele ältere Menschen sind sehr froh und dankbar, dass sie mit dieser ambulanten Pflege länger in der Lage sind, in ihrer häuslichen Umgebung zu bleiben. Andere bedauern, dass durch das Angebot häuslicher Pflege der Staat die Aufnahmebedingungen für die Aufnahme in ein Seniorenheim hochschrauben konnte: Nur wer einen täglichen Pflegebedarf von mindestens 90 Minuten vom Medizinischen Dienst der Krankenkassen bescheinigt bekommen hat, kann in einem Seniorenheim aufgenommen werden, sofern er nicht die Kosten auf absehbare Zeit aus seinem eigenen Vermögen bezahlen kann. Alter, soziale Vereinsamung und andere Gründe für einen Umzug in ein Seniorenheim spielen jetzt fast keine Rolle mehr.

Ambulante Pflegestationen müssen für ihre Krankenkassenzulassung eine Reihe von Angeboten nachweisen: Sie müssen über mindestens vier examinierte Vollzeitpflegekräfte verfügen, sie müssen im Notfall rund um die Uhr erreichbar sein, und sie müssen auch Angebote für die Übernahme anderer Haushaltsarbeiten bereithalten.

Über die pflegerischen Leistungen ist akribisch Buch zu führen, und nur die wirklich durchgeführten Leitungen können auch mit der Pflegeversicherung und den Krankenkassen abgerechnet werden. Der Zeitbedarf für alle einzelnen Leistungen ist vorgegeben: zum Beispiel Duschen einschließlich An- und Auskleiden 15 – 20 Minuten.

Zum Leidwesen vieler pflegebedürftiger Menschen sind die vorgegebenen Zeiten oft viel zu kurz und nicht den Bedürfnissen entsprechend: Ein selbstbestimmtes Leben wird dadurch unmöglich gemacht. Die Pflegekräfte leiden unter diesen ihnen aufgedrängten Zeitvorgaben: Sie spüren das Defizit, wenn keine Möglichkeit zu einem ruhigen Gespräch vorhanden ist, bei dem sie auch auf die seelische Verfassung des Pflegebedürftigen eingehen könnten. Aber das zählt nicht zur von den Kassen und Versicherungen getragenen körperlichen Pflege.

So müssen sich Pflegekräfte oft viel Kritik gefallen lassen, sie nähmen sich keine Zeit, sie wären zu hastig: „Kaum in der Wohnung, schon gehen sie wieder!" oder sie würden zu rabiat darauf drängen, dass die Pflege schnell durchgeführt wird. Doch die Pflegekräfte sind hier meist die falschen Ansprechpartner: Sie sind in ein System eingebunden, das ihnen kaum Freiraum zubilligt. Bei allen unterschiedlichen Fähigkeiten der Pflegekräfte und ihrem verschiedenen persönlichen Engagement sind doch letztlich alle Pflegestationen an die gleichen Vorbedingungen gebunden: Kritik an der einen Station garantiert nicht, dass eine andere Station die Pflege deutlich besser durchführt.

Der medizinische Dienst der Krankenkassen entscheidet nach einer Tabelle, wie viele Minuten an körperlicher Pflege ein Mensch täglich braucht, weil er diese Arbeit nicht mehr selbst durchführen kann. Wie bei der Einstufung für die Aufnahme in ein Seniorenheim entscheidet auch hier die Anzahl der Pflegeminuten über die Einstufung und die daraus resultierende tägliche Vergütung für den Pflegedienst. Pflegestufe 1 bedeutet, dass er mindestens durchschnittlich 90 Minuten täglich auf Hilfe angewiesen ist, davon mehr als 45 Minuten für Verrichtungen der Grundpflege, die er nicht mehr selbst machen kann. Je nach Art der zu leistenden Pflege kann der Pfleger ein bis dreimal täglich kommen.

2.15.3. Die Pflegestufen

Pflegestufe 0 – Hilfe bei dauerhaft erheblich eingeschränkter Alltagskompetenz
Hilfe auch für demenziell erkrankte Personen, dazu gehört z.b. Pflegegeld, Pflegesachleistungen, Verbesserung Wohnungsumfeld.

Pflegestufe I – Erhebliche Pflegebedürftigkeit
Erhebliche Pflegebedürftigkeit liegt vor, wenn mindestens einmal täglich ein Hilfebedarf bei mindestens zwei Verrichtungen aus einem oder mehreren Bereichen der Grundpflege (Körperpflege, Ernährung oder Mobilität) erforderlich ist. Zusätzlich muss mehrfach in der Woche Hilfe bei der hauswirtschaftlichen Versorgung benötigt werden. Der Zeitaufwand muss im Tagesdurchschnitt mindestens 90 Minuten betragen, wobei auf die Grundpflege mehr als 45 Minuten entfallen müssen.

Pflegestufe II – Schwerpflegebedürftigkeit
Schwerpflegebedürftigkeit liegt vor, wenn mindestens dreimal täglich zu verschiedenen Tageszeiten ein Hilfebedarf bei der Grundpflege (Körperpflege, Ernährung oder Mobilität) erforderlich ist. Zusätzlich muss mehrfach in der Woche Hilfe bei der hauswirtschaftlichen Versorgung benötigt werden. Der Zeitaufwand muss im Tagesdurchschnitt mindestens drei Stunden betragen, wobei auf die Grundpflege mindestens zwei Stunden entfallen.

Pflegestufe III – Schwerstpflegebedürftigkeit
Schwerstpflegebedürftigkeit liegt vor, wenn der Hilfebedarf bei der Grundpflege so groß ist, dass er jederzeit gegeben ist und Tag und Nacht (rund um die Uhr) anfällt. Zusätzlich muss die pflegebedürftige Person mehrfach in der Woche Hilfe bei der hauswirtschaftlichen Versorgung benötigen. Der Zeitaufwand muss im Tagesdurchschnitt mindestens fünf Stunden betragen, wobei auf die Grundpflege (Körperpflege, Ernährung oder Mobilität) mindestens vier Stunden entfallen müssen.

(Bundesgesundheitsministerium: www.bmg.bund.de/pflege/pflegebeduerftigkeit/pflegestufen.html)

2.15.4. Der Besuch des Medizinischen Dienstes

Wenn der Medizinische Dienst Senioren zuhause besucht, um die Pflegebedürftigkeit festzustellen, machen viele den Fehler, stolz zu erzählen, was sie alles noch können und auch tun. Oft hat das mit der Realität wenig zu tun, weil das Gedächtnis nachgelassen hat und die momentane Wirklichkeit nicht mehr gespeichert werden kann. Folge solcher stolzen Übertreibungen ist dann fatalerweise, dass der Medizinische Dienst die Pflegebedürftigkeit mit der nötigen Minutenanzahl nicht bescheinigen kann.

Von daher kann sich ein präzises Pflegetagebuch als sinnvoll erweisen, in dem pflegende Angehörige vorher über einen Zeitraum von mehreren Wochen minutiös festhalten, welche einzelnen Pflegeleistungen sie erbracht haben, welche Aufgaben der Haushaltsführung sie seit wann übernommen haben und wie oft und wie lange sie den Pflegebedürftigen in seiner Wohnung besucht haben.

Eine Begutachtung durch den medizinischen Dienst erfolgt in der Regel innerhalb eines Zeitraumes von sechs Wochen nach Antragstellung. Bei Krankenhausaufenthalten kann eine Begutachtung durch den Sozialen Dienst des Krankenhauses innerhalb eines Zeitraumes von fünf Tagen in die Wege geleitet werden. In wenigen begründbaren Ausnahmefällen lassen die Pflegekassen auch schon einmal einen Umzug in ein Seniorenheim zu, um die Begutachtung zur Notwendigkeit dann dort durchzuführen.

2.15.5. Eine neue Alternative: Pflegekräfte für zu Hause aus Osteuropa

Inzwischen hat der Gesetzgeber ein seit Jahren bewährtes Pflegemodell legalisiert und arbeitsrechtlich verankert: Frauen aus Polen, der Ukraine oder anderen Ländern im Osten Europas, oft Krankenschwestern, kommen für drei Monate nach Deutschland, wohnen in einem Zimmer bei der zu pflegenden Person und sind fast rund um die Uhr für die zu Pflegende da. Nach Ablauf der Arbeitserlaubnis von drei Monaten kommt zum Wechsel eine andere Pflegeperson aus dem Ausland.

Für wen das eine Option ist, der sollte sehr intensiv nach einer guten Pflegeagentur suchen, die dieses Modell offiziell und unter Beachtung aller arbeitsrechtlichen und steuerrechtlichen Gegebenheiten anbietet.

Seit 2011 kann diese Vermittlung ganz legal geschehen. Mit monatlichen Kosten von € 1500 bis € 2000 muss man dabei rechnen. Einige Probetage, um herauszufinden, ob Pflegeperson und zu Pflegende es miteinander aushalten, sollten genauso problemlos möglich sein wie die Sicherheit, dass alle Verträge den offiziellen Vorgaben entsprechen.

Bei der Auswahl des Vermittlers gilt eine allgemeine Lebensregel ganz besonders: „Das Billigste ist nicht immer das Preiswerteste." Wenn ein Vermittler die soziale Not, in der sich viele osteuropäische Frauen befinden, für ein ausbeuterisches Arbeitsverhältnis ausnutzt, dann wird diese Frau kaum eine zufriedene und glückliche Hausgenossin und Pflegekraft sein. Finanzielle Großzügigkeit, die den Pflegekräften selbst (nicht dem Vermittler) zugutekommt, wirkt sich auf die Stimmung bei diesem engen Zusammenleben in einem Haushalt außerordentlich gut aus. Der Pflegebedürftige kann dann sein schweres Leben viel besser leben.

Informationen bei Stiftung Warentest unter www.test.de/haushaltshilfen-osteuropa
Lit.: Georg Neumann, Rettung aus Polen: Wie Pflege zu Hause tatsächlich gelingt. Freiburg 2010.

2.15.6. Pflege dort, wo Pflege preiswert ist: Thailand, Ungarn ...

Ein faszinierender Gedanke: Statt Pflegekräfte aus ihrer Heimat nach Deutschland zu holen, zieht der Pflegebedürftige dorthin – nach Ungarn, Spanien oder Thailand. Immer mehr Organisationen bieten in diesen und vielen anderen Urlaubsländern Senioren- und Pflegeheime an, die deutlich preiswerter sind als ähnliche Heime in Deutschland. Ein verführerischer Traum: Im milden Klima eines Urlaubslandes gut und rund um die Uhr betreut zu werden und das für vielleicht die Hälfte des Preises, den man in Deutschland zahlen müsste.

Für einen geübten Langzeiturlauber mag es problemlos sein, sich auf ein anderes Klima und völlig fremde Lebensverhältnisse einzustellen. Anderen fällt es sicher schwerer, die vertraute heimatliche Umgebung zu verlassen. Familie und Freunde können nicht mal eben zu Besuch kommen, das Essen schmeckt anders, niemand bringt die Heimatzeitung. Spezialärzte sind des Deutschen oft kaum mächtig, Krankenhausbehandlungen kompliziert und vielleicht nicht auf dem Niveau, das man aus Deutschland gewohnt ist.

Senioren- und Pflegeheime, die sich auf deutsche „Auswanderer" spezialisiert haben, können manches empfundene Defizit ausgleichen.

Einige Monate Probewohnen sollten allerdings obligatorisch sein, bevor man sich entscheidet, seine Zelte in der Heimat abzubrechen. Und man sollte sich sehr sachkundig machen, ob Renten und Versicherungen für alle möglichen Fälle des Lebens ausreichen: In der Fremde als Schwerstpflegefall leben zu müssen, ohne dass man sein Pflegeheim noch bezahlen könnte, ist keine gute Perspektive. Und ob ein deutscher Sozialhilfeträger für Kosten im Ausland aufkommt, wenn eigenes Vermögen aufgebraucht ist oder die Rente für die Schwerstpflegekosten nicht mehr ausreicht, sollte man sehr gut abklären. Für die Bestattung auf dem heimatlichen Friedhof vorzusorgen, kann ebenfalls erheblich dazu beitragen, sich in der Fremde wohlzufühlen.

Pflege dort, wo Pflegekräfte leben, kann eine gute und sinnvolle Alternative zu Pflegeheimen mit zeitlich überforderten Pflegekräften sein, aber diese Alternative muss gut überlegt und ausprobiert werden.

2.16. Rundumversorgung im Seniorenheim

Viele Senioren müssen irgendwann in ein Seniorenheim umziehen. Ein Entschluss, der gerne bis zum letzten Moment hinausgezögert wird. Angesichts der vielen ambulanten Hilfs- und Pflegedienste, die bis zu dreimal täglich vorbeikommen, ist es heute möglich, sehr lange in der eigenen Wohnung zu bleiben. Aber irgendwann reichen ambulante Pflegekräfte für die medizinische, pflegerische Versorgung sowie die Haushaltsführung nicht mehr aus.

2.16.1. Seniorenheime für einen sorgenfreien Lebensabend

Seniorenheime sollten die alten und oft bettlägerigen Heimbewohner mit allem versorgen, was zu einem guten Leben gehört. Damit sind nicht nur ein warmes Zimmer, abwechslungsreiche Verpflegung, Unterstützung beim An- und Ausziehen und die Pflege gemeint, sondern auch die alltägliche Betreuung durch Gespräche, Zuwendung und die Hilfe bei Problemen. Regelmäßige Veranstaltungen sorgen für Abwechslung: Singe- und Spielnachmittage, Zeitungslesekreise, Seniorengymnastik, Ausflüge, Gottesdienste und vieles andere. Spezielle Demenzarbeit zählt heute fast schon zum Standardprogramm. Oft sind öffentlich zugängliche Cafés in ein Seniorenheim integriert, so dass für die Bewohner auch neue Außenkontakte entstehen und Gäste der Bewohner bewirtet werden können.

Leider wird der Ruf von Seniorenheimen immer wieder beschädigt, wenn gegen überforderte Pflegekräfte in Öffentlichkeit und Medien Vorwürfe erhoben werden. Das Geld, das in der Gesellschaft für die Pflegekräfte in Seniorenheimen und Krankenhäusern ausgegeben wird, wird deren Aufgaben und deren Verantwortung in keiner Weise gerecht. Wenn ein bedeutender Teil der Arbeitszeit dann noch für gesetzlich vorgeschriebene Dokumentationen und Verwaltungsarbeit aufgewandt werden muss, bleibt immer weniger Zeit für die Krankenpflege und Zuwendung zu den Betreuten. Hier fehlt leider der gesellschaftliche Wille, diejenigen gut zu finanzieren, deren Aufgabe es ist, die letzte Lebensphase vieler Menschen menschenwürdig zu gestalten.

2.16.2. Qualität von Seniorenheimen

Seniorenheime werden heute regelmäßigen Prüfungen unterzogen, sodass man sich in den allermeisten Heimen auf eine ordentliche Betreuung verlassen kann. Die Ergebnisse werden veröffentlicht, und man kann sie sich bei der Auswahl eines Heimes zeigen lassen.

Ein Seniorenheim ist die letzte Wohnung. Wer nicht auf jeden Euro schauen muss, sollte bei der Auswahl eines Seniorenheimes nicht die Finanzen in den Vordergrund stellen: Das eigene letzte Hemd hat keine Taschen. Deshalb sollte man sich für seine letzte Wohnung ein geräumiges Heim mit schönen Zimmern und einem guten Ambiente aussuchen. Falsche Bescheidenheit ist hier fehl am Platze. Die eigene Zufriedenheit sollte wichtiger sein als einige ersparte Euro für die Erben.

2.16.3. Aufnahme in ein Seniorenheim

Seit einigen Jahren hat sich die Möglichkeit zur Aufnahme in ein Seniorenheim gewandelt:
• Wenn der Senior Selbstzahler ist, der aus seinem Vermögen, durch seine Rente oder Pension oder durch Zuschüsse seiner Angehörigen die Heimkosten mindestens für die nächsten Jahre selbst aufbringen

kann, dann kann er jederzeit auf eigenen Wunsch in ein Seniorenheim umziehen.

- Wenn ein Teil der Seniorenheimkosten durch Pflegeversicherung und Grundsicherung aufgebracht werden muss, kann er erst aufgenommen werden, wenn die Notwendigkeit der vollstationären Pflege durch den Medizinischen Dienst der Krankenkassen offiziell anerkannt ist. Der Senior oder die Angehörigen müssen bei der Pflegekasse einen entsprechenden Antrag stellen.

  Pflegestufen ➝ *2.15.3., Medizinischer Dienst der Krankenkassen* ➝ *2.15.4.*

2.16.4. Voranmeldung und Anmeldung in einem Seniorenheim

Auch wenn es heute in vielen Regionen nicht mehr schwer ist, ein Zimmer in einem Seniorenheim zu bekommen, ist man dennoch gut beraten, wenn man sich frühzeitig über die Seniorenheime in der Nähe informiert, sich eventuell einige anschaut und sich dann bei einem oder zwei (unverbindlich) anmeldet und auf die Warteliste setzen lässt. Dann kann man nach eigenem Wollen und eigener Notwendigkeit den Umzug in eines dieser Seniorenheime in die Wege leiten und weiß vorher, auf was man sich einlässt. Eine große Rolle wird bei diesen Überlegungen sicher spielen, wo welche Freunde und Bekannte untergekommen und wie zufrieden sie sind. Aber auch die Nähe zur Wohnung von Kindern oder Enkeln wird nicht nebensächlich sein.

Sehr häufig wird der Umzug in ein Seniorenheim im Anschluss an einen Krankenhausaufenthalt notwendig, weil man nicht mehr alleine in der alten Wohnung leben kann. Es ist nützlich, wenn die Sozialarbeiterin des Krankenhauses, die den Seniorenheimplatz dann suchen muss, schon frühzeitig weiß, welches Seniorenheim das ausdrückliche Wunschseniorenheim ist. Auch die Verwaltung des Seniorenheims wird bei einer vorliegenden Anmeldung sicher sehr bemüht sein, dass der Patient direkt im Anschluss an den Klinikaufenthalt umziehen kann. Allerdings sollte man bei einem solchen spontanen Umzug bereit sein, Kompromisse einzugehen: Das Wunsch(einzel)zimmer mit Südlage, Balkon und guter Aussicht ist auf der gewünschten Etage vielleicht zurzeit nicht vorhanden. Aber wenn man einmal in dem Haus ist, wird man auf Wunsch bald die Gelegenheit bekommen, in ein besseres Zimmer umzuziehen.

Wenn das gewünschte Heim im Moment überhaupt nicht zur Verfügung steht, kann man auf Wunsch auch später das Heim wechseln und in sein Wunschheim umziehen. Man ist nicht an ein einmal gewähltes Heim gebunden (⟶ 12.4.).

2.16.5. Aufnahme auf eigenen Wunsch

Wenn ein Senior gerne in einem Seniorenheim aufgenommen werden möchte und die notwendigen Pflegeminuten für die Pflegestufe 1 nicht bekommt, dann kann eventuell bei einem Krankenhausaufenthalt die Krankenhaussozialarbeiterin im Zusammenhang mit ärztlichen Gutachten bescheinigen, dass eine häusliche Pflege zur Zeit nicht ausreichend ist, so dass zumindest auf Zeit eine Heimunterbringung möglich ist.

Die Flexibilität von Heimen ist dadurch sehr eingeschränkt, dass Zimmer normalerweise nur beim Tod eines Heimbewohners frei werden. Das ist nicht voraussehbar und nicht planbar. Allerdings haben Heime nach dem Leerwerden eines Zimmers die wirtschaftliche Notwendigkeit, möglichst schnell einen neuen Bewohner zu finden. Wenn Heimleiter dann die Warteliste abtelefonieren, hören sie häufig die Antwort: „Ich komme gerne, aber im Moment passt mir das gerade nicht."

Wer bald in sein Wunschheim einziehen möchte, sollte der Einrichtung deutlich sagen, dass er das nächste freie Zimmer gerne nehmen und es auch vom gleichen Tag an bezahlen würde. Mancher Heimleiter nimmt ein solches Angebot schnell an, statt wieder die nächsten zehn vergeblichen Telefonate mit den Anwärtern auf der Warteliste zu führen.

Manche Heime haben auch nichts dagegen, wenn Interessenten täglich anrufen, ob ein Zimmer frei geworden ist. Es ist aber nie gut, solange mit dem Umzug zu warten, bis es zuhause gar nicht mehr geht. Dann muss man das Zimmer nehmen, das gerade angeboten wird.

2.16.6. Kurzzeitpflege im Seniorenheim

Erstaunlich häufig legen sich Vorbehalte gegen Seniorenheime, wenn Menschen wegen Urlaubs der pflegenden Angehörigen zwei, drei Wochen in die Kurzzeitpflege aufgenommen werden und die Vorteile eines Seniorenheims am eigenen Leib erleben können. Es passiert nicht selten, dass Senioren nach dem eigenen „Urlaub" in der Kurzzeitpflege nicht mehr nach Hause zurückkehren wollen. So ist es nicht nur für die Pflegeperson gut, dass der Gesetzgeber den Pflegenden einen gesetzlichen Anspruch auf Urlaubszeit zugestanden hat, in dem im begrenzten Maße eine Ersatzpflege finanziert wird.

2.16.7. Die Angst vor „Abschiebung" in ein Seniorenheim

Viele Senioren leiden unter der Angst, dass ihre Angehörigen sie in ein Seniorenheim abschieben könnten. Gegen seinen Willen kann heute so gut wie niemand in ein Seniorenheim eingewiesen werden. Bei einer dennoch notwendigen Einweisung in ein Heim wäre ein sehr komplizierter und langwieriger Weg mit Betreuung, Richter und Gutachten notwendig.

Manche Menschen sträuben sich mit Händen und Füssen gegen einen Umzug. Dass heute die meisten Seniorenheime mit einer Vielzahl von Einzelzimmern, mit professionell zusammengestellten Speiseplänen, mit einer Rund-um-die-Uhr-Betreuung durch permanent anwesende Pfleger und Krankenschwestern und mit Zimmern (z.B. Balkon) und Einrichtungen (z.B. elektrisch verstellbaren Betten) auf hohem Niveau einen weltweit fast einzigartigen sorglosen Lebensabend bieten können, wird oft übersehen.

Oft geht diese „Altersstarrsinnigkeit", die keine Einsicht in die Notwendigkeit einer Heimunterbringung zeigt, einher mit einer lange andauernden aufopfernden Pflegetätigkeit der Tochter oder Schwiegertochter. Je mehr diese sich bemühen, der oder dem „armen" Pflegebedürftigen jeden Wunsch von den Augen abzulesen, desto weniger sieht dieser wundervoll Gepflegte eine Notwendigkeit, diesen „idealen" Zustand zu verändern. Dass auch die Kräfte der Pflegeperson irgendwann erschöpft sind und diese am Rande des Zusammenbruchs ist, können die zu Pflegenden oft altersbedingt nicht mehr begreifen.

Das bedeutet aber auch, dass man den Wunsch und das Verlangen des Pflegebedürftigen nicht als das Wichtigste ansehen darf: Die Gesundheit der sich aufopfernden Pflegeperson ist mindestens genauso wichtig und die Belastung der Ehe der Kinder ebenfalls.

2.16.8. Einzel- und Doppelzimmer im Seniorenheim

Ein Wort noch zu Einzel- oder Doppelzimmern: In immer mehr Seniorenheimen gehört heute das Einzelzimmer mit Bad und WC zum Standard. In Krankenhäusern ist das Zweibettzimmer oft Standard geworden. Einzelzimmer sind da eher die teure Ausnahme.

Für bettlägerige Personen ist ein Doppelzimmer besser als ein Einzelzimmer, damit gegebenenfalls einer Hilfe herbeirufen kann oder auch Gespräche möglich sind: Drohender Einsamkeit wird so vorgebeugt. Für Seniorenheime gilt dies wegen der lange andauernden Liegezeiten umso mehr: Für Bettlägerige sollte das Doppelzimmer im wohlverstandenen Interesse der Patienten die Regel sein. Auch wenn dem Senior ein Umzug aus der eigenen Wohnung in ein Doppelzimmer im Moment schwerfällt, hilft es ihm in seiner Situation.

2.16.9. Umzug in ein anderes Zimmer oder anderes Heim

Sollten die beiden Senioren in einem Zimmer nicht zueinander passen, können der Senior oder die Angehörigen durchaus um eine Verlegung bitten. Auch der Umzug in ein anderes Seniorenheim ist normalerweise möglich: Niemand ist an ein einmal gewähltes Heim für immer gebunden. Und bei berechtigten Beschwerden, denen von der Heimleitung nicht abgeholfen wird, sollte man auch im Interesse der anderen Bewohner durchaus den Kontakt mit der Heimaufsicht der Stadt oder des Kreises suchen.

2.16.10. Kosten für ein Seniorenheim

Wer trägt die Kosten für ein Seniorenheim? Wenn die Eltern in ein Seniorenheim umziehen müssen und Renten, Pflegeversicherung und eigenes Vermögen nicht ausreichen für die Kosten der Unterbringung, dann werden (Ehe- und Lebens-)Partner, Kinder (und gegebenenfalls Enkel) mit ihrem Einkommen und Vermögen herangezogen, bevor ein Sozialhilfeträger die fehlenden Beträge übernimmt.

Allerdings werden hier nach einem komplizierten Verfahren Freibeträge angerechnet, die so hoch sind, dass der Zahlungspflichtige seinen normalen Lebensstandard nicht herabschrauben muss. Auch für Rücklagen, Vermögen, Altersfürsorge und Notgroschen bleiben bestimmte Beträge unberücksichtigt. Eine vom Partner oder der Familie weiterhin selbst genutzte Eigentumswohnung oder ein eigenes Haus werden ebenfalls normalerweise nicht angetastet und müssen nicht verkauft werden, um die Kosten für das Seniorenheim aufzubringen (➡ 2.18.).

Da die Eigenbeiträge zum großen Teil vom Einkommen, Vermögen und den Verpflichtungen des Angehörigen abhängen, spielen die Kosten des „teuren" oder „billigen" Heims nur eine untergeordnete Rolle für die Eigenbeiträge. Da auch ein Teil der „Seniorenresidenzen" öffentliche Zuschüsse für den Heimbau bekommen hat und sie deshalb verpflichtet sind, in gewissem Rahmen Bewohner mit „normalem Portemonnaie" aufzunehmen, könnte selbst eine Anfrage in einer teuren Seniorenresidenz von Erfolg gekrönt sein.

Vor dem Umzug in ein Heim sollte aber auf jeden Fall beim Sozialhilfeträger der Stadt oder des Kreises nach den geltenden Bestimmungen gefragt oder juristischer Rat eingeholt werden. Durch unterschiedliche Rechtsgrundlagen und unterschiedliche Handhabung in Bundesländern und Städten bzw. Kreisen sind allgemeine Aussagen zu den Kostenträgern für die Seniorenheimkosten nur begrenzt gültig.

Der Rechtsanwalt kann später auch einen prüfenden Blick auf die Kostenberechnung des Heimes oder des Sozialhilfeträgers werfen.

2.16.11. Rückkehr in die eigene Wohnung

Die Notwendigkeit der vollstationären Pflege bedeutet nicht automatisch, dass man in ein Seniorenheim ziehen muss, dort für immer bleiben muss oder nicht auch noch weiter ambulant versorgt werden kann. Bei Verbesserung einer Lebenssituation ist ein Umzug in die alte oder eine andere Wohnung immer noch möglich.

○ Meine Wünsche bezüglich meiner Heimunterbringung habe ich in Kapitel 12.4. aufgeschrieben

2.17. Seniorenresidenzen: In gediegenem Ambiente alt werden

Eine Alternative, die aber erheblichen Kapitaleinsatz benötigt, sind die „Seniorenresidenzen". Seniorenresidenzen sind große, privatwirtschaftlich geführte Einrichtungen mit vielen auf Senioren zugeschnittenen Wohnungen oder Appartements. Bei vielen dieser Seniorenresidenzen muss man vor dem Einzug für mehr als zehntausend Euro Anteile erwerben, die nach dem Auszug wieder ausgezahlt werden, gegebenenfalls in die Erbmasse einfließen. Seniorenresidenzen sind zugeschnitten auf Menschen, die ihre eigene Wohnung oder ihr Haus verkaufen oder ihre Wohnung aufgeben und hier eine neue (Alters-)Wohnung mit betreutem Wohnen finden. Vorteil dieser Wohnung ist die gegen Bezahlung angebotene Rundumversorgung mit allem, was man zum Leben braucht: Reinigung, Wäsche, Essen im Speisesaal oder auf dem Zimmer, kulturelle Veranstaltungen, eventuell Schwimmbad, Reisen etc.

Einige mögliche Nachteile außer den hohen Kosten sollte man bei der Wahl und Auswahl einer Seniorenresidenz einkalkulieren:

• Dadurch, dass jeder Bewohner oder jedes Ehepaar seine abgeschlossene Wohnung hat, sind die Kontakte mit anderen Bewohnern beschränkt auf Speisesaal, Cafeteria, Schwimmbad. Die Bewohner müssen also selbst aktiv Kontakt suchen. Viele kulturelle Veranstaltungen, Ausflüge und angebotene Reisen dienen einem solchen Zweck. Die abgeschlossene Wohnungstür, die ja bei Seniorenheimen normalerweise nicht üblich ist, kann dann bei längerer Krankheit und Bettlägerigkeit durchaus zu Einsamkeit führen.

• Nicht alle Seniorenresidenzen verfügen über eigene Pflegestationen, stattdessen wird die Pflege im eigenen Appartement durch normale ambulante Pflegedienste durchgeführt. Wenn aber eine ambulante Pflege nicht mehr ausreichend ist, steht unter Umständen im hohen Alter noch einmal ein Umzug in die Pflegestation eines anderen Seniorenheimes an.

2.18. Das Eigenheim als Altersvorsorge: „Hier lebe ich bis zum Schluss!" Und wenn das nicht geht?

Wer sich ein eigenes Haus aufgebaut hat, hofft irgendwann in vielen Jahren aus diesem Haus mit den Füssen nach vorne herausgetragen zu werden. Manchen ist dieses Glück vergönnt, viele müssen aber doch noch einmal in ein Seniorenheim oder eine seniorengerechte Wohnung umziehen. Doch was passiert, wenn der Hausbesitzer in ein Seniorenheim kommt und das Haus oder seine Eigentumswohnung war seine Alterssicherung?

2.18.1. Rechtliche Beratung einholen

Hier ist vor allem frühzeitig der gute Rat eines Rechtsanwaltes nötig, da die Vorschriften, die im Bereich der Sozialhilfe oder Grundsicherung beachtet werden müssen, in jedem Bundesland, manchmal in jeder Stadt unterschiedlich ausgelegt und angewandt werden und sich auch immer wieder ändern.

Normalerweise gilt:

2.18.2. (Ehe-)Partner oder Familie bleibt im Haus wohnen

Wenn von einem Ehepaar ein Partner weiter im Haus oder der Wohnung wohnen bleibt, dann würde der eventuell zu erzielende Erlös aus dem Verkauf des Hauses nicht für die Kosten des Seniorenheimes aufgewandt werden müssen, sondern der Ehepartner (oder eingetragene Lebenspartner) darf weiter dort leben. Das Gleiche gilt, wenn Kinder oder Enkel im Haus wohnen und gemeldet sind: Dann bleibt das Haus im Besitz und Gebrauch der Familie.

2.18.3. Die Wohnung steht leer

Sollte das Haus oder die Eigentumswohnung nicht mehr von der Familie benutzt werden, und die eigene Rente, Pension, Grundsicherung oder das Vermögen reichen für die Kosten des Seniorenheimes nicht aus, dann

69

muss dieses Eigentum verkauft werden. Vom Erlös dieser „Alterssicherung" müssen anschließend monatlich die ungedeckten Kosten beglichen werden. Erst wenn dieses eigene Vermögen bis auf einen Grundbetrag aufgebraucht ist, werden Ehepartner, Kinder oder Enkel für die Kosten mit herangezogen. Diesen stehen allerdings Freibeträge zu, die so berechnet sind, dass sie den normalen Lebensstandard der Zahlungsverpflichteten nicht gefährden. Danach wird gegebenenfalls der Sozialhilfeträger den ungedeckten Rest der Seniorenheimkosten übernehmen.

2.18.4. Behalten des Hauses oder der Wohnung

Natürlich steht es den zur Zahlung Verpflichteten frei, durch eigene Mittel oder durch die Aufnahme einer Hypothek o.ä. das Haus im Familienbesitz zu behalten und so die fehlende Restfinanzierung des Seniorenheimplatzes zu sichern. Das könnte vor allem dann eine gute Lösung sein, wenn die Zeit im Seniorenheim absehbar sehr begrenzt ist und damit auch die zu tragenden Kosten überschaubar bleiben.

2.18.5. Frühzeitiges Verschenken

Das Haus an Kinder, Enkel oder andere zu verschenken schützt meist nicht, da der Sozialhilfeträger verlangen kann, dass Geschenke der letzten zehn Jahre rückgängig gemacht werden, bevor er Leistungen zu den Heimkosten übernimmt.

2.18.6. Das Haus vererben

„Wir versaufen unser Oma ihr klein Häuschen!" Diesen Kölner Karnevalsschlager der zwanziger Jahre sollte man nur sehr vorsichtig in die Tat umsetzen. Es gehört einem nämlich erst dann wirklich, wenn der Erbschein ausgestellt ist. Wenn dann noch die gegebenenfalls fällige Erbschaftssteuer bezahlt ist, darf man sich gerne an den alten Schlager erinnern.

Wer sich frühzeitig juristisch über die geltenden Gesetze und Vorschriften und ihre aktuelle Auslegung am Wohnort informiert, erspart sich Fehlinformationen, Fehlentscheidungen und Enttäuschungen.

Dieses Buch ist kein Rechtsratgeber und kann daher nur unverbindliche Hinweise geben.

2.19. Mit dem Partner das Alleinleben überlegen: Eine oft vergessene Chance

Arbeitsteilung ist ein großer Vorteil einer Ehe oder Partnerschaft. Jeder hat über lange Jahre seinen Verantwortungsbereich gehabt: Auto, Wohnung, Garten, Reparaturen, Einkaufen, Kochen oder Bügeln. Mit der Zeit wuchs das Spezialwissen und man bekam seine Routine. Der Partner konnte sich darauf verlassen, dass alle wichtigen Dinge ordentlich erledigt wurden.

Was passiert, wenn einer stirbt? Der andere ist hilflos! Nie hat sie Geld von der Bank geholt, Rechnungen überwiesen oder sich um das Reifenwechseln gekümmert. Um Versicherungsangelegenheiten hat sie immer einen riesigen Bogen gemacht: Sie konnte sich auf die Ordentlichkeit ihres Mannes verlassen. Er machte einen genau so großen Bogen um den Herd und kokettierte damit, dass bei ihm selbst das Wasser anbrennen würde. Die leckeren Kartoffelpuffer, die die Enkel bei Besuchen so lieben, würde er nicht braten können. Hemden bügeln, Knöpfe annähen, Fenster putzen … Ihm graust davor, was alles später einmal auf ihn zukommt.

Wenn einer stirbt, wird sich manches ganz anders regeln lassen, als es in der Ehe üblich war. Doch vieles muss der alleine lebende Partner selbst in die Hand nehmen und lernen, wenn er ein einigermaßen selbstbestimmtes Leben führen will. Deshalb ist es sehr sinnvoll, sich frühzeitig mit den Spezialgebieten des Partners vertraut zu machen und die wichtigsten Abläufe zu notieren.

Man muss nicht im hohen Alter alles lernen, aber auf manche Kenntnisse ist man dann trotzdem angewiesen: Zum Beispiel Versicherungs- und Bankangelegenheiten selbst zu regeln, den Haushalt am Laufen zu halten oder die Geburtstagskontakte zur Verwandtschaft und zu Freunden nicht zu vergessen. Frühzeitig bewusst zu durchdenken, wie der überlebende Partner die zusätzlichen Aufgaben bewältigen kann, ist eine bedeutsame Hilfe für die Zeit nach einem Sterbefall.

Einerseits erfreulich, andererseits problematisch ist es, dass die meisten Freundeskreise bei Paaren gemeinsame Freundeskreise sind. Es könnte eine hilfreiche Vorbereitung auf das Alleinleben sein, wenn jeder Partner sich zusätzlich seinen eigenen Freundeskreis aufbaut: Frauen- und Männerkreise der Kirchengemeinden, Kurse in der Volkshochschule, Sportgruppen, Kegelclubs, Kartenspielgruppen oder Skatclubs, Wandergruppen und Nachbarschaften bieten dazu gute Möglichkeiten.

2.20. Das mögliche Alleinleben gut vorbereiten und gestalten

Oft beginnt das Alleinleben nicht erst mit dem Tod des Partners oder der Partnerin: Schwere Krankheiten oder die Demenz verlangen vom anderen, schon frühzeitig die alleinige Verantwortung für die Gestaltung des Lebens zu übernehmen.

Ein riesiges Geschenk ist es, wenn man jetzt eine verlässliche Familie, gute Freunde oder hilfsbereite Nachbarn hat. Je früher man sich darum bemüht, das gute Verhältnis zu Familie, Freunden oder Nachbarn zu intensivieren, umso leichter fällt später das Alleinleben. Wer hilfsbereit immer wieder mal auf die Kinder der Nachbarn aufgepasst hat, im Urlaub die Blumen goss oder Pakete annahm, der kann sich jetzt darüber freuen, wenn diese Nachbarn bei Reparaturen gerne zur Verfügung stehen oder im Notfall schnell den Transport ins Krankenhaus übernehmen. Sicher fällt es im Alter besonders schwer, eingefahrene Verhältnisse zu verändern, doch kann gerade die Altersweisheit hier auch milde stimmen. Aber auch neu eingezogene Nachbarn sind eine gute Chance für Nähe: Schon das Kaffeeangebot am Umzugstag oder das Blümchen zum Einzug kann Unbekannte zu Freunden machen. Und die (noch) Fremden sind für Tipps zu guten Geschäften oder Ärzten dankbar.

Neue oder aufgefrischte Beziehungen schützen vor mancher Einsamkeit. Regelmäßige telefonische Kontakte zu pflegen, hilft nicht nur einem selbst, sondern auch anderen. Auch lange vernachlässigte Beziehungen, wie die zu Schulfreunden, kann man wieder aufleben lassen. Unter Einsamkeit leidet ja nicht nur man selbst. Viele sind in dieser Zeit ebenfalls Witwe oder Witwer geworden oder haben eine Scheidung hinter sich.

Aber neue Beziehungen oder neue Freunde können nicht alle Einsamkeit bekämpfen, denn der Tag hat 24 Stunden. Wichtig ist es, dass man ohne inneres Murren oder Verärgerung akzeptiert, dass ganz natürlicherweise nach langem Zusammenleben fast immer einer alleine übrigbleibt und sein Leben alleine organisieren muss. Glücklicherweise können die meisten Menschen im Alter gut ihren eigenen Gedanken und Erinnerungen nachhängen und sich auf ihr eigenes Leben konzentrieren. Diese zunehmende Selbstbezogenheit ist ein ganz natürlicher Prozess: Nicht umsonst werden Augen und Ohren immer schlechter, fällt das Gehen schwerer und fühlt man sich in den eigenen vier Wänden am wohlsten. Abwechslung kann dann das Fernsehen bieten, die Musiksammlung, Bücher oder Rätselhefte; früher haben viele Senioren gerne Kartenspiele für Alleinspieler, Patiencen, gelegt. Heute bieten Computer und Internet zusätzliche Abwechslungen. Wer sich frühzeitig ein vielleicht sogar neues Hobby zulegt, ist auf das Alleinleben gut vorbereitet.

Da ja auch die Kräfte abnehmen, benötigt man immer mehr Zeit und Kraft für den alltäglichen Haushalt: Der eine freut sich darüber und bringt seinen Haushalt täglich zum Glänzen, der andere ärgert sich und sollte sich nicht scheuen, (auch bezahlte) Hilfe frühzeitig in Anspruch zu nehmen.

2.21. Die Haushaltsauflösung in Gedanken vorbereiten: Alptraum oder ein Gebot der Vernunft?

○ Meine Wünsche für meine Nachlassregelungen habe ich in meinem Testament aufgeschrieben (➡ 12.7.).

○ Meine Wünsche für meine Nachlassregelungen habe ich im Kapitel 12.13. aufgeschrieben.

2.21.1. Der liebgewonnene Haushalt

„Wenn ich gestorben bin, bestellen meine Kinder einen Container und da kommt dann alles hinein." Mit einem kleinen resignativen Unterton kann man einen solchen Satz immer wieder hören. Manchmal spielt da die Enttäuschung mit hinein, dass die Kinder anscheinend kein Interesse an den Dingen haben, die für einen selbst einmal sehr wichtig und kostbar waren. Wie lange hatte man vor Jahrzehnten auf den Wohnzimmerschrank gespart, und jetzt will niemand mehr das gute

Stück haben: Nicht einmal der Möbelladen der Caritas zeigt Interesse. Und dass die vor wenigen Jahren teuer angeschaffte Videokamera heute nur noch Flohmarktwert haben soll, können viele überhaupt nicht verstehen und befürchten, von skrupellosen Menschen über den Tisch gezogen zu werden.

Es hat sich tatsächlich in den letzten Jahren viel verändert. Die eigenen teuren Besitztümer haben in den Augen anderer nur noch sehr begrenzten Wert. Ihr Wertverfall ist rapide.

Den Angehörigen tut man sicher etwas Gutes, wenn man selbst bei sich entrümpelt und schöne Stücke bei Interesse schon vor dem Tod verschenkt. So freuen sich beide Seiten und man kann die Dankbarkeit genießen.

Ob man sich frühzeitig Gedanken macht, was mit den eigenen Besitztümern geschehen wird, sich wegen eines Umzuges in ein Seniorenheim zwangsweise von vielen Sachen trennen muss oder nach einem Todesfall einen Haushalt auflösen muss – die Möglichkeiten der Verwendung sind immer ähnlich. Deshalb sollen in diesem Kapitel einige Verwendungsmöglichkeiten aufgezeigt werden, die unabhängig vom Zeitpunkt und Anlass des Abgebens bestehen.

2.21.2. Kleidung

Altkleidersammlungen und Kleiderstuben können sich vor gebrauchter und oft gut erhaltener Kleidung besonders älterer Menschen kaum retten. Das Überangebot an Seniorenkleidung steht im umgekehrten Verhältnis zum Bedarf in Kleiderläden: Da ist meist Kinderkleidung sehr begehrt und Kleidung für jüngere Erwachsene. Seit die großen Ströme von Übersiedlern und Asylbewerbern vorbei sind, suchen sich auch bedürftige Menschen ganz präzise aus einem reichhaltigen Angebot das aus, was sie gerne tragen möchten.

Da Mode oft wechselt und nach Jahrzehnten manche Kleidung wieder hochmodern ist, lohnt manchmal die Nachfrage bei Läden für Gebrauchtkleidung, wo gerade der Bedarf groß ist: Vielleicht kann man so einiges an gut erhaltener besonderer Kleidung verkaufen: Blusen, MänTel., Jacketts, Abendgarderobe …

Überregionale Einrichtungen der Behindertenarbeit (z.B. die Diakonie Bethel in Bielefeld) haben riesige Lager für Kleidung eingerichtet und sammeln bei Sammelaktionen z.B. der Kirchengemeinden Kleidung lastwagenweise ein. Hier wird die Kleidung in der Behindertenarbeit sortiert: Gut erhaltene Kleidung, für die eine Nachfrage besteht, wird zugunsten der Einrichtung verkauft. Andere gut erhaltene Kleidung, die sich dafür eignet, wird zu riesigen Ballen zusammengepresst und von der Bundesregierung zugunsten der weltweiten Notfallhilfe bei Naturkatastrophen etc. angekauft. Die übrige Kleidung, auch nicht mehr verwertbare Kleidung mit Mängeln, wird kiloweise als „Putzwolle" an darauf spezialisierte Firmen abgegeben.

Altkleidersammlungen nehmen normalerweise auch alle Haushaltstextilien an und verwerten sie weiter: Bettwäsche, Handtücher, Gardinen etc. Schuhe sollten bei Altkleidersammlungen immer paarweise zusammengebunden werden.

Altkleidersammlungen im Container am Straßenrand oder per Wäschekorb vor der Haustür sind für die privaten Organisatoren lukrativ, da ohne Sortieren alles Gesammelte einfach zum Kilopreis als Putzwolle verkauft werden kann. Vielleicht suchen sich vorher noch Second-Hand-Geschäfte die besten Stücke heraus.

Der Verkauf von Altkleidern in die Dritte Welt ist sehr in die Diskussion geraten, weil in manchen Ländern die in Europa gesammelte Kleidung preiswerter angeboten werden kann als die Produkte der dortigen heimischen Textilindustrie, so dass die Kleiderspenden aus Europa manche dieser Industrien in Existenznot gebracht haben: Eine fatale Konsequenz falsch verstandener Entwicklungshilfe.

Info: www.suedwind-institut.de

2.21.3. Möbel, Elektrogeräte, Haushaltsgeräte

Manche Möbel oder Einrichtungsgegenstände übernimmt vielleicht gerne der Nachmieter. Funktionsgerechte Möbel sind heute preiswert neu zu kaufen. Kaum jemand hat Interesse an vierzig Jahre alten Kleiderschränken oder Schrankwänden. Ganz alte Vollholzmöbel dagegen finden über Antiquitätenhändler oder Kleinanzeigen begeisterte Käufer.

Einige leicht zu zerlegende und zu transportierende Möbel holen Möbellager für Bedürftige gerne ab und geben sie weiter. Hierhin kann man auch eventuell Elektrogeräte und Haushaltswaren abgeben. Der Bedarf ist regional und zeitlich sehr unterschiedlich und muss aktuell vor Ort erfragt werden. Die Telefonnummern der Möbellager kann man über die örtliche „Diakonie", die „Caritas" oder die „Tafeln" bekommen.

Bei Elektrogeräten ist zusätzlich zu bedenken, dass ältere Geräte mit großem Stromverbrauch für Bedürftige nicht sinnvoll sind und deshalb kaum noch gebraucht werden. Sie sind im Unterhalt zu teuer. Viele Städte und ihre Abfallwirtschaftsgesellschaften nehmen solche Geräte an und verwerten ihre Bestandteile. Auskunft darüber geben die städtischen Abfallkalender.

Wer nicht selbst schwere Geräte vor die Haustür stellen kann, kann sich besser an einen Schrott einsammelnden Abfallhändler wenden, der auch für den Transport aus der Wohnung sorgt.

Andere Haushaltsgeräte und auch Elektrokleingeräte werden gerne von Hilfsstellen für Bedürftige angenommen und abgeholt. Immer wieder gibt es Menschen, die eine Wohnung möglichst preiswert neu einrichten müssen. Aber auch hier ist der aktuelle Bedarf vorher zu erfragen.

2.21.4. Mediengeräte

Computer, Videogeräte, Filmgeräte und Fotokameras, Tonbandgeräte, Kassettenrecorder ... alle Mediengeräte sind sich darin ähnlich: Sie verlieren in kürzester Zeit rapide an Wert. Eine gute Videokamera, auf die man vor wenigen Jahren lange gespart hatte, hat heute nur noch Sammlerwert. Für viele Hinterbliebene ist das ein richtiger Schock, wenn die mit viel Geld bezahlten Anschaffungen heute fast wertlos sind. Über eine Kleinanzeige oder eBay kann man vielleicht noch einen Interessenten finden.

Bevor man solche Dinge, vor allem Computer, allerdings abgibt oder auch nur dem Sperrmüll anvertraut, sollte man sich vergewissern, dass auf ihnen keine (privaten) Daten mehr vorhanden sind, die in falsche Hände kommen könnten. Eventuell sollte ein Fachmann für eine sichere Zerstörung aller Daten (z.B. fürs Onlinebanking) sorgen.

2.21.5. Nachlass in der digitalen Welt

Was passiert im Todesfall mit dem digitalen Nachlass? Was passiert mit den digitalen Konten bei Facebook, Google oder Yahoo, wenn der

Benutzer stirbt? Soll man seine Passwörter bei anderen Menschen hinterlegen? Soll und will man jemanden zu Erben seiner eigenen digitalen Welt machen?

Nutzer von Google können inzwischen ein digitales Testament errichten: „Inactive Account Manager". Hierin wird festgelegt, was mit Ihrem digitalen Nachlass geschieht, wenn Sie sterben oder Ihr Konto nicht mehr nutzen können. Andere Firmen bieten andere Lösungen für den digitalen Nachlass an.

Man kann auch seine Passwörter und digitalen Zugangsdaten in verschlossenem Umschlag in seinem Dokumentenordner, bei einer vertrauenswürdigen Person oder in einem Safe hinterlegen, damit ein Kundiger nach dem Todesfall Notwendiges erledigen und alles andere löschen kann.

2.21.6. Bücher

Erfahrungsgemäß gehört zu den schwersten Problemen des Kleinersetzens, sich von Büchern zu trennen. Mit vielen Büchern verbinden sich Erinnerungen, Gedanken, Träume oder Erlebnisse. Trotzdem sollte man außer bei absoluten Lieblingsbüchern nach dem Prinzip aussortieren: „Ich nehme nur mit, was ich auch noch einmal lesen will." Wer sich so aus seinem Bücherschrank einige Bücher herausnimmt und alle anderen weggibt, der macht sich wirklich frei von vielem Ballast. Wer dagegen nur die Bücher herausnimmt, auf die er verzichten will, der wird sich kaum von Büchern trennen können.

Bücher wegzuwerfen tut weh. Bücher sollten nicht im Altpapiercontainer landen. Antiquariate kann man nach dem momentanen Bedarf an besonders wertvollen Büchern anfragen. In vielen Städten gibt es Kirchengemeinden, Vereine oder Organisationen, die Bücherflohmärkte organisieren. Solche Büchermärkte finden auch im digitalen Zeitalter einen regen Zuspruch.

Öffentliche Bücherschränke stehen inzwischen in hunderten Städten: Dort kann man kostenlos Bücher entnehmen und einstellen.

Den Ankaufswert von alten Büchern kann man auch im Internet finden (nach „Buchankauf" googeln). Einige Firmen lassen Bücher durch die Post abholen und überweisen das versprochene Geld.

2.21.7. Erinnerungen

Erinnerungen, z.B. Fotos, Filme und Tagebücher, werden bei vielen Menschen immer wichtiger, je älter sie werden. Sich an frühere Erlebnisse zu erinnern, kann das Gedächtnis fit halten. In der Arbeit mit Demenzkranken bekommt die Erinnerungsarbeit einen immer größeren Stellenwert.

Erinnerungsstücke spiegeln ein Leben. Frühzeitig sollte man sich überlegen, welche für einen selbst wichtigen Gegenstände man zum Beispiel beim Umzug ins Seniorenheim mitnehmen möchte. Allerdings haben viele damit eine gute Erfahrung gemacht, den Übergang in ein Seniorenheim zu nutzen, sich von vielen Erinnerungen zu trennen. Im Seniorenheim beginnt ein neues Leben, das man ganz nach seinen aktuellen Bedürfnissen gestalten kann. Neue Möbel können einen solchen Neubeginn zeigen. Belastende Erinnerungen verlieren ihren Einfluss.

Erinnerungsstücke können aber auch zu den intimen Seiten des Lebens gehören, die man gerne für sich behalten möchte. Alte Liebesbriefe an vergangene Freunde und Tagebücher, denen man seine persönlichsten Gedanken anvertraut hat, sollten vielleicht nicht in die Hände der Angehörigen fallen. Auch schmerzliche Dokumente können dazu gehören. Von ihnen sollte man sich rechtzeitig trennen.

Wenn einem die sichere Methode nicht möglich ist – nämlich solche Unterlagen eigenhändig in eine Müllverbrennungsanlage zu bringen –, sollte man solche Papiere keinesfalls einfach so in der blauen Tonne oder im Altpapiercontainer entsorgen. Kleine handliche Aktenvernichter sind heute schon für unter 30 Euro erhältlich.

Fotoalben dokumentieren nicht nur eine persönliche, sondern eine Familiengeschichte. Deshalb sind Enkel oft fasziniert von Bildern aus ihrer eigenen Vergangenheit oder der ihrer Eltern. Solche unwiederbringlichen Dokumente sollte man den Nachkommen als Teil ihrer Geschichte hinterlassen. In Drogeriemärkten kann man heute sehr preiswert Fotos in Originalqualität kopieren – ein schönes Geschenk für die Abgebildeten.

Mit Erinnerungsstücken, wie z.B. altem Schmuck, kann man bei Kindern und Enkelinnen das Andenken an Mutter oder Großmutter wachhalten. Da Geschmäcker sehr unterschiedlich sind, empfiehlt es sich, noch zu Lebzeitenden den Empfängerinnen selbst die Auswahl zu überlassen.

2.21.8. Sichere Verstecke

Wer kennt nicht die Geschichten von Geldbündeln im Küchenschrank oder unter der Matratze? Sichere Verstecke sind nur so lange gut, wie man sie selbst wiederfinden kann. Im Alter wird das immer schwieriger und damit die Gefahr größer, dass Dokumente oder Geldbeträge vergessen oder aus Versehen vernichtet werden. Wer sein Geld nicht der Bank oder dem Tresor anvertrauen möchte, sollte frühzeitig jüngere Vertraute finden, bei denen die wichtigen Sachen in guten Händen sind.

2.21.9. Arzneimittel, Brillen, Hörgeräte

Damit nicht mehr gebrauchte Arzneimittel nicht in die Hände von Kindern fallen, sollten sie keinesfalls in eine Abfalltonne geworfen, sondern in einer Apotheke abgegeben werden. Die Apotheken verfügen über Wege einer sicheren Entsorgung.

Manche Optiker sammeln alte Brillen und Akustiker alte Hörgeräte für die Dritte Welt.

2.21.10. Haustiere

Haustiere sind für viele Menschen wichtiger Lebensinhalt. In die Fürsorge für die Tiere wird viel Engagement gesteckt. Sie sind manchmal „Ersatz" für Kinder oder den verstorbenen Lebenspartner.

Von daher ist es wichtig, frühzeitig Möglichkeiten zu erkunden, wo das Tier bei Krankheit oder Tod gut untergebracht werden kann. Tierheime und Tierärzte können ziemlich gut Auskunft darüber geben, wo welches Haustier aufgenommen werden kann. In manche Seniorenheime darf man seinen Kanarienvogel oder andere Kleintiere mitnehmen.

2.21.11 Entrümpelungen

Werke in der Behinderten- oder in der Sozialarbeit wie auch private Firmen bieten Haushaltsauflösungen und Entrümpelungen an. Dabei wird der Wert der noch wiederverkäuflichen Gegenstände vom Preis abgezogen, den die Entsorgung des ganzen Haushaltes kostet. Dabei sollte man sich keinen Illusionen über den heutigen Wert einst teurer Gegenstände hingeben. Unterschiedliche Angebote für die Haushaltsauflösung bis zur besenreinen Wohnungsübergabe können durchaus beträchtliche Preisdifferenzen aufweisen. Speicher, Keller, Garage und Gartenhaus sollte man dabei nicht aus dem Blick verlieren.

Wer frühzeitig die Entsorgung überflüssiger Dinge selbst in die Hand nimmt, kann sich und seinen Erben viel Geld und Ärger ersparen.

2.21.12 Liste, wer welche Dinge (Wertgegenstand oder Erinnerungsstück) als Vermächtnis oder Erbe bekommen soll

Bei möglichen oder absehbaren Differenzen unter den Erben oder den mit einem Vermächtnis bedachten Personen sollte diese Liste als Teil des Testamentes aufgeschrieben werden, so dass der Testamentsvollstrecker diese Verfügungen erfüllen muss:

Grundanforderungen an ein selbst verfasstes Testament:

a) vollständig eigenhändig geschrieben,

b) mit der Überschrift „Testament" oder „Mein letzter Wille",

c) eigenhändig mit Ort und Datum unterschrieben.

○ Ich habe diese Liste in Kapitel 12.13. aufgeschrieben.

○ Ich habe diese Liste als Teil meines Testamentes aufgeschrieben (➠ 12.7.).

○ Eine Kopie dieses Testamentes befindet sich im Dokumentenordner (➠ 11.8.12.).

2.21.13. Die Haushaltsauflösung (Checkliste 2)

Diese Checkliste gilt zusätzlich zur Checkliste 8 in Kapitel 7.1. „Abschließen der Wohnung" unmittelbar nach einem Todesfall. Speicher, Keller, Garage, Gartenhaus und Balkon sollten nicht übersehen werden. In Kapitel 7.6. finden Sie die Checkliste 9 zur Kündigung von Verträgen, Versicherungen etc.

	erledigt am
○ Mietvertrag kündigen (⟶ 11.5.2.)	_____
○ Strom, Gas, Wasser, Heizung, Telefon kündigen (⟶ 11.5.)	_____
○ Strom, Gas, Wasser, Heizung: Termin zum Ablesen vereinbaren (⟶ 11.5.)	_____
○ Wichtige Dokumente und Unterlagen, Policen, private Gegenstände, Briefe, Fotoalben, Kassetten herausholen, Geheimverstecke leeren	_____
○ Vermächtnisse erfüllen (⟶ 12.13.)	_____
○ Wünsche für die Weitergabe von Gegenständen etc. erfüllen (⟶ 12.13.)	_____
○ Erben und andere Interessenten einladen, Vermächtnisse entgegenzunehmen oder nicht mehr benötigte Dinge auszusuchen (⟶ 12.13.)	_____
○ Mit Nachmieter Möbelübergabe vereinbaren (⟶ 2.21.3.)	_____
○ Elektriker zum Abklemmen von Leitungen bestellen	_____
○ Trödelmarktfans zum Auswählen einladen	_____
○ Wohlfahrtsorganisationen nach Bedarf an Möbeln oder Hausrat befragen (⟶ 2.21.3.)	_____
○ Möbeltransporte organisieren	_____
○ Transporthelfer organisieren	_____
○ Brillen zum Optiker und Hörgeräte zum Akustiker bringen (⟶ 2.21.9., 11.4.10. und 11.4.13.)	_____
○ Sperrmüllabfuhr einplanen und ggf. bestellen	_____

○ Entrümpelung organisieren (➟ 2.21.11.)
○ Wohnungsrenovierung organisieren, ggf.
  nachträgliche Einbauten, Teppichböden etc.
  entfernen (➟ 11.5.2.)
○ Wohnung besenrein säubern
○ Termin zur Wohnungsübergabe vereinbaren
○ Um- oder Abmelden bei Einwohnermeldeamt
  (➟ 11.1.1. und 11.1.2.)

2.22. Die Patientenverfügung: „Bloß nicht mehr an Schläuche!"

Der medizinische Fortschritt ist Segen und Fluch zugleich. Einst tödliche Krankheiten werden heute durch Routineoperationen geheilt. Neue Medikamente werden von Patienten meist problemlos vertragen, wenn sich Patienten an die ärztlichen Anweisungen halten. Auch gegen schwerste Operationen haben die wenigsten Kranken Einwände, weil sie dafür in einen künstlichen Tiefschlaf versetzt werden, in dem sie keine Schmerzen verspüren.

Vorbehalte gegen die neuen Formen der Medizin entstanden durch eine im Vergleich ziemlich harmlose Neuerung: Der Patient wird mit Schläuchen und Kabeln an Apparate angeschlossen, damit Herzschlag, Blutdruck und Atmung elektronisch überwacht werden können, um im Notfall automatisch Pflegepersonal und Ärzte zu alarmieren. Außerdem sind Medikamente, die per Infusion verabreicht werden, besser verträglich, da sie genauer und gleichmäßiger dosiert werden können. Wer nicht mehr zu essen oder trinken in der Lage ist, kann künstlich ernährt werden.

Jüngere Menschen empfinden das als medizinische Sicherheitsmaßnahmen, gegen überraschende und nicht vorhersehbare Veränderungen der Krankheit in ihrem Körper. Viele ältere Patienten haben jedoch Angst, dass sie den Maschinen ausgeliefert und ihrer Freiheit beraubt werden – ein Albtraum. Ihnen erscheinen die persönlichen Kosten für eine solche Behandlung nicht mehr als sinnvoll: Sie möchten nicht mehr an Schläuche angeschlossen werden.

Wer für sich persönlich ausschließen möchte, in bestimmten Situationen an Maschinen angeschlossen zu werden, der sollte in Zusammenarbeit mit seinem Hausarzt frühzeitig eine Patientenverfügung abfassen, in der er dokumentiert, unter welchen Umständen eine Behandlung oder künstliche Ernährung begrenzt, abgebrochen oder gar nicht erst begonnen werden soll.

Wichtig ist eine solche klare Willensäußerung auch für die nahen Angehörigen, die sonst bei Unfällen oder lebensbedrohlichen Erkrankungen unvorbereitet vor schwierigste Entscheidungen gestellt werden. Deshalb sollten beim Ausfüllen einer Patientenverfügung nicht nur mit dem Arzt, sondern auch mit den Angehörigen ausführliche Gespräche stattfinden: zur eigenen Klärung, aber auch, damit die Angehörigen vorbereitet sind und wissen, welche Einstellung für den Verfasser der Patientenverfügung maßgebend ist.

Beim Nachdenken über den Sinn eines Patiententestaments oder einer Patientenverfügung stellt sich zuerst eine Grundsatzfrage, die jeder Mensch für sich beantworten muss:

Gibt es für mich eine Lebenssituation, in der ich für eine mögliche Verlängerung meines Lebens keinen Krankenhausaufenthalt und keine anschließende Rehabilitation mehr auf mich nehmen möchte?

Menschliches Leben ist immer begrenzt. Wie alles Leben in der Natur ist dieses Leben von Entstehen, Wachsen, Blühen, aber dann auch Vergehen und Sterben gekennzeichnet. Das ist ein Prozess, der zwar in den letzten Jahrzehnten einen immer größeren zeitlichen Raum einnahm, der aber in seiner Abfolge nicht umkehrbar ist.

Hier ist die Selbsteinschätzung maßgebend: Fühle ich mich als älterer Mensch lebenssatt? Habe ich mein Leben gelebt und kann nun gut Abschied nehmen?

Nur wer diese Fragen ganz klar mit „ja" beantworten kann, sollte in Erwägung ziehen, für sich jede lebensverlängernde Maßnahme durch eine Patientenverfügung auszuschließen.

Eine Patientenverfügung tritt erst dann in Kraft, wenn der Patient nicht mehr in der Lage ist, selbstständig zu kommunizieren, Entscheidungen zu treffen oder Einwilligungen zu geben. Solange der Patient denken, reden und entscheiden kann, gelten seine aktuellen (mündlichen) Entscheidungen.

Die Entscheidungen in einer Patientenverfügung sollten Sie gründlich überlegen, sich mit Familie, Verwandten und Freunden beraten und den Rat Ihres Hausarztes und eventuell Ihres Seelsorgers einholen.

Eine Patientenverfügung sollte jährlich neu durchgesehen und unterschrieben werden, um zu dokumentieren, dass sie weiterhin gültig ist. Bei einer veränderten Einstellung zu bestimmten Problemen sollte der Klarheit wegen ein neues Formular ausgefüllt werden.

Diese Patientenverfügung sollte im Dokumentenordner im Original aufbewahrt werden. Des weiteren sollten an mehreren Stellen eigenhändig unterschriebene Kopien hinterlegt werden, damit sie im Notfall so schnell bei der Hand sind, dass Ärzte ihre Notfallmaßnahmen danach einrichten können:

○ Eine Kopie in der Handtasche, in der Brieftasche, auf dem Schreibtisch oder an zentralem Ort in der Wohnung.

○ Eine Kopie im Handschuhfach des Autos.

○ Eine Kopie im Notfallkoffer, den man gegebenenfalls bei einer Krankenhauseinweisung direkt zur Hand hat.

○ Eine Kopie bei nahen Verwandten oder Nachbarn, die einen gegebenenfalls einmal ins Krankenhaus bringen könnten.

○ Eine Kopie beim Hausarzt.

Je früher die behandelnden Ärzte Kenntnis von der Existenz einer Patientenverfügung haben, desto besser: So werden von vornherein keine Notfallmaßnahmen eingeleitet, die Ärzte ohne Kenntnis der Patientenverfügung sonst einzuleiten gezwungen sind.

In jedes Portemonnaie und an die Pinnwand beim Telefon gehört ein kleines Kärtchen mit dem Hinweis auf die Existenz einer Patientenverfügung (und den Platz, wo sie zu finden ist). Auch wichtige Krankheiten, Allergien und Medikamenteneinnahmen sollten darauf angegeben sein, ebenso Name, Adresse, Telefon und Handynummer einer engen Bezugsperson.

Eine (kostenpflichtige) Hinterlegung von Patientenverfügungen und Vorsorgevollmachten im Zentralen Vorsorgeregister und von Testamenten im Zentralen Testamentsregister bietet im gesetzlichen Auftrag die Bundesnotarkammer an (www. vorsorgeregister.de, www.testamentsregister.de sowie www.bnotk.de).

○ Meine eigenen Verfügungen sind in Kapitel 12.5. zu finden.

2.22.1. Patientenverfügung für ältere und lebenssatte Menschen

Ärzte sind meist dankbar für eine klare Äußerung des Patienten, die ihnen Sicherheit gibt, ob sie wirklich alles für das Überleben des Patienten Mögliche tun sollen. Seit 2009 ist die Patientenverfügung in das Bürgerliche Gesetzbuch aufgenommen (§§ 1901 a und b) und hat damit für Ärzte deutlich an Verbindlichkeit gewonnen. Wenn keine solche schriftliche Äußerung des Patienten vorliegt, im schweren Krankheitsfall ruhig sterben zu wollen, gilt vorrangig ihr ärztlicher Heilungsauftrag.

Ob einem sehr alten Patienten eine langwierige Behandlung mit anschließender Reha ein lebenswertes Leben zurückbringen wird und ob sie im Verhältnis zur oft sehr kranken und kurzen Lebenszeit, die dadurch gewonnen wird, vertretbar ist, können und dürfen Ärzte zu Beginn einer Behandlung nicht entscheiden. Sie müssen lebensrettende Maßnahmen einleiten und damit möglicherweise unumkehrbare Entscheidungen treffen: Schwere Operationen wagen, künstliche Ernährung veranlassen und so weiter. Alles andere kann als Tod durch Unterlassen gewertet und strafrechtlich verfolgt werden. Hier ist die Patientenverfügung der einzige Weg, um eine ungewollte Behandlung auszuschließen.

Eine umfassende Patientenverfügung setzt die bewusste Entscheidung eines Menschen voraus, dass das plötzliche Ende seines Lebens besser ist als eine belastende Behandlung. Diese Entscheidung beinhaltet das Risiko, dass dadurch eine möglicherweise doch noch lebenswerte Lebenszeit nicht mehr erlebt wird: Niemand kann einer 95-jährigen Patientin mit Schlaganfall zusagen, dass sie sich nach Krankenhaus und Reha so gut erholen wird, dass sie in ihre eigene Wohnung zurückkehren und wieder ein normales Leben führen kann. Solch ein Heilungsverlauf kommt durchaus vor, wenn auch erfahrungsgemäß bei 95-Jährigen äußerst selten. In der überwiegenden Zahl aller Fälle wird nach all den sehr belastenden Maßnahmen der gewünschte Erfolg ausbleiben. Wer die kleine Chance auf eine Lebensverlängerung für sich nutzen will, der sollte keine umfassende Patientenverfügung aufsetzen.

So eine umfassende Patientenverfügung ist sinnvoll vor allem für ältere Menschen, die sich lebenssatt und zufrieden von diesem Leben verabschieden können. Sie möchten in Ruhe und Frieden ihr Leben beenden dürfen, und das möglichst frei von Schmerzen.

Eine solche Verfügung für ältere und lebenssatte Menschen ist zum Ausfüllen abgedruckt in Kapitel 12.5.2.

○ Meine eigenen Verfügungen sind zu finden in Kap. 12.5.2.

2.22.2. Patientenverfügung für jüngere Menschen

Als jüngerer Mensch, der durchaus noch eine zufriedenstellende Lebenszeit vor sich haben könnte, sollten Sie sich intensiv mit den Fragen der Patientenverfügung beschäftigen: Bei welchen Krankheiten oder, im Falle eines Unfalls, bei welchen bleibenden Schäden erscheint ihnen das Leben nicht mehr lebenswert? Der Rat des Hausarztes ist hier dringend erforderlich. Eine Menge Anregungen, Erklärungen und Formulierungshilfen bieten auch Hefte wie „Vorsorge für Unfall, Krankheit, Alter" des Bayerischen Staatsministeriums der Justiz – weitere Titel samt Bezugsmöglichkeiten finden Sie in Kapitel 10 dieses Buches.

Bitte bedenken Sie dabei, dass die eigene Lebenszufriedenheit in den unterschiedlichen Lebensphasen mit anderen Maßstäben gemessen wird. Ist mit 50 Jahren ein zufriedenstellendes Leben ohne ausfüllende Berufstätigkeit unvorstellbar, kann mit sechzig Jahren die Betreuung des kleinen Enkelkindes eine hohe Lebensqualität bedeuten. Wer sich in der Blüte seiner Jahre ein Leben ohne weite Reisen nicht vorstellen kann, kann im Alter die eigene Wohnung als Ankerpunkt eines glücklichen Lebens empfinden.

Wer im Falle einer schweren Krankheit nur dann langwierige und belastende Behandlungen ausschließen möchte, wenn deren Erfolg nicht garantiert ist, der sollte eher auf das Urteil der Ärzte vertrauen – diese können besser beurteilen, wie schwer die Krankheit ist und wie groß die Aussichten auf Heilung im betreffenden Alter sind. Man kann im Ernstfall sicher sein, dass erst einmal notfallmäßig alle lebensrettenden Maßnahmen eingeleitet werden. Erst wenn der weitere Krankheitsverlauf absehbar ist, können die Ärzte beurteilen, welche Risiken und Chancen eine Weiterführung der Behandlung birgt und gegebenenfalls die Behandlung beenden.

Für die Entscheidung über einen Behandlungsabbruch – sofern der Patient dazu nicht in der Lage ist – sind heute im Krankenhaus oft

Ethikkommissionen aus Ärzten, Pflegern, Theologen und Laien zuständig. Allerdings erfordert das einen zeitaufwendigen Prozess, auch im Gespräch mit den Angehörigen.

Die Angst vor Schläuchen und einer „Apparatemedizin" sollte aber keinen jüngeren gesunden Menschen dazu treiben, eine umfassende Patientenverfügung aufzusetzen. Er riskiert nicht wieder gutzumachende Schäden durch ausbleibende Notfallbehandlung. Für das Gelingen einer Operation kann künstliche Ernährung oder Beatmung kurzzeitig sinnvoll und notwendig sein. Hier bleibt es am besten den Ärzten überlassen, einen angemessenen und guten medizinischen Weg zu finden.

Wer an einer bestimmten, vielleicht chronischen Krankheit leidet, kann durch eine Patientenverfügung beeinflussen, wie und ob er bei einem nächsten Auftreten dieser Krankheit behandelt werden will.

Verbieten lässt sich durch eine Patientenverfügung z.B. eine auf Dauer angelegte künstliche Ernährung, wenn man nicht mehr in der Lage ist, selbstständig Nahrung zu sich zu nehmen. Die Formulierung sollte aber so gewählt sein, dass eine notwendige künstliche Ernährung in den Tagen nach einer schweren Operation davon nicht betroffen ist.

Wer im Falle seines plötzlichen Todes Organe für eine Organübertragung zur Verfügung stellen möchte, sollte beim Abfassen seiner Patientenverfügung berücksichtigen, dass für eine erfolgreiche Organentnahme bestimmte Körperfunktionen noch eine Weile aufrecht erhalten werden müssen („Lebenserhaltende Maßnahmen dürfen nur zum Zwecke der Organentnahme erfolgen").

Eine (kostenpflichtige) Hinterlegung von Patientenverfügungen im Zentralen Vorsorgeregister bietet im gesetzlichen Auftrag die Bundesnotarkammer an (www.vorsorgeregister.de). In Kapitel 10 finden Sie einige Broschüren aufgelistet, die beim Verfassen einer individuellen Patientenverfügung hilfreich sind.

2.23. Die Organspende: Zuletzt noch etwas Gutes tun!

Der rasante medizinische Fortschritt macht es immer häufiger möglich, Krankheiten durch die Übertragung von Organen zu heilen: z.B. Herz, Lunge, Niere, Leber, Netzhaut. Dabei werden nach der Feststellung des Hirntodes durch zwei unabhängig voneinander untersuchende Ärzte einem Menschen die Transplantate entnommen. Der Hirntod muss medizinisch sicher diagnostiziert werden, so dass ein zukünftiges bewusstes Leben des Menschen völlig ausgeschlossen ist. Möglicherweise müssen bis zur Operation einige Körperfunktionen wie der Blutkreislauf aktiv gehalten werden.

Man kann seine Bereitschaft zur Organspende im Falle eines schweren, tödlichen Unfalles auf einem kleinen Kärtchen erklären, welches man in Arztpraxen, in Krankenhäusern, in Apotheken und beim ADAC bekommt.

Da wegen der Abstoßungsreaktionen eines Körpers gegen fremde Bestandteile die Erfolgsaussichten einer Transplantation dann besonders gut sind, wenn möglichst viele medizinische Daten bei Spender und Empfänger ähnlich sind, werden durch die Organisation EUROTRANSPLANT alle eingehenden Spenderdaten und Empfängerlisten aus acht europäischen Ländern medizinisch abgeglichen, um den passendsten Empfänger zu finden. EUROTRANSPLANT organisiert den schnellsten Transport von der Klinik, in der das Organ entnommen worden ist, zum Krankenhaus, das das Organ einpflanzt. Spender und Empfänger bleiben jeweils anonym.

Da in Deutschland der Betroffene beziehungsweise seine Angehörigen einer Organentnahme unbedingt zustimmen müssen, stehen letztere unmittelbar nach dem Überbringen der Todesnachricht vor der schweren Entscheidung, ob sie die Erlaubnis zur Transplantation wichtiger Organe geben. Das ist eine sehr belastende Situation. Durch die verständliche psychische Überforderung der Angehörigen bei der plötzlichen Todesnachricht geht oft viel Zeit verloren oder einer Transplantation wird die Zustimmung verweigert.

Einen Organspendeausweis zu haben und im Portemonnaie mitzuführen, kann aus dem eigenen tragischen Lebensende Hoffnung für ein lebenswertes Leben anderer Menschen schaffen. Wenn Angehörige über den Unfalltod trauern, kann ihnen vielleicht der Gedanke hilfreich und tröstlich sein, dass die übertragenen Organe anderen Menschen zu einem lebenswerten Leben verhelfen können. Auf jeden Falle sollte man beim Ausfüllen eines Organspendeausweises mit seinen Angehörigen reden und sie darüber informieren.

Auf Organspendeausweisen kann auch das Verbot jeglicher Transplantation oder eine nur begrenzte Erlaubnis bestimmt werden. Eine Erlaubnis zur Organentnahme sollte bei der Abfassung einer Patientenverfügung mit berücksichtigt werden (➡ 2.22.).

Auf dem Organspendeausweis muss folgende Frage ausgefüllt werden:

Für den Fall, dass nach meinem Tod eine Spende von Organen/ Geweben zur Transplantation in Frage kommt, erkläre ich:

○ JA, ich gestatte, dass nach der ärztlichen Feststellung meines Todes meinem Körper Organe und Gewebe entnommen werden
oder
○ JA, ich gestatte dies, mit Ausnahme folgender Organe/

Gewebe _____
oder
○ JA, ich gestatte dies, jedoch nur für folgende Organe/

Gewebe _____
oder
○ NEIN, ich widerspreche einer Entnahme von Organen oder Geweben.

Oder
○ Über JA oder NEIN soll dann folgende Person entscheiden

_____

Nähere Informationen bei: www.organspende-info.de (BzgA Bundeszentrale für gesundheitliche Aufklärung) und beim Infotelefon Organspende 0800 90 40 400

○ Meine eigenen Verfügungen zur Organspende sind zu finden in Kapitel 12.6.

2.24. Vorsorgevollmacht und Bankvollmacht

Was passiert, wenn ein Mensch im Alter dementiell erkrankt und er sein eigenes Leben nicht mehr regeln kann? Oder wenn ein junger Mensch bei einem Motorradunfall schwere Hirnschäden davonträgt?

Häufig sind dann Ehepartner, Kinder oder Eltern da, die einspringen und die notwendigen Entscheidungen treffen können. Aber gibt ihnen dann die Sparkasse auch Zugriff aufs Konto mit der Rente? Nimmt die Versicherung auch die Kündigung der nicht mehr benötigten (Auto-) Versicherung an, wenn der Versicherte nicht mehr selbst unterschreiben kann? Wird die Kündigung des Zeitungsabonnements akzeptiert, wenn nur ein Angehöriger unterschrieben hat?

Für den Zeitpunkt, wenn ein Mensch seine eigenen Angelegenheiten nicht mehr regeln kann, kann er vorsorglich eine Person bevollmächtigen, an seiner Stelle umfassend alle Entscheidungen zu treffen. Diese Person kann eine verwandte oder befreundete Person sein. Es kann auch ein beruflicher Betreuer (zum Beispiel Rechtsanwalt oder Mitarbeiter eines Betreuungsvereins) mit dieser Aufgabe betraut werden.

Dieser Bevollmächtigte braucht eine Vorsorgevollmacht.

Sinnvoll ist eine Generalvollmacht zur Vertretung in allen Angelegenheiten. Dabei müssen aber einige wesentliche Punkt (z.B. medizinische Behandlung mit Lebensgefahr, freiheitsbeschränkende Maßnahmen im Pflegefall) ausdrücklich genannt werden. Deshalb gibt das Ausfüllen eines Vordrucks (möglichst gemeinsam mit dem zu Bevollmächtigenden) größere Sicherheit, dass Ihr Wille erfüllt wird.

Die Vollmacht sollte über den Tod hinaus gelten, damit der Bevollmächtigte auch in Bestattungsfragen und Fragen der Wohnungsauflösung handeln kann.

Banken und Sparkassen verlangen meistens, dass die Vollmacht über Konten nur auf von ihnen ausgegebenen Formularen ausgestellt wird. Ein Besuch bei der Bank von Vollmachtgeber zusammen mit dem Bevollmächtigten ist dazu normalerweise nötig und angeraten, damit alle für den Laien unabsehbaren Zweifelsfälle gelöst sind. Da bis zur Testamentseröffnung normalerweise einige Zeit vergeht, ist auch hier dringend darauf zu achten, dass die Kontovollmacht über den Tod hinaus gültig ist, damit die Rechnungen für Bestattung, Wohnungsauflösung usw. bezahlt werden können.

Bei größeren Vermögen, schwierigen Familienverhältnisses oder bei absehbaren Erbauseinandersetzungen sollten Sie auf jeden Fall juristische Beratung in Anspruch nehmen, bevor Sie eine Vollmacht ausstellen. Sollten diese auch Grundstücksgeschäfte umfassen, müssen Sie sogar einen Notar hinzuziehen.

Eine Vollmacht kann jederzeit widerrufen werden. Sie sollte regelmäßig (jährlich) neu unterschrieben werden, damit deutlich ist, dass sie noch dem aktuellen Willen des Vollmachtgebers entspricht.

Für die Gültigkeit einer Vollmacht ist wichtig, dass ein (am besten unabhängiger) Zeuge bei der Unterschrift unter die Vollmacht anwesend ist, der schriftlich bestätigt, dass der Unterschreibende im Vollbesitz seiner geistigen Kräfte ist.

Wenn die Vollmacht inhaltsmäßig eingeschränkt ist, kann es sich als notwendig erweisen, dass das Gericht zusätzlich einen Betreuer einsetzt. Abstimmungsschwierigkeiten und Konflikte sind dann voraussehbar. Eine Vollmacht ist nur dann uneingeschränkt brauchbar, wenn sie an keinerlei Bedingungen geknüpft ist.

Wer sich nicht hundertprozentig sicher ist, dass der Bevollmächtigte die Vollmacht nicht zum eigenen Vorteil missbraucht, sollte lieber keine Vollmacht ausstellen. Stattdessen kann er ein Gericht entscheiden lassen, wenn er geschäfts- und handlungsunfähig wird. Durch eine Betreuungsverfügung kann man den Betreuer selbst bestimmen. Die juristische Beratung durch einen Rechtsanwalt über den im Einzelfall sinnvollen Weg ist hier ratsam.

Drei Fragen sollten beim Ausstellen einer Vollmacht beachtet werden:
a) Wann soll eine Vollmacht in Kraft treten?
Eine Vollmacht sollte wirksam werden, sobald sie unterschrieben ist: Im Ernstfall wird man nämlich nicht mehr für sich selbst feststellen können, dass man nicht mehr geschäftsfähig ist. Einschränkende Klauseln („Wenn ich nicht mehr im Vollbesitz meiner geistigen Kräfte bin …", „Wenn ich so dement bin …") können trotz ärztlichem Attest zu juristischen Auseinandersetzungen darüber führen, ob die Bedingung tatsächlich erfüllt ist. Von daher darf man grundsätzlich nur jemanden mit einer Vollmacht ausstatten, zu dem man ein so gutes Vertrauensverhältnis hat, dass ein Missbrauch sicher ausgeschlossen werden kann.

Ein Tipp, wie man so lange wie möglich die eigene Handlungsfähigkeit behält: Man kann das unterschriebene Dokument so in seinem eigenen Besitz behalten, dass der Bevollmächtigte es erst im Bedarfsfall ausgehändigt bekommt und sich damit als Bevollmächtigter ausweisen kann. Oder ein anderer Vertrauter könnte die Vollmacht in Verwahrung nehmen und sie erst dann an den Bevollmächtigten aushändigen, wenn der Bedarfsfall eingetreten ist.

b) Wie sichert man sich bei absehbarem Streit oder Konflikten innerhalb der engeren Verwandtschaft ab?

Hier helfen nur der Rechtsanwalt und der Notar: der Rechtsanwalt für die Beratung, der Notar für die Beurkundung! Jeder eigenständige Versuch, die Zukunft zu regeln, ist in der Regel zum Scheitern verurteilt. Ein Notar (oder Rechtsanwalt) muss den Willen des Vollmachtgebers erfassen und juristisch zweifelsfrei wiedergeben. Letztlich macht sich das bezahlt, weil der Vollmachtgeber so wirklich seinen Willen durchsetzen kann.

c) Was passiert, wenn der Vollmachtnehmer selbst nicht mehr geschäftsfähig ist?

Einen Ersatzbevollmächtigten einzusetzen ist nicht ohne Risiko: Es ist sehr schwer festzulegen, wann dieser seine Vollmacht erhalten soll.

Auch hier kann der oben genannte Tipp hilfreich sein: Eine dritte Vertrauensperson kann beide uneingeschränkten Vollmachten in Verwahrung nehmen und sie nur einzeln im Sinne des Vollmachtgebers herausgeben.

Eine (kostenpflichtige) Hinterlegung von Vorsorgevollmachten im Zentralen Vorsorgeregister bietet im gesetzlichen Auftrag die Bundesnotarkammer an (www.vorsorgeregister.de). In Kapitel 12.1. ist eine kurzgefasste Vollmacht abgedruckt. In Kapitel 10 sind einige Broschüren aufgelistet, die beim Verfassen einer individuellen Vorsorgevollmacht hilfreich sind.

○   Meine Vollmachten und Bankvollmachten sind zu finden in Kap. 12.1, 12.2, 11.8.2.

2.25. Die Betreuungsverfügung: Wer soll für mich sorgen?

Was passiert, wenn ein Mensch nicht mehr geschäfts- und handlungsfähig ist, aber keine Vollmacht für diesen Fall ausgestellt hat?

Unter diesen Umständen setzt das Vormundschaftsgericht einen Betreuer als gesetzlichen Vertreter ein. Das Gericht kann dabei u.a. auf Antrag des zu Betreuenden, von Angehörigen, Seniorenheimen oder Sozialamtsmitarbeitern tätig werden.

Eine Betreuung kann von einem Gericht auch gegen den Willen oder ohne Zustimmung des zu Betreuenden oder seiner Angehörigen eingerichtet werden.

Betreuer können sein:

a) Angehörige des zu Betreuenden, b) Freunde des zu Betreuenden und c) Berufliche Betreuer (Mitarbeiter aus den Betreuungsvereinen der sozialen Verbände, Rechtsanwälte, Sozialpädagogen, Pfleger etc.). Berufliche Betreuer sind besonders geschulte Personen, die gegen Bezahlung (Abrechnung von Zeitaufwand und Auslagen) alle notwendigen Geschäfte erledigen. Sie sind zum Teil Rechtsanwälte oder Mitglieder der Betreuungsvereine, die u.a. von den Wohlfahrts- oder Sozialverbänden unterhalten werden. Diese Berufsbetreuer betreuen normalerweise mehrere Dutzend Personen und können dementsprechend für eine einzelne Person nicht sehr viel Zeit aufwenden.

Das Gericht muss sich von der Notwendigkeit einer Betreuung durch Augenschein (Besuch) selbst überzeugen. Da Gerichte sich normalerweise kaum imstande sehen, familiäre Konflikte und Interessenlagen einzuschätzen, setzen viele Richter statt engerer Familienangehöriger lieber fremde Berufsbetreuer ein – auch wenn es vielen Menschen eher unangenehm ist, wenn eine gänzlich fremde Person ihre Angelegenheiten regelt. Betreuer haben dabei die gleichen Rechte, die der zu betreuende Mensch selbst ausüben könnte. Lediglich bei gravierenden Entscheidungen müssen Betreuer die Zustimmung des Gerichtes einholen: z.B. bei Immobilienverkäufen. Verfahrensbevollmächtigte oder Verfahrenspfleger können dabei die Rechte des Betroffenen vor Gericht vertreten.

Die Auswahl des Betreuers durch das Gericht kann der zu Betreuende jedoch beeinflussen, wenn er frühzeitig durch eine Betreuungsverfügung seinen Willen deutlich formuliert hat. Wenn er frühzeitig und im Vollbesitz seiner geistigen Kräfte festlegt, wer aus der Verwandtschaft, dem Freundeskreis oder als Berufsbetreuer seine Angelegenheiten regeln soll, dann ist das für das Gericht grundsätzlich verbindlich.

Hierbei kann man auch problemlos einen zweiten Vorschlag machen, falls der erste Vorschlag nicht umsetzbar ist. Man darf auch bestimmte Personen ausschließen, die auf keinen Fall zum Betreuer bestellt werden sollen.

Es kann nicht intensiv genug dazu geraten werden, eine Vertrauensperson aus dem Verwandten- oder Bekanntenkreis oder einen persönlich bekannten Berufsbetreuer um die eventuelle Übernahme der Betreuung zu bitten und dieses durch eine Betreuungsverfügung verbindlich festzulegen. Denn folgende Probleme treten in der Betreuungspraxis besonders schwerwiegend auf:

Gesetzliche Betreuer sind zwar gehalten, im Interesse des Betreuten zu handeln, doch wirken auf sie auch andere Interessen ein: Der Sozialhilfeträger will die Zeit im Seniorenheim möglichst kostengünstig gestalten, der Arbeitgeber des Betreuers möchte, dass die für den einzelnen Betreuten aufgewendete Arbeitszeit möglichst gering ist, und der Betreuer möchte Konflikte möglichst klein halten.

In diesem Interessenkonflikt gerät der Wille des vielleicht inzwischen dementen Betreuten leicht in den Hintergrund: So passiert es zum Beispiel, dass Betreuer abgeschlossene Grabpflegeverträge kündigen, um das Geld anderweitig einsetzen zu können. Vielleicht kann man noch verstehen und akzeptieren, dass die geplante „Luxus"-Grabpflege zugunsten einer einfachen Grabpflege aufgegeben wird, wenn durch einen langen Heimaufenthalt die Gelder knapp werden. Doch wird manchmal selbst eine geplante und bestellte Bestattung in der Familiengrabstätte neben dem verstorbenen Ehegatten von manchen Betreuern in eine Urnenbeisetzung im Rasenreihenfeld geändert. Gegenüber der vollständigen Geschäftsvollmacht des Betreuers können weder Angehörige noch Amtsgerichte etwas ausrichten. Eine gewisse Absicherung kann der abgeschlossene und im Voraus bezahlte Bestattungsvorsorgevertrag mit einem Bestatter bieten: Darin sollte ausdrücklich die spätere Änderung dieses Vertrages durch einen Betreuer ausgeschlossen werden.

Die beste Lösung ist deshalb die frühzeitig geplante und durch eine Vollmacht oder Betreuungsverfügung abgesicherte Betreuung durch eine Vertrauensperson aus dem privaten Umfeld des zu Betreuenden.

Wer so jemanden nicht hat, kann sich auch von Betreuungsvereinen geeignete Personen benennen lassen, diese durch persönliche Gespräche kennenlernen und dann durch eine Betreuungsverfügung dem Gericht eine oder zwei Personen nennen. Mit dem Betreuer könnte in einem Schriftstück der besondere Wille des zukünftigen Betreuten festgelegt werden.

Die Rechtsanwaltskammern benennen auch Rechtsanwälte, die gegen Vergütung bereit sind, Betreuungen zu übernehmen. Möglicherweise erklärt sich auch der eigene Rechtsanwalt dazu bereit.

Wenn Betreuter und Betreuer kein gutes Verhältnis zueinander finden, kann das Gericht auch später einen anderen Betreuer einsetzen.

Eine (kostenpflichtige) Hinterlegung von Betreuungsverfügungen im Zentralen Vorsorgeregister bietet im gesetzlichen Auftrag die Bundesnotarkammer an (www.vorsorgeregister.de).

In Kapitel 12.3.3. ist das Formular für eine Betreuungsverfügung abgedruckt. In Kapitel 10 sind einige Broschüren aufgelistet, die beim Verfassen einer individuellen Betreuungsverfügung hilfreich sind.

○   Meine eigenen Verfügungen sind zu finden in Kapitel 12.3. und 11.8.3.

2.26. Der Bestattungsvorsorgevertrag: Heute festlegen, was morgen oder in dreißig Jahren geschehen soll

2.26.1. Der Vorsorgevertrag mit dem Bestattungsinstitut

Die größte Sicherheit, dass die Bestattung nach dem eigenen Willen und den eigenen Entscheidungen durchgeführt wird, hat man, wenn man mit einem Bestattungsinstitut einen Bestattungsvorsorgevertrag abschließt.

Zu diesem Gespräch sollte man mindestens eine Person des eigenen Vertrauens mitnehmen, die mithört und -berät und beauftragt wird, im Todesfall den Bestatter zu benachrichtigen. Nach der Bestattung kann sie dann zusammen mit den Erben die Abrechnungen des Bestatters gegenzeichnen.

Bei einem Gespräch mit dem Bestatter in der eigenen Wohnung oder im Institut hört und notiert sich der Bestatter die Wünsche und Vorstellungen des Auftraggebers. Er macht Vorschläge für noch ungeklärte Fragen und informiert über den Preisrahmen für Bestattungsgebühren, Särge, Urnen etc. Dann erkundigt sich der Bestatter nach eventuellen Ansprüchen aus Versicherungen, Sterbekassen usw.

Ausführliche Informationen zu den Fragen, die vor oder bei einer Bestattung zu klären sind, enthält dieses Buch in den Kapiteln vier bis acht.

Nachdem alle Fragen besprochen sind, macht der Bestatter sein schriftliches Angebot. Da der Zeitpunkt der Bestattung nicht absehbar ist, beinhalten solche Verträge Klauseln über notwendige Preisanpassungen durch einen Inflationsausgleich, allgemeine Preissteigerungen oder nicht mehr einkalkulierbare Zinsen.

Das unterschriebene Original des Bestattungsvorsorgevertrages verbleibt beim Bestatter, eine Kopie erhält der Auftraggeber und eine Kopie sollte die Vertrauensperson bekommen.

Der Auftraggeber hinterlegt so den Auftrag für den Zeitpunkt seines Todes. Ein zur Bestattung verpflichteter Angehöriger (➥ 2.27.) oder die Vertrauensperson müsste dann dieses Angebot aktuell in Auftrag geben und auch für die Kosten aufkommen, sofern die benötigte Summe nicht vorher auf einem Treuhandkonto hinterlegt worden ist.

Dieser Vertrag sollte alle zwei bis drei Jahre dahingehend überprüft werden, ob er noch den Wünschen der Vertragsschließenden entspricht und ob die Preisgestaltung noch auf dem aktuellen Stand ist. Gegebenenfalls ist die Liste der Adressaten für Trauerbriefe etc. (➥ 11.10.) zu aktualisieren.

Damit nicht zu einem späteren Zeitpunkt ein Bevollmächtigter oder Betreuer eigenmächtig Änderungen am Bestattungsvorsorgevertrag vornimmt, sollte dieses im Vertrag ausdrücklich ausgeschlossen werden.

Im Rahmen eines Vorsorgevertrages können einige der benötigten Dokumente auch im Safe des Bestatters hinterlegt werden.

In jedes Portemonnaie und an die Pinnwand beim Telefon gehört ein Kärtchen, auf dem steht, wo die Entscheidungen für den Krankheits- oder Todesfall (Patiententestament, Bevollmächtigte, Betreuungsverfügung, Bestattungsvorsorgevertrag) aufzufinden sind. Notärzte oder Rettungssanitäter suchen prinzipiell bei Unfällen oder Notfällen an diesen Stellen nach solchen Informationen, da sie dort auch schriftliche Hinweise auf für sie wichtige Krankheitsbilder oder Medikamente vermuten (z.B. Diabetes, Allergien, Blutgerinnungshemmer).

2.26.2. Der Vertrag über die Beerdigungskosten: Was jetzt bezahlt wird, klappt sicher

Aus verschiedenen Gründen ist es sehr sinnvoll, das für die Bestattung notwendige Geld auf einem Treuhandkonto zu hinterlegen, wie es z.B. von der „Deutschen Bestattungsvorsorge Treuhand AG" und anderen ähnlichen Instituten angeboten wird. Der Bestatter hat nur mit der Sterbeurkunde des Verstorbenen Zugang zu diesem Konto. Er schreibt dann ganz normal wie bei allen Bestattungen eine Rechnung und bekommt sie dann von diesem Treuhandkonto beglichen. Sollte am Ende auf diesem Konto mehr Geld als benötigt sein, geht der Rest in die Erbmasse.

Ein derartiges Treuhandkonto hat den Vorteil, dass es normalerweise von den Sozialhilfeträgern nicht aufgelöst wird, selbst wenn Heim- und Pflegekosten das übrige Vermögen des Auftraggebers bis auf den unantastbaren Restbetrag von € 2600 aufgezehrt haben. Auf die bei der Treuhand angelegten Gelder haben Dritte (Sozialhilfeträger, Bevollmächtigte, Betreuer, Erben) keinen Zugriff, sofern das vorher so festgelegt worden ist. So bleiben die Kosten für das Begräbnis gedeckt.

Auch bei einem Konkurs Ihres Bestattungsinstitutes bleibt das z.B. bei der „Deutschen Bestattungsvorsorge Treuhand AG" hinterlegte Geld durch die Bürgschaftsurkunde eines Bankinstitutes für Ihre Beerdigung gesichert. Ein eigenes Treuhandkonto des örtlichen Bestattungsinstitutes ist für diese Konkursabsicherung nicht ausreichend, wenn das Bestattungsinstitut keine Bürgschaftsurkunde einer Bank vorlegen kann.

Vorsorgeverträge sollten zur Sicherheit in das bei der Bundesnotarkammer eingerichtete Vorsorgeregister eingetragen werden, damit weder private noch gesetzlich bestellte Betreuer diese Verfügung ändern können. Kosten ca. 20 € (www.vorsorgeregister.de).

2.26.3. Abrechnung und Kontrolle: „Wer kontrolliert die korrekte Abwicklung der Beerdigung?"

Im Vorsorgevertrag wird festgelegt, wem gegenüber der Bestatter nach der Bestattung rechenschaftspflichtig ist: Das kann ein jüngerer Verwandter oder Bekannter oder auch ein Rechtsanwalt sein. Dieser überprüft nachher Rechnungen und Bezahlungen und entlastet den Bestatter. Vorher sollte festgelegt sein, wie ein eventuell verbleibender Überschuss verwendet wird: Vielleicht als zusätzliche Rücklage für die Grabpflege (➞ 2.30. und 8.4.) oder als Spende an den Friedhof für die Erhaltung seiner Anlagen. Er kann natürlich auch in die Erbmasse eingehen.

2.27. Wer ist für die Bestattung verantwortlich? Einer muss handeln

In den Länderbestattungsgesetzen sind Reihenfolge und Personenkreis unterschiedlich festgelegt, wer dazu verpflichtet ist, eine Bestattung zu veranlassen:

Zum Beispiel sieht das Bestattungsgesetz NRW in § 8 folgende Reihenfolge vor: „Zur Bestattung verpflichtet sind in der nachstehenden Rangfolge Ehegatten, Lebenspartner, volljährige Kinder, Eltern, volljährige Geschwister, Großeltern und volljährige Enkelkinder (Hinterbliebene). Soweit diese ihrer Verpflichtung nicht oder nicht rechtzeitig nachkommen, hat die örtliche Ordnungsbehörde der Gemeinde, auf deren Gebiet der Tod eingetreten oder die oder der Tote gefunden worden ist, die Bestattung zu veranlassen."

Diese Reihenfolge entspricht nicht unbedingt der Kostentragungspflicht. Hier kann auch eine eventuelle Erbschaft eine Rolle spielen. Bestattungskosten sind Nachlassforderungen, die nach dem Bürgerlichen Gesetzbuch (§ 1968 BGB) aus dem Erbe zu zahlen sind. Das bedeutet, dass derjenige, der die Bestattung veranlasst, einen Erstattungsanspruch gegenüber den Erben bzw. der Erbengemeinschaft hat.

Ist allen zur Bestattung Verpflichteten wegen Bedürftigkeit oder aus anderen Gründen die Übernahme der Bestattungskosten ganz oder teilweise nicht zumutbar, dann tritt evtl. der Sozialhilfeträger ein.

2.28. Kostenerstattung durch das Sozialamt oder die Ordnungsamtsbestattung: Wenn das Geld nicht reicht

Wenn der Verstorbene selbst keinen Bestattungsvorsorgevertrag abgeschlossen und niemanden beauftragt hat, im Falle seines Todes seine Beerdigung zu bestellen und zu bezahlen, dann sind oben genannte Personen (⟶ 2.27.) dazu verpflichtet, die Bestattung in Auftrag zu geben und eventuell auch die Bezahlung zu übernehmen.

Wenn diese Personen nachweisen können, dass sie finanziell nicht in der Lage sind, die Bestattung teilweise oder ganz zu bezahlen, dann kann eventuell der Sozialhilfeträger eintreten und dem Auftraggeber der Bestattung eine Kostenzusage geben für eine Bestattung, die dem normalen Standard einer einfachen Bestattung entspricht (laut Sozial-gesetzbuch § 74 SGB XII). Das kann eine Erdbestattung oder eine Urnenbeisetzung sein.

Damit das Sozialamt die Kosten übernimmt, muss von allen Ver-pflichteten ein (aktueller) Nachweis vorliegen, dass sie zu einer Erfül-lung dieser Pflicht finanziell ganz oder teilweise nicht in der Lage sind – zum Beispiel weil sie Hartz IV bekommen oder nur von einer kleinen Rente leben. Können die Angehörigen einen Teil der Kosten tragen, übernimmt das Sozialamt nur den Differenzbetrag.

Wenn das Verhältnis zum Verstorbenen völlig zerrüttet ist (zum Beispiel nach Missbrauch), kann es als nicht zumutbar angesehen wer-den, die Kosten zu übernehmen. Dass jahre- oder jahrzehntelang kein Kontakt bestanden hat, befreit hingegen die Kinder beim Tod der Eltern nicht von der Kostentragungspflicht.

In der Praxis ist es in den 72 Stunden nach dem Tod oft unmöglich, sämtliche benötigten Unterlagen von allen zur Bestattung Verpflichteten zu bekommen: Der eine ist im Urlaub im Ausland, mit einem anderen hat man jahrelang keinen Kontakt gehabt, der Sohn ist ausgewandert etc. Damit im Falle eines absehbaren Todes alle für eine Kostenüber-nahme durch das Sozialamt notwendigen Unterlagen schnell beigebracht werden können, ist es sinnvoll:

- eine Liste mit Anschriften und Telefonnummern von all denen an-zulegen, die zu einer Bestattung verpflichtet sind (➟ 2.27., 11.1. und 11.10.);
- bei absehbar nahem Todeszeitpunkt die Verpflichteten zu bitten, Bescheinigungen über ihren Hartz IV-Bezug einzuholen oder andere Dokumente vorzubereiten, aus denen hervorgeht, dass sie finanziell nicht in der Lage sind, für die Bestattung aufzukommen;
- gegebenenfalls schon im Vorfeld mit dem Sozialhilfeträger oder einem Bestattungsinstitut Kontakt aufzunehmen und zu klären, welche Unterlagen von wem notwendig sind, damit das Sozialamt die Kos-ten für eine Bestattung übernehmen wird;
- wenn es der ausdrückliche Wunsch des Verstorbenen war, in einem Sarg bestattet zu werden, dann muss dieser Wunsch schriftlich do-kumentiert sein und dem Sozialamt umgehend vorgelegt werden, damit das Sozialamt diesen Wunsch erfüllen kann. Eine Urnenbe-stattung ist sonst (weil preiswerter) normalerweise üblich (siehe Festlegung in Kapitel 12.9.1.).

Können nicht alle Verpflichteten innerhalb von 72 Stunden die Bedürftigkeit nachweisen oder kümmert sich niemand um die Bestattung, dann muss möglicherweise das Ordnungsamt tätig werden und die Bestattung anordnen: Eine Ordnungsamtsbestattung wird als möglichst preiswerte Bestattung im kleinstmöglichen Rahmen durchgeführt, das heißt oft ohne Trauerfeier und als Urnenbeisetzung auf einem anonymen Grabfeld. Hier haben Städte und Gemeinden je eigene unterschiedliche Regelungen. Eine Ordnungsamtsbestattung wird auch angeordnet, wenn keine Verwandten auffindbar sind oder wenn niemand in den 72 Stunden nach dem Tod eine Beerdigung in Auftrag gibt.

> **Ordnungsamtsbestattung**
> Eine kleine Trauergemeinde: Die achtundachtzigjährige Schwester der Verstorbenen, ein Nachbar, eine Pflegerin. Nach der Trauerfeier der Weg zur Grabstätte. Plötzlich ruft die Schwester: „Halt, unser Grab ist doch da rechts." „Nein", sagen die Träger, „wir gehen zum Gemeinschaftsurnenfeld." „Aber sie hat doch hier ihr eigenes Grab!" „Wir haben den Auftrag, wir können nichts anderes machen."
>
> Hilflos und resigniert muss sich die Schwester in ihr Schicksal fügen.
>
> Was war passiert? Nachdem die Schwester tot aufgefunden worden war, hatte das Bestattungsamt der Stadt bei der jüngeren Schwester angerufen, ob sie die Bestattung in ihre Hände nimmt. „Ich kann das nicht mehr, ich bin doch selbst schon achtundachtzig." Da andere Verwandte für die Regelung der Beerdigung nicht zur Verfügung standen, musste das Ordnungsamt die Bestattung nach der preiswertesten Möglichkeit anordnen: Im Rasenurnenreihengrab. Eine Beisetzung in der eigenen Grabstätte kam wegen der Kosten der notwendigen Verlängerung der Laufzeit der Grabstätte nicht in Betracht.

2.29. Als Alleinstehender Abschied nehmen: „Auf wen kann ich mich verlassen?"

Der Abschluss eines Bestattungsvorsorgevertrages (➡ 2.26.) ist eine wichtige Angelegenheit – eigentlich eine Pflicht – für alle die Menschen, die niemanden haben, der bei ihrem Todesfall die Bestattung in Auftrag gibt und bezahlt.

Da durch Unfall oder schwere Krankheit jederzeit die eigene Geschäftsfähigkeit verloren gehen kann, ist es unumgänglich, eine Vollmacht (➟ 2.24. und 12.1. bzw. 12.2.) oder eine Betreuungsverfügung (➟ 2.25. und 12.3.) auszustellen, wenn man sein eventuell von Krankheit geprägtes Leben oder seine Bestattung nach eigenem Willen gestaltet und geregelt haben möchte.

Gibt es nämlich niemanden, der die Bestattung persönlich in Auftrag gibt und bezahlt, wird auch ein noch so reicher Millionär verbrannt und seine Urne anonym von der Ordnungsbehörde im Armengrab, dem Rasenreihenurnengrab, bestattet: So preiswert wie eben möglich.

Im Hintergrund stehen seit einiger Zeit Gerichtsurteile, die den Städten bei Ordnungsamtsbestattungen die billigste Bestattungsmöglichkeit zur Pflicht machen, denn die Stadt hat gegenüber den zur Bestattung verpflichteten Verwandten oder Erben keinen Anspruch auf die Erstattung höherer Kosten. Selbst die Verlängerung der Nutzungsdauer einer bestehenden Familiengrabstätte gehört nicht mit dazu.

Deshalb muss jeder Alleinstehende ohne Angehörige oder Freunde, die im Todesfall seine Bestattung in Auftrag geben und auch bezahlen, selbst rechtzeitig dafür sorgen, dass für seine Bestattung vorgesorgt ist. Da der Tod jederzeit durch einen Unfall oder eine plötzliche Krankheit eintreten kann, ist eine frühzeitige Vorsorge schon in jungem Alter sinnvoll.

Natürlich sind auch bei einem alleine lebenden Menschen die Verwandten in der oben beschriebenen Reihenfolge verpflichtet, eine Bestattung in Auftrag zu geben und auch zu bezahlen. Wenn die zu einer Bestattung Verpflichteten die Übernahme der Bestattung ablehnen, gibt das Ordnungsamt eine Bestattung in einfachster Form in Auftrag und holt sich nachher die ausgelegten Gelder von den Verpflichteten oder den Erben zurück.

Wenn aber keine Verwandten vorhanden sind oder wenn nicht sicher ist, dass diese Verwandten in kurzer Zeit nach dem Todesfall erreichbar sind, muss der Alleinstehende selbst aktiv werden.

Man kann das Totenfürsorgerecht durch eine wie ein Testament („Mein letzter Wille") handschriftlich niedergeschriebene Verfügung an Dritte übertragen.

a) Das kann durch ein Abkommen mit einem guten Freund oder Bekannten geschehen, der im Falle des Todes die Bestattung in Auftrag gibt und die Kosten bezahlt. Dann sollte eine testamentarische Verfügung bestimmen, dass er die Kosten erstattet bekommt. Bei missgünstigen Erben hätte er sonst möglicherweise nur das Recht auf die Erstattung der geringstmöglichen Bestattungskosten, wenn nichts anderes schriftlich niedergelegt ist.

b) Das kann am sichersten durch einen Bestattungsvorsorgevertrag (⟶ 2.26.) mit einem renommierten Bestattungsinstitut geschehen, wenn gleichzeitig die voraussichtlichen Kosten der Bestattung auf einem abgesicherten Treuhandkonto so festgelegt sind, dass das Institut erst gegen Vorlage der Sterbeurkunde sich die Bestattungskosten auszahlen lassen kann. Im Rahmen eines Vorsorgevertrages können einige der benötigten Dokumente auch im Safe des Bestatters hinterlegt werden.

c) Eine Regelung im Testament selbst hilft normalerweise nicht viel, da die Testamentseröffnung erst lange Zeit nach der Bestattung stattfindet. Die Regelung des Totenfürsorgerechtes sollte im Vorsorgeordner eingeheftet sein und dem Beauftragten wie auch anderen näheren Bekannten bekannt sein. Hinweise mit Name, Adresse und Telefonnummer des Beauftragten sollten im Portemonnaie und in der Wohnung neben dem Telefon zu finden sein.

d) Äußerst wichtig ist für den Alleinstehenden die gute Auswahl eines eventuell notwendigen Betreuers aus dem privaten oder auch beruflichen Umfeld. Nur so ist garantiert, dass dem Willen des Alleinstehenden auch wirklich gefolgt wird: Schließlich hat der Betreuer vielleicht schon nach einem Autounfall in jungen Jahren Vollmacht und Verantwortung für Leben, Gesundheit und Gut und kann nach eigenem Willen das Wohlergehen des Betreuten gestalten. Eine Betreuungsverfügung ist von kaum zu überschätzender Bedeutung, wie im Kapitel 2.25. Betreuungsverfügung erläutert wird.

Zu Bestattungsvorsorgevertrag ⟶ 2.26., 11.8.8. und 12.8.; zu Vollmachten ⟶ 2.24., 11.8.2. sowie 12.1. und 12.2.; zu Betreuung und Betreuungsverfügung ⟶ 2.25., 11.8.3. und 12.3.

○ In den Kapiteln 12.1. bis 12.3. sowie 12.8. habe ich aufgeschrieben, wer bei einer schweren Krankheit oder bei meinem Tod für die Regelungen meiner Angelegenheiten zuständig sein soll.

○ Eine Kopie meiner Vollmacht für den von mir Bevollmächtigten ist abgeheftet im Dokumentenordner Kapitel 11.8.2. und 11.8.3.

2.30. Das Grablegat als Pflegevereinbarung mit dem Friedhof: „Wer pflegt mein Grab in fünfzehn Jahren?"

Die Sorge um die Grabpflege
Heute sterben viele ältere Menschen, für die es immer eine Herzensangelegenheit war, die Gräber ihrer verstorbenen Eltern oder Ehepartner zu pflegen. Nicht wenige haben sich dabei über ungepflegte Nachbargräber ärgern müssen. Für sie ist es eine Horrorvorstellung, vielleicht einmal selbst in so einem ungepflegten Grab liegen zu müssen, weil ihre Kinder oder Enkel die Grabpflege vernachlässigen. So manch einer zieht dann eine Bestattung unter der grünen Wiese oder im Kolumbarium vor, denn hier sorgt die Friedhofsverwaltung für Ordnung. Grablegate und Verträge mit Friedhofsgärtnereien sind aber eine gute Möglichkeit, die Pflege der eigenen Grabstätte für die ganze Ruhezeit garantiert zu bekommen. Darüber hinaus kann man so auch die Grabpflege sichern, wenn man selbst aus Altersgründen das Grab des Ehepartners nicht mehr pflegen kann.

Es trägt sehr zur eigenen Beruhigung bei, wenn man mit dem Friedhof oder dem Friedhofsgärtner einen Pflegevertrag für das Grab abschließt. Ein solcher Vertrag läuft über fünfzehn bis dreißig Jahre, beginnend mit Tod und Begräbnis des Auftraggebers. Er kann unterschiedliche Leistungen beinhalten: Vierteljährliche Bepflanzungen des Grabes, Bouquets zu Feiertagen, im Sommer wöchentlich frische Blumen, Unkrautpflege, Rasenpflege, Gießpflege. Der Friedhofsgärtner kann im Auftrag des Friedhofsträgers ein Angebot vorlegen. Der notwendige Betrag wird anschließend auf einem Treuhandkonto festgelegt (Grablegat).

Die lokale Friedhofssatzung legt fest, ob man solche Verträge auch mit freien Gärtnereien abschließen kann. Manche Friedhofsträger schließen das aus, um dem eigenen Betrieb eine gesunde Existenzbasis zu garantieren.

Wer einen Grabpflegeauftrag im Voraus bezahlt, sollte sich dagegen absichern, dass das Geld bei einem Konkurs der Gärtnerei in der Konkursmasse verschwindet. In jedem Bundesland gibt es eine „Treuhandstelle für Dauergrabpflegen", die das Geld verwalten kann und dann ortsansässige Gärtnereien mit der Grabpflege beauftragt und die Ausführung der Grabpflege überwacht. Geld bei kircheneigenen Friedhofs-gärtnereien durch sogenannte „Grablegate" anzulegen ist unproble-matisch, da Kirchengemeinden als Körperschaften des öffentlichen Rechts nicht in Konkurs gehen können.

Anders als bei Bestattungsvorsorgeverträgen kann das Grablegat durch den Sozialhilfeträger angetastet werden (⟶ 2.26.2, 12.12.).

2.31. Was ich gerne noch tun möchte: Darauf freue ich mich! (Checkliste 3)

Das Abschiednehmen zu planen und vorzubereiten birgt mehr als nur Traurigkeit angesichts kommender Verluste. Bewusstes Planen schließt auch die Träume ein, die ich mir gerne noch erfüllen möchte. Man sollte nicht alles aufschieben, sondern die verbliebenen Kräfte nutzen, um Träume und Wünsche zu verwirklichen. Jeder hat seine eigenen Vorstellungen, doch einige Anregungen sollen im Folgenden genannt werden:

- O Meinen Heimatort besuchen
- O Das Grab meiner Eltern besuchen
- O Einen Besuch machen bei
- O Eine Reise machen nach
- O Noch einmal ein paar Tage Urlaub in
- O Einen Ausflug machen nach
- O Alte Freunde und Freundinnen noch einmal treffen
- O Einen Film im Kino ansehen
- O Einen alten Film noch einmal anschauen (eventuell aus einer Videothek besorgen oder im Internet herunterladen lassen)
- O Ein Konzert oder ein Theater besuchen
- O Ein schönes Buch lesen
- O Den spielenden Enkelkindern an meinem Krankenbett zusehen können
- O Jemanden anrufen
- O Jemanden um Verzeihung bitten
- O Mich entschuldigen bei
- O Die Wahrheit über ein früheres Ereignis weitergeben

○ Einen Streit beenden

○ Jemanden nach einem verlorenen Freund/einer verlorenen Freundin suchen lassen

○ Eine Freundin/einen Freund an mein Krankenlager rufen lassen

○ Mich bedanken bei allen, die für mein Leben wichtig waren und sind

○ Mich bedanken bei

○ Meinem Arzt Blumen schicken

○ Meiner Haushaltshilfe ein großzügiges Geschenk geben

○ Eine Spende überweisen

○ Eine gute Flasche Wein trinken

○ Gut essen gehen

○ Noch einmal durch den Supermarkt gehen

○ Ein Besuch auf dem Friedhof (eventuell mit Rollstuhl, wenn man nicht mehr weit laufen kann)

○ Einige Geschichten für meine Enkelin aufschreiben (lassen)

○ Festlegen, dass im Seniorenheim jede Woche jemand gegen Bezahlung kommt, der mit mir spazieren geht, sich mit mir unterhält und Besorgungen für mich erledigt

○

○

○

Das Leben soll bewusst schöne Dinge bereithalten. Oft kennen Verwandte die geheimen Träume nicht und erfahren sie erst viel zu spät. Wie leicht ist für Kinder oder Enkel, einen Autoausflug zu einem Lieblingsort der Oma zu realisieren: Sie muss nur erwähnen, dass sie davon träumt. Viele der älteren Generation sind da zu bescheiden, und es ist schade, wenn Kinder oder Verwandte von solchen Träumen erst erfahren, wenn es zu spät ist.

Zur Vorbereitung auf das Alter gehört auch, sich einen Packen an schönen Erinnerungen bereitzulegen, damit man später, wenn die Grenzen des eigenen Lebens immer enger gezogen sind, mit Freude an Erlebnisse zurückdenken kann: Ausflüge, Reisen, Kulturveranstaltungen.

Zur rechten Zeit sollte man da auch nicht zu geizig sich selbst gegenüber sein: Das letzte Hemd hat keine Taschen, und auf dem Krankenlager gibt es nicht mehr so viel, was man sich an Gutem gönnen kann.

2.32. Was ich zur Vorsorge noch erledigen möchte (Checkliste 4)

Kreuzen Sie an, was zu tun ist, und haken Sie ab, was erledigt ist:

○ ☐ Dokumentenordner anlegen
(⟶ 2.10.; 11.)

○ ☐ Dokumentenordner ausfüllen
(⟶ 11.)

○ ☐ Wichtige Dokumente kopieren
(⟶ 11.)

○ ☐ Patiententestament verfassen
(⟶ 2.22.; 12.5.)

○ ☐ Organspendeverfügung ausfüllen
(⟶ 2.23.; 12.6.)

○ ☐ Vollmacht ausstellen
(⟶ 2.24.; 12.1.)

○ ☐ Bankvollmacht bei Bank ausfüllen
(⟶ 2.24.; 12.2.)

○ ☐ Betreuungsverfügung ausstellen
(⟶ 2.25.; 12.3.)

○ ☐ Friedhofs- und Grabwahl klären
(⟶ 5.; 12.9.)

○ ☐ Grablegat für Grabpflege bestellen
(⟶ 2.30. und 8.4.; 12.12.)

○ ☐ Besitzaufteilung planen
(⟶ 2.5., Checkliste 9 in Kapitel 7.6.; 12.13.)

○ ☐ Vererbungen mit Erben besprechen
(⟶ 2.5., 2.6.; 12.13.)

○ ☐ Vererbungen mit Rechtsanwalt besprechen
(⟶ 2.5, 2.6.; 12.13.)

○ ☐ Testament mit Notar ausfüllen (⟶ 2.6.; 12.7.)

○ ☐ Vermächtnisse zu Lebzeiten verschenken
(⟶ 2.8., 2.21.; 12.13.)

○ □ Erinnerungsbuch aufschreiben
(➦ 2.9.; Kap. 11.9.)

○ □ Private Erinnerungen vernichten(➦ 2.9.2.)

○ □ Planung für seniorengerechtes Leben konkretisieren
(➦ 2.14.)

○ □ Voranmeldung in Seniorenheim
(➦ 2.16. und 12.4)

○ □ Mit Partner Alleinleben besprechen
(➦ 2.19.)

○ □ Adressenverzeichnis erstellen
(➦ 11.10.)

○ □ Kommende Unternehmungen planen
(➦ 2.31.)

○ □ Rahmen der Beerdigung planen
(➦ 7, Checkliste 4 und 5 in Kapitel 4.18.; 12.8. bis
12.10.)

○ □ Trauerfeier planen
(➦ 7, Checkliste 6 in Kapitel 4.18.; 12.10.)

○ □ Grabgestaltung und Grabstein planen
(➦ 8.; 12.11. und 12.12.)

○ □ Meine Entscheidungen und Wünsche festlegen in Kapitel
12.

○ □ Testament verfassen
(➦ 2.6.; 12.7.)

○ □ (Teil-)Testament Beerdigung verfassen
(➦ 2.6.; 12.7.)

○ □ Bestattungsvorsorgevertrag abschließen
(➦ 2.26.; 12.8.)

○ □ Voraussichtliche Kosten auf Konto der Bestattungstreu-
hand einzahlen
(➦ 2.26.2.; 12.8.)

○ □ Alle Überlegungen mit Kindern, Verwandten und Freunden
besprechen und Entscheidungen ihnen mitteilen
(➦ 2.3.)

○ □

○ □

Das letzte Hemd hat keine Taschen

Als ein reicher Mann, der zeitlebens hartnäckig auf seinem Geld gesessen hat, sterben muss, lautet sein letzter Befehl: „Legt mir recht viel Geld in den Sarg."

Als er in den Himmel kommt, sieht er eine Tafel schönster Speisen. Er hat Hunger und fragt: „Was kostet dieser Fisch?" „Eine Kopeke!", ist die Antwort.

Wie gut, denkt er, dass ich so viel Geld mitgebracht habe! „Und dieses Fleisch?" fragt er weiter. „Auch eine Kopeke!".

Wie billig, denkt der Reiche, und zieht das Geldstück aus der Tasche.

Der Verkäufer sieht es prüfend an und gibt es ihm zurück. „Wir nehmen hier nicht das Geld, das du besitzt, sondern das, was du verschenkt hast! Hast du solches?"

Da senkte der Reiche die Augen. Solches Geld hatte er nicht.

(Leo N. Tolstoi zugeschrieben)

3. DAS STERBEN

3.1. Der Sterbeprozess psychologisch – Sterbephasen

Die Ärztin und Sterbeforscherin Elisabeth Kübler-Ross hat beschrieben, wie sich Menschen, denen mitgeteilt wurde, dass sie unheilbar erkrankt sind, psychisch mit ihrem kommenden Tod auseinandersetzen. Sie hat fünf typische Phasen unterschieden:

3.1.1. Phase 1: Nichtwahrhabenwollen und Isolierung

Der Kranke wehrt die Diagnose ab. Er glaubt an eine Verwechslung von Befunden, fordert immer neue medizinische Untersuchungen und redet sich ein, dass er nicht der Betroffene sein könne. Im Inneren aber beginnt er zu ahnen, dass seine letzte Lebensphase begonnen hat. Das spontane Nichtwahrhabenwollen erleichtert ihm den Schritt in die Realität, er kann sich langsam an seine total veränderte Situation gewöhnen und hat immer häufiger Phasen, in denen er offen über seine Situation sprechen kann. Er braucht dann Menschen, die nicht aus eigener Angst vor dem Tod diesem Thema auszuweichen versuchen.

3.1.2. Phase 2: Zorn

Auf das Nichtwahrhabenwollen folgen meist Zorn, Groll, Wut und Neid. „Warum denn gerade ich?" Sein Zorn kann sich gegen alle Menschen richten, mit denen er zu tun hat: Die Ärzte seien unfähig, die Schwestern taugten nichts. Auf Vorwürfe gegen Angehörige reagieren diese mit Scham und Schuldgefühlen. Sie bleiben lieber dem Krankenhaus fern – was die Wut des Kranken noch erhöht.

Aber vielleicht kann man ein bisschen Verständnis für diese Gemütslage aufbringen, wenn man sich in den Sterbenden hineinversetzt: Alle anderen können ihren Lebensweg wie geplant weitergehen – das Haus bauen, die Karriereleiter hinaufklettern, Urlaub genießen und sich auf die Enkel freuen. Nur er wird auf all das verzichten müssen. Das macht zornig: „Warum darf ich das alles nicht?" Wer würde da ruhig an seinen Tod denken, wenn es anscheinend allen außer einem selbst fantastisch geht?

Deshalb ist es nicht sinnvoll, auf den Zorn des Kranken mit Vorwürfen und Fernbleiben zu reagieren. Sein Zorn meint nicht das angesprochene Gegenüber – vielmehr zeigt der wilde Zorn, dass er die Situation für sich nicht akzeptieren kann. Die persönliche Schwere dieser Not sollte Besucher und Angehörige ermutigen, den Zorn zu tolerieren.

3.1.3. Phase 3: Verhandeln

Wenn Eltern Kindern einen Wunsch abgeschlagen haben, dann reagieren diese oft sehr trotzig: Sie wüten, schreien, ziehen sich auf ihr Zimmer zurück. Nach einiger Zeit besinnen sie sich und versuchen, auf eine andere Weise ihre Eltern zum Einlenken zu bewegen: „Wenn ich die ganze Woche artig bin, abends immer das Geschirr spüle, darf ich dann …" Und oft ist solche Verhandlungstaktik ja auch von Erfolg gekrönt.

Todkranke Menschen verhandeln in dieser Phase wie Kinder mit Gott: Um einen Aufschub, um ein besonders Erlebnis, um einen einzigen Wunsch. Als Preis dafür, dass sie ihren Tod als sicher bevorstehend akzeptieren, möchten sie noch ein einziges Mal vorher zu ihren Enkeln reisen dürfen, auf der Bühne stehen können, ihren Sportverein besuchen. Man feilscht um Zeit und bietet im Geheimen Gott Gegenleistungen an: in Zukunft regelmäßig in die Kirche zu gehen, intensiv zu beten oder ein ehrliches Leben führen zu wollen.

In dieser Phase beginnt man, das hinter einem liegende Leben zu bewerten: Man möchte manches korrigieren. Man gehorcht in Zukunft willig seinen Ärzten und dem Krankenpflegepersonal. Man will sich ändern. Schlimm wären jetzt Angehörige, die nach dem Motto „Das habe ich dir schon immer gesagt!" solche Veränderungen herabwürdigen. Die Patienten sind sehr verletzlich: Sie wissen, dass es für einen wirklichen Neuanfang zu spät ist. Das kann auch tiefe Schuldgefühle hervorrufen.

3.1.4. Phase 4: Depression (Phase der Traurigkeit)

Wenn der Patient sich damit abgefunden hat, dass es keine Hoffnung auf ein Weiterleben gibt, sondern seine Lebenszeit sich ihrem Ende nähert, dann machen ihm häufig zweierlei Dinge zu schaffen:

Auf der einen Seite wird er all die familiären Probleme nicht mehr lösen können, die durch seine Krankheit entstanden sind. Ihm wird klar, dass er als Vater, Mutter, Opa, Oma ausfällt, als Streitschlichter, emotionale Stütze, Verdiener, Enkelsitter. Hilflos muss er ansehen, wie seine Familie unter den Folgen seiner Krankheit leidet – er wird zutiefst traurig, resigniert und wird depressiv.

Auch kann der Patient den Gedanken an den Tod jetzt nicht mehr ausweichen – er begreift, wie ausweglos seine Situation ist. Hoffnungen, Pläne, Ziele: Alles muss er begraben. Auch hier kann aus der Resignation eine tiefe Depression entstehen, aber es ist eine andere Depression: Nicht der erlittene Verlust, sondern der drohende Verlust. Weshalb die Angehörigen auf beide auch unterschiedlich reagieren sollen: Im ersten Fall sollten sie mit dem Patienten über die Sorgen sprechen, Lösungsideen anbieten und auch Hilfe dabei, sich um bestimmte Menschen und Dinge zu kümmern. Vielleicht findet man gemeinsam doch noch einen Ausweg für konkrete Schwierigkeiten. Man kann den Patienten ermutigen, auf die Kräfte der Hinterbliebenen zu vertrauen. Man kann erzählen, wie die Kinder im Nachbargarten fröhlich gespielt haben. Den Sterbenden mit seinen Sorgen soll man nicht billig vertrösten, sondern sich seinen Gedanken widmen und mithelfen, neue Wege zu suchen und zu finden.

Mit der Depression, die durch die düsteren Zukunftsaussichten verursacht ist, kann man anders umgehen: Nicht mehr neue Lichter am Horizont aufzeigen und nicht die weitere Suche nach vermeintlich letzten Rettungsankern unterstützen, denn der bevorstehende Tod ist unausweichlich. In dieser Depression kann man den Kranken einfühlsam begleiten, wenn er sich mit seinem Tod ernsthaft auseinandersetzt. Zukunftsspekulationen („Im Himmel sehen wir uns alle wieder") sind hier als falsche Vertröstungen über bevorstehende Trennungen fehl am Platze.

Man kann dem Sterbenden das Gefühl geben, dass er in seiner Angst vor dem Sterben nicht alleingelassen wird. Man kann ihn ermutigen, seinen Schmerz auszudrücken und mit anderen zu teilen. In dieser Phase der eher stillen Depression, in der sich Kranke gerne in sich selbst

111

zurückziehen, ist es wenig hilfreich, den Patienten abzulenken. Er braucht Stärkung und verständnisvolle Begleitung in seiner Auseinandersetzung mit dem Tod.

3.1.5. Phase 5: Zustimmung

Wenn der Kranke Protest, Trauer, Zorn und Wut ausdrücken und ausleben durfte, wenn er um Auswege verhandelt und in seinen Depressionen die unumkehrbare Realität er- und durchlitten hat, dass er seine Familie, seine Umgebung, diese Welt bald verlassen muss – dann kann er sich auf das Kommen des eigenen Todes in aller Ruhe einstellen. Der Kranke wird immer müder und schläfriger, er dämmert in Ruhe der endgültigen Ruhe entgegen: „Die letzte Ruhe vor der langen Reise." Der Patient hat ein gewisses Maß an Frieden und Einverständnis erreicht, sein Interessen- und sein Gesichtskreis verengen sich immer mehr. Wie ein Baby nach der Geburt zuerst nur sich selbst kennt und wahrnimmt, und wie sich dann sein Gesichtsfeld immer mehr erweitert, bis im Erwachsenenalter die ganze Welt interessant ist, so schränkt sich die Welt des Kranken und Sterbenden immer stärker ein: Zuletzt ist dieses Gesichtsfeld auf sich selbst allein eingeengt. Der Patient nimmt kaum noch seine Umgebung wahr. Er möchte allein mit sich sein. In Ruhe kann er seinen Tod erwarten: Ein menschenwürdiges Sterben.
Lit.: Elisabeth Kübler-Ross, Interviews mit Sterbenden, Berlin 1969.

Diese Phasen können ein grobes Raster abgeben für den Weg zum Tod. Beim Einzelnen kann dieser Weg jedoch einen ganz anderen Verlauf nehmen: Diese Phasen sind kein naturgegebenes Muss.

Das gilt in gleicher Weise für den medizinischen Sterbeprozess:

3.2. Der Sterbeprozess medizinisch

Den nahenden Tod kann man unter anderem an folgenden Veränderungen erkennen:
- unregelmäßige Atmung,
- unregelmäßiger Pulsschlag mit Aussetzern,
- abfallender Blutdruck,
- sinkende Körpertemperatur,

- erkaltende blass-bläuliche Haut,
- schwindendes Bewusstsein.

Wenn das Herz-Kreislaufsystem stillsteht, beginnen innerhalb weniger Minuten die Hirnzellen abzusterben. Es tritt der Hirntod ein, das wissenschaftlich anerkannte Kriterium für den Tod des Menschen. Der genaue Zeitpunkt lässt sich übrigens oft nur schlecht bestimmen, da nicht alle Organe gleichzeitig ihren Dienst versagen – so kann zum Beispiel das Herz noch weiter schlagen, obwohl die Atemtätigkeit bereits aufgehört hat.

Da mit dem Tod alle Muskeln ihre Kraft verloren haben, drücken die Angehörigen oder das Pflegepersonal dem Verstorbenen die Augenlider zu und binden ihm den Unterkiefer hoch, damit bei eintretender Totenstarre der Mund nicht weit geöffnet ist. Die Hände des Verstorbenen werden gefaltet.

Oft verändert der Tote recht schnell seine Farbe, da der Blutdurchfluss zum Stillstand gekommen ist. Durch die fehlende Muskelkraft können die Körperflüssigkeiten nicht mehr zurückgehalten werden. Die Totenstarre setzt normalerweise nach ein bis zwei Stunden ein, erreicht nach sechs bis zwöf Stunden ihre volle Ausdehnung und löst sich nach 24 bis 48 Stunden wieder.

www.passail.eu/krankenpflege/sterbebegleitung.htm

Lit.: Gian Domenico Borasio: Über das Sterben (Was wir wissen – Was wir tun können – Wie wir uns darauf einstellen), München 2011 · Michael De Ridder: Wie wollen wir sterben? Ein ärztliches Plädoyer für eine neue Sterbekultur in Zeiten der Hochleistungsmedizin. München 2010.

3.3. Scheintod: Ein verständlicher Albtraum

Ein bei manchen Menschen immer wiederkehrender Albtraum ist die Vorstellung, lebendig begraben zu werden – ein beliebtes Thema in gruseligen Filmen und Stoff von sogenannten „Neuen Sagen" à la „Der Schwager meines Freundes hat jemanden gekannt, dessen Onkel das passiert ist …" Welches Erschrecken, wenn ein Totgeglaubter während der Trauerfeier oder des Begräbnisses sich wieder bewegen würde.

Die Vorkehrungen gegen einen solchen Scheintod, gegen ein Lebendigbegrabenwerden, sind allerdings inzwischen so ausgefeilt, dass so etwas nicht passieren kann:

- Ein Arzt muss den Totenschein ausstellen und dabei mehrere Kriterien für den eingetretenen Tod begutachten.
- Die Bestattung darf frühestens 48 Stunden nach Eintreten des Todes stattfinden.
- Der professionelle Umgang der Bestatter mit dem Tod sorgt für zusätzliche Sicherheit.

Allerdings sollte man bei Unfällen, bei stark unterkühlten Menschen, bei Beinahertrunkenen oder bei Vergiftungen sehr vorsichtig bei der Feststellung des Todes sein.

Auf dem Wiener Zentralfriedhof gab es große Leichenhallen, in denen die Toten einige Zeit in offenen Särgen aufgebahrt waren. Über jedem Sarg hing eine Leine mit einer Klingel, damit ein irrtümlich für tot gehaltener Mensch sich bemerkbar machen konnte. Vor einigen Jahren sind diese Installationen abgebaut worden, nachdem sie achtzig bis neunzig Jahre lang von nicht einem einzigen „Scheintoten" benutzt worden sind. Heute kann man diese Installationen im Wiener Bestattungsmuseum besichtigen.

Bestattungsmuseum Wien: www.bestattungsmuseum.at

3.4. Nahtoderfahrungen: Kann man über den Tod hinausblicken?

Ein Erfolgsthema auf dem Buchmarkt sind Bücher über Nahtoderfahrungen. An der Schwelle zum Tod haben manche Menschen das Gefühl, sie würden schwebend auf sich selbst beim Sterben herabschauen. Viele Berichte erzählen von Lichtern am Ende eines Tunnels. Wie einen Traum voller Glück und Zufriedenheit, bei dem das Erwachen ein kaltes, ernüchterndes, brutales Zurückgeholtwerden in die Gegenwart ist, beschreiben manche Autoren dieses Erlebnis. Eine wissenschaftliche Erklärung für dieses Phänomen könnte sein, dass es unmittelbar vor dem Tode möglicherweise ein kurzfristiges intensives Aufbäumen einiger Gehirnfunktionen gibt.

Da aber die Definition des Todes eine Rückkehr mit Wiederbelebung von kommunikativen Strukturen ausschließt, kann von solchen Berichten über Nahtoderfahrungen grundsätzlich nicht auf das Jenseits oder das Danach des Todes geschlossen werden. Die Grenze des Todes ist unumkehrbar. Ein umkehrbarer Tod wäre kein Tod.

3.5. Palliativmedizin (Schmerzbehandlung angesichts des Todes) als Glücksfall

Bis vor einigen Jahren haben sich die meisten Ärzte geweigert, selbst dem Tode nahen Menschen schwere Schmerzmittel wie etwa Morphium zu verschreiben. Glücklicherweise hat sich inzwischen in der Medizin die Einsicht durchgesetzt, dass weitestgehende Schmerzfreiheit zu den Erleichterungen gehört, auf die ein sterbender Mensch Anspruch hat. Deswegen ist die Behandlung mit Medikamenten, die unter das Betäubungsmittelgesetz fallen, heute als gute Möglichkeit angesehen, unheilbar oder chronisch kranken Menschen die letzte Lebensphase zu erleichtern. Die Gefahr, süchtig zu werden, spielt angesichts des bald bevorstehenden Todes keine Rolle mehr. Ein großer Erfolg der Palliativmedizin sind die Medikamentengaben, die vom Kranken je nach seinem Schmerzzustand selbst dosiert werden können.

Neben der Schmerzreduzierung ist die Sorge um die physischen, psychischen, sozialen und spirituellen Bedürfnisse der Patienten und ihrer Angehörigen ein wichtiger Teil der modernen Palliativmedizin – lehrte ihre Begründerin Cicely Saunders. Den Patienten soll die letzte Phase ihres Lebens so angenehm wie möglich gemacht werden: Das Menschliche, die Lebensqualität des Patienten, tritt in den Vordergrund.

Viele Krankenhäuser besitzen heute Palliativstationen, in denen Ärzte und Pflegepersonal auf die letzte Lebensphase spezialisiert sind. Viele Hausärzte haben inzwischen Zusatzausbildungen absolviert, um sich in der Schmerzbehandlung und in der Erleichterung der letzten Phase des Sterbens besondere Kenntnisse anzueigen.

3.6. Hospiz und Kinderhospiz

Eine naheliegende Konsequenz aus dem Verschwinden der Großfamilien, in denen immer jemand zur Pflege auch sterbenskranker Familienmitglieder anwesend war, war das Entstehen der ambulanten und stationären Hospize. Die Veränderungen im Krankenhauswesen – immer kürzere Verweildauer des Patienten durch die Abrechnung nach Fallpauschalen – erlauben es den Kliniken nicht mehr, selbst Schwerstkranken nach dem Ende ihrer Therapierbarkeit ein Sterben im Krankenhaus zu ermöglichen. Weil aber Familien und das Gesundheitswesen strukturell überfordert sind, entstehen in immer mehr Orten

Organisationen zum Aufbau einer ambulanten oder stationären Hospizarbeit. Eine Begleitung durch ausgebildete Hospizhelferinnen und Hospizhelfer kann Sterbenskranken und ihren oft überforderten Angehörigen die letzte Lebensphase erleichtern. Zusätzlich zur medizinisch-pflegerischen Betreuung durch ambulante Pflegestationen werden den Schwerstkranken seelische Hilfen auf dem Weg zum Tod angeboten, die Angehörigen werden begleitet und in ihrer Betreuungsarbeit unterstützt.

Stationäre Hospize nehmen Schwerstkranke auf, bei denen der Eintritt des Todes absehbar ist, und die zuhause, vielleicht als Alleinstehende, keine angemessene Pflege haben können. Finanziert werden die Hospize durch die Pflegekassen, die Krankenversicherungen und durch eigene Beiträge des Kranken.

Angesichts langer Wartelisten bei stationären Hospizen werden vielfach Bewohner von Seniorenheimen nur nachrangig aufgenommen, da sie in ihrer gewohnten Umgebung bis zum Tod gepflegt werden können. Allerdings ist auch in Seniorenheimen eine zusätzliche Betreuung durch fachkundige Mitarbeiter von ambulanten Hospizen möglich.
Deutscher Hospiz- und PalliativVerband e.V. Berlin, www.dhpv.de

Kinder sterben anders als Erwachsene. Sie haben in den Zeiten schwerer Krankheit ganz andere Bedürfnisse, die oft zuhause nicht erfüllt werden können. So werden momentan immer mehr Kinderhospize gegründet, um auch schwerstkranken Kindern in ihrem Leid trotzdem noch eine Lebensqualität geben zu können, die ihnen ihre letzten Wochen und Monate erleichtert.

Die schwere Erkrankung eines Kindes ist für eine Familie eine ungeheure Belastung. Weil ein Elternteil sich bemüht, das erkrankte Kind möglichst ständig zu begleiten, geraten die anderen Kinder oft in den Hintergrund. Auch die finanziellen Belastungen sind immens, wenn das Kind in einer anderen Stadt im Krankenhaus oder im Hospiz ist und Mutter oder Vater in der Nähe eine Unterkunft brauchen. Glücklich kann sich die Familie schätzen, die in solcher Situation auf die Hilfe und Kinderbetreuung von Großeltern, Geschwistern der Eltern, Verwandten oder Freunden zählen kann. Elterninitiativen geben aus eigenen leidvollen Erfahrungen hilfreiche Tipps weiter und können manchmal durch ihnen zugeleitete Spenden bei finanziellen Sorgen helfen.

Kinderhospize nehmen auch schwerkranke Kinder und ihre Angehörigen auf, um dem erkrankten Kind wie seinen Eltern für einen begrenzten Zeitraum eine Entlastung bei der Pflege zu verschaffen, damit Eltern sich auch mal bewusst um die gesunden Kinder oder um sich als Ehepaar kümmern können.

3.7. Über den Tod reden: Ein schweres Thema

3.7.1. Mit älteren Sterbenden reden

Jeder Mensch muss einmal sterben. Der Zeitpunkt allerdings steht nicht fest. Oft ahnen gerade ältere oder kranke Menschen, dass der Zeitpunkt ihres Todes naht: Sie fühlen, dass ihre Lebenskraft sich dem Ende zuneigt. Für manchen ist dieses Gefühl ein trauriges Signal, dass der Kampf gegen den Tod verloren geht; für andere ist es ein gutes Gefühl, dass nun die Zeit der Krankheit, der Schmerzen oder der Altersschwäche endlich ein Ende hat.

Das Reden über den bevorstehenden Tod fällt Sterbenden und Angehörigen häufig sehr schwer. Sterbende möchten ihre Angehörigen nicht mit dem Tod belasten, Angehörige fürchten, sie könnten dem Sterbenden die letzte Hoffnung nehmen. Niemand möchte den anderen durch ein Gespräch über den Tod beschweren.

Dabei würde es oft die Situation sehr entkrampfen, wenn einer den Mut fände, den Tod als sehr wahrscheinlich kurz bevorstehend anzusprechen. Sterbende spüren das meist sowieso – sie könnten dann erleichtert über ihre Sorgen und Ängste sprechen, sie könnten bewusst und klar Abschied nehmen, sie könnten eventuell noch ihnen Wichtiges den Angehörigen mitteilen. Manchmal werden in solcher Situation lange Zwistigkeiten beendet und der Sterbende kann erleichtert seinen letzten Weg gehen. Für Angehörige, Ehepartner oder Kinder kann es eine befreiende Entlastung sein, wenn der Abschied und das Weiterleben nicht von den Lasten der Vergangenheit geprägt werden. Der Mut zum offenen Wort ist Respekt vor der Würde des Sterbenden: Seine Situation wird nicht verfälscht. Er wird ernst genommen. In diesem Moment ist Wahrheit für alle wichtiger und hilfreicher als Notlügen.

Krankenschwestern und Ärzte haben oft ein untrügliches Gespür dafür, wenn ein Leben seinem Ende zugeht. Ihre manchmal sehr direkte und offene Art, mit dem bevorstehenden Tod umzugehen, sollte man nicht als gefühllos missverstehen, sondern als Hilfe zur Wahrheit schätzen. Dass kein Mensch Herr über Leben und Tod ist und selbst die besten Experten sich irren können, sollte man dabei einkalkulieren: Im Extremfall kann sich der hundertjährige Todkranke noch einmal erholen: Aber der Gedanke an den Extremfall sollte nicht die Normalität überdecken.

Der Weg zum Tod schließt oft eine Phase ein, in der Menschen nicht mehr reagieren können. Ob sie dann noch Signale der Außenwelt wahrnehmen, lässt sich schwer erkennen. Möglicherweise hört der eine oder andere noch etwas, hat aber keine Kraft mehr für Reaktionen. Deshalb sollte man am Krankenbett nichts bereden, was den Sterbenden belasten könnte. Familiäre Streitfragen oder Erbschaftsangelegenheiten gehören nicht an das Sterbebett. Für einen eventuell noch hörenden Patienten sind solche Gespräche ohne Möglichkeit zum Reagieren eine böse und gefühllose Zumutung.

Dennoch bekommen in dieser Phase nicht wenige Patienten körperliche Nähe mit. Zuwendung durch Streicheln oder Festhalten der Hände kann unbewusste oder bewusste körperliche Reaktionen auslösen: Atmung oder Pulsschlag gehen vielleicht ruhiger, Druck der Hände wird erwidert. Das mag manchem Sterbenden das sanfte Hinübergleiten in den Tod erleichtern.

Angst, einen Sterbenden oder Toten zu berühren, muss niemand haben. Als noch häufiger durch Seuchen oder unbekannte Krankheiten gestorben wurde, war Vorsicht durchaus geboten. Heute sind liebevolle Zeichen körperlicher Nähe oft die letzten Dinge, die ein Sterbender wahrnehmen kann.

3.7.2. Mit jüngeren Sterbenden reden

Für Menschen, die mitten im Leben stehen, ist die Tatsache des nahe bevorstehenden Todes sehr viel schwerer zu akzeptieren als bei hochbetagten Menschen. Sie müssen bei einer unheilbaren Krankheit oder einem schweren Unfall unvermittelt von vielen Lebensplänen in Familie und Beruf Abschied nehmen. Diese Katastrophe ist für sie wie für die Angehörigen ein lähmender Schock. Aber auch andere Menschen gleichen Alters, die davon erfahren, sind tief betroffen: Sie werden gezwungen, ihr eigenes Leben und ihre eigene Zukunft auf einmal mit anderen Augen zu sehen: Leben ist gefährdet, niemand hat eine Garantie auf ein hohes Alter.

Die naheliegende Frage in dieser Situation ist die Frage nach dem Warum. Warum muss das gerade mich, gerade ihn treffen? Aber so verständlich, wie diese Frage ist, so unbeantwortbar ist sie auch. In jedem Leben kann man vermutlich Ursachen für Krankheiten oder Unfälle finden: Vererbung, Veranlagung, kein Sport, Rauchen, Alkohol. All das mag mit eine Rolle spielen, aber es bietet keine zutreffende Antwort auf die Frage nach dem Warum – hunderte und tausende werden bei gleichen Voraussetzungen und gleichem Verhalten uralt.

Die Frage nach dem Warum ist für uns Menschen unbeantwortbar. Deshalb sollte man sie nicht stellen – so schwer das ist. Alle Antworten spiegeln nämlich nur einen kleinen Teil der Wirklichkeit wider, meist sind sie Pseudoantworten und geben Nebenursachen die Hauptschuld: Damit lasten sie dem Kranken nicht nur die Krankheit, sondern auch die Schuld an der Krankheit auf, mit verheerender Wirkung auf die Psyche.

Tausende Frauen überstehen Brustkrebs gut mit uneingeschränkter Lebenserwartung, einigen kann die Medizin nicht mehr helfen: Es wäre völlig unangemessen, hier den Sterbenden oder Verstorbenen Schuld zuzuweisen.

Wie sollte man mit jüngeren Schwerstkranken oder Sterbenden umgehen?

- Jüngere Sterbende informieren sich oft sehr genau im Internet oder bei verschiedenen Ärzten über ihre Erkrankung und loten in der ersten Zeit nach der Diagnose aus, ob es nicht irgendwo noch eine Therapie oder einen Spezialisten gibt, die Hilfe bzw. dessen Behandlungsmethode Heilung versprechen. Deshalb hat es keinen Sinn, ihnen gegenüber die Schwere der Krankheit zu verleugnen.
- Offenheit und Ehrlichkeit, aber auch die eigene Betroffenheit und Unsicherheit sollten das Verhältnis prägen.
- Der kranke und sterbende Mensch hat ein Anrecht darauf, dass man wahrhaftig mit ihm ist: Zu leugnen, was offensichtlich ist, oder mit billigem Trost zu vertrösten, verärgert und ist nicht hilfreich.
- Nähe und Beistand der Familie, von Verwandten und Freunden geben Trost. Einfühlsame Briefe werden oft in langen Nachtstunden wiederholt gelesen und können sehr tröstend sein.
- Man sollte nicht vergessen, dem Kranken für besondere gemeinsame Erlebnisse zu danken.
- Freunde, die gemeinsam mit dem Kranken über die Zukunft seiner Familie, insbesondere der Kinder nachdenken, entlasten ihn von der Sorge um die Angehörigen.

- Dem Kranken Verständnis für seine zwischen Verzweifeln und Hoffen schwankenden Gefühle entgegenzubringen, sich in seine Situation einzufühlen, ihm Mut zuzusprechen, hilft ihm, die Schwere der unterschiedlichen Sterbephasen zu ertragen.
- In den Sterbephasen sind Ärzte heute in der Lage, nahezu alle Schmerzen zu beseitigen. Verwandte und Freunde können Ärzte um solche Unterstützung im Leiden bitten, wenn der Sterbende selbst keine Kraft mehr dazu hat.
- Sensibel können Angehörige und Freunde erkunden, ob dem Kranken in dieser Situation sein Glaube eine Hilfe sein kann. Für versteckte Signale des Kranken in Bezug auf Glaubensfragen sollte man hellhörig sein. Besuchern fällt es oft leichter, hier Gesprächsanstöße zu geben als dem Kranken. Mancher, der selbst lange kein Gebet mehr gesprochen hat, ist für ein gemeinsames Gebet sehr dankbar: Allerdings ist hier große Sensibilität und gutes Hören angesagt: Aufgedrängter Glaube macht ärgerlich. Geistliche sind gerne bereit, an ein Sterbebett zu kommen, wenn sie dazu gerufen werden.
- Da Menschen den Verlauf einer Krankheit selten sicher voraussagen können, sollte einem Kranken nie jeder Funken Hoffnung genommen werden, solange er selbst solche Hoffnung hat. Aber hier ist auch Realitätssinn angesagt: Falsches Nähren von Hoffnung entmündigt und täuscht den Kranken.

3.7.3. Mit sterbenden Kindern reden

Auch mit Kindern sollte man über den Tod und das Sterben sprechen: Denn todkranke und sterbende Kinder wissen oft intuitiv, wie es um sie bestellt ist. Sie spüren, dass das Krankenhaus ihr Leben dauerhaft verändert. Eltern und Geschwister sind oft traurig.

Kinder sind meist dankbar für Ärzte und Verwandte, die mit ihnen offen und altersgemäß über ihre Erkrankung, die Chancen und Risiken der Therapie sprechen. Sie mögen es nicht, wenn man vor ihnen verheimlicht, dass sie wahrscheinlich nicht mehr gesund werden und sterben müssen. Auch wenn es sehr schwer fällt, sollten Eltern, Verwandte und Freunde mit ihnen darüber so sprechen, wie es ihrem Alter und ihrem Verständnis angemessenen ist. Offenheit ist eine Vorbedingung dafür, dass Kinder ein vertrauensvolles Verhältnis zu Ärzten, Pflegern, aber auch zu ihren Eltern aufbauen können.

Ältere Menschen rechnen mit dem Tod. Auch Jugendliche und Erwachsene haben sich mal mit dem Gedanken beschäftigt: Was passiert, wenn ich bei einem Verkehrsunfall sterbe? Jugendliche, Erwachsene und Ältere werden immer wieder mit dem Thema Tod konfrontiert, und sei es durch die unendlich vielen Fernsehkrimis. Kinder hingegen können noch gar nicht verstehen, was Tod bedeutet; erst recht haben sie keinen Begriff von ihrem eigenen Tod. Trotzdem müssen in Deutschland jährlich einige tausend Kinder durch Krankheiten vom Leben Abschied nehmen. Erst mit dem zehnten Lebensjahr, mit beginnender Pubertät, können Kinder den Tod als ein abschließendes, endgültiges, unumkehrbares Ereignis am Ende des Lebens verstehen.

Ihren Kindern diesen Weg zu erleichtern, ist für Eltern eine übergroße Herausforderung. Manchmal können Kinderhospize einen Teil der Last abnehmen.

Betroffen vom Sterben und Tod eines Kindes sind auch die Geschwister. Sie brauchen besondere Hilfen, um diese oft lange anhaltende bedrückende Situation bewältigen zu können. Gesunde Geschwister eines kranken Kindes benötigen unbedingt verlässliche Personen, die sich um sie kümmern, wenn die Kräfte der Eltern ganz erheblich von der Pflege des sterbenden Kindes in Anspruch genommen werden – eine Rolle, die Großeltern, Paten oder Freunde der Eltern übernehmen können.

Möglicherweise kann auch das Bemalen des Kindersarges durch die Geschwister vor der Einsargung des verstorbenen Kleinkindes eine Hilfe sein, das Geschehen zu verarbeiten.

Lit.: Nina Herrmann: Mit Trauernden reden, Zürich 1987.
Siehe auch Kapitel 4.11.6. und 6.4.10.

3.8. Signale für ein kurz bevorstehendes Ende des Lebens

Manche Menschen scheinen den Zeitpunkt ihres Todes bewusst oder unbewusst steuern zu können. Nach großen persönlichen Höhepunkten – einem runden Geburtstag, der Geburt eines Enkels oder dem Krankenbesuch weit entfernt lebender Angehöriger – schlafen viele Sterbende sehr bald ein. Man hat den Eindruck, dass sie noch einmal alle Kräfte zusammengenommen haben, um diesen Moment erleben zu können. Anschließend ist die Kraft aufgebraucht und sie können ruhig sterben.

Andere wiederum geben ihrer Umwelt durch ein deutliches Zeichen zu verstehen, dass sie nun zu sterben bereit sind: Sie verweigern bewusst das Essen oder Trinken. Glücklicherweise hat sich bei Ärzten und Pflegepersonal heute die Einsicht weitgehend durchgesetzt, dass solche Signale zu respektieren sind. Es hieße, den Sterbenden und seine Würde zu missachten, und könnte einer Körperverletzung gleichkommen, den Zeitpunkt des Todes durch künstliche Ernährung hinauszuschieben.

Lit.: Boudewijn Chabot/Christian Walther: Ausweg am Lebensende, Sterbefasten – Selbstbestimmtes Sterben durch freiwilligen Verzicht auf Essen und Trinken. München 2012.

3.9. Der Todeswunsch bei schwerem Leiden

Ein Mensch ist Teil der Natur. Jedes Leben hat seine begrenzte Zeit. Sie besteht aus den Phasen des Geborenwerdens, des Wachsens, des Blühens, des Vergehens und des Sterbens. Die einzelnen Phasen können für jeden Menschen unterschiedlich lang sein, aber mit achtzig oder neunzig Jahren zehrt der Altersprozess sehr deutlich an den Kräften und der Gesundheit eines Menschen. Spätestens nach dem hundertsten Geburtstag endet jedes Leben.

Die Medizin kann Menschen heute sehr lange am Leben erhalten. Wenn früher ein Herz nicht mehr richtig funktionierte und Aussetzer hatte, war das Leben bedroht. Heute ist ein Herzschrittmacher ein alltägliches medizinisches Instrument, das jahrzehntelang den Rhythmus des Herzens sicher stärkt. In immer mehr Bereichen der Gesundheit bieten Medizin und Pharmazie Mittel gegen den Verschleiß und den natürlichen Alterungsprozess an. Das Leben wird immer weiter verlängert. Der natürliche Prozess des Vergehens und des Sterbens wird unterbrochen, er wird gestört. Wenn Menschen bewusst ihr Leben mit Hilfe von Medizin und Pharmazie um einige Zeit verlängern möchten, ist das in Ordnung. Es ist ihr eigener Wille, auch bei abnehmenden Kräften und größer werdenden Beschwerden mit gesundheitlichen Handikaps zu leben.

Aber was ist mit den Menschen, die unter den im Alter natürlicherweise immer stärker zunehmenden Beschwerden leiden und deshalb zufrieden und lebenssatt das Ende ihres Lebens herbeisehnen, aber trotzdem den Weg zum Tod nicht finden können? Vielleicht hält ein Herzschrittmacher ihr Herz am Schlagen oder vielleicht gleichen Medikamente tödliche Mangelerscheinungen so aus, dass der leidende Mensch nicht sterben kann.

Ist nicht im hohen Alter, pflegebedürftig an ein Bett gefesselt, der Wunsch nach einem schnellen Sterben ein sehr berechtigter Wunsch? Ist dann nicht der medizinische Eingriff in den normalen Sterbeprozess ein unberechtigter Eingriff in den gewünschten und ersehnten Lauf des Lebens zu seinem Ende hin? Die Achtung vor der Menschenwürde und dem Selbstbestimmungsrecht des Menschen sollten verhindern, dass der natürliche Weg zum Tod gegen den Willen des Patienten mit den der Medizin zur Verfügung stehenden Mitteln unterbrochen wird.

Man kann nur allen älteren Menschen raten, sich vor solchen Situationen durch das deutliche Formulieren ihrer Wünsche in einer Patientenverfügung (⟶ 2.22. und 12.5.) abzusichern. Glücklicherweise hat hier in der Ärzteschaft inzwischen ein starker Prozess des Umdenkens eingesetzt: Der Wunsch des Patienten tritt bei ärztlichen Entscheidungen in den Vordergrund, auch wenn es der Wunsch nach einem baldigen Lebensende ist.

Hospize erleichtern die letzte Phase des Lebens, und die Palliativmedizin kann heute glücklicherweise einen großen Teil der Schmerzen verhindern, aber schön und erfreulich wird ein solches abhängiges Leben am Rande des Todes trotzdem nicht.

Lit.: Michael Frieß (Hrsg.): Wie sterben? Zur Selbstbestimmung am Lebensende. Eine Debatte. Gütersloh 2012.

3.10. Sterbehilfe

Der medizinische Fortschritt hat es möglich gemacht, dass ein Mensch durch künstliche Beatmung und Ernährung, durch Medikamente und viele andere Möglichkeiten am Leben bleiben kann, auch wenn Körper und Geist durch Unfall, Schlaganfall oder hohes Alter sehr geschädigt sind. Nicht immer herrscht Freude über diese Lebensverlängerung: Gerade im hohen Alter möchten die meisten Menschen lieber in Ruhe sterben, als ans Bett gefesselt oder gar im Koma liegend am Leben erhalten zu werden. Wenn Menschen eine Patientenverfügung für diesen Fall aufgesetzt haben (⟶ 2.22., 12.5.), weiß der Arzt Bescheid und kann sich auf palliative, schmerzlindernde Maßnahmen beschränken. Fehlt eine solche Verfügung, muss ein Arzt normalerweise lebenserhaltende Maßnahmen einleiten, auch gegen den zu vermutenden Willen oder das Interesse des Patienten.

Für viele Menschen ist es eine Horrorvorstellung, im Koma dahin-siechen zu müssen, weil der Körper den Weg zum Ende nicht finden kann. Das ist ein Grund dafür, dass in Deutschland sehr viele Menschen der Meinung sind, die Möglichkeiten ärztlicher Sterbehilfe müssten deutlich erweitert werden. Andere warnen davor, hier Spielräume zu eröffnen, die Sterben und Tod in das Belieben des Menschen stellen: Ein Ausbau der palliativen Versorgung und des Angebotes an Hospiz-betten würde vielen Menschen den Schrecken vor einem menschenun-würdigen Sterben nehmen können.

Menschen dürfen ihrem Leben selbst ein Ende setzen. Das ist nicht strafbar. Deshalb ist es auch nicht strafbar, wenn Ärzte oder andere Menschen einem Patienten ein lebensverkürzendes Medikament in die Hand geben, das er selbst nimmt. Strafbar ist es aber, ihm dieses Me-dikament einzuflößen oder zu spritzen.

Bei der Sterbehilfe unterscheidet man vier Kategorien:

- Die „aktive Sterbehilfe" ist das gezielte Herbeiführen des Todes aufgrund des tatsächlichen oder mutmaßlichen Wunsches einer Per-son zum Beispiel durch das Verabreichen einer Schmerzmittelüber-dosis. Aktive Sterbehilfe ist in Deutschland nach § 216 des Strafge-setzbuches verboten. Erlaubt ist die aktive Sterbehilfe unter bestimmten Voraussetzungen in den Benelux-Ländern und im US-Bundesstaat Oregon.
- Die „Beihilfe zur Selbsttötung" (assistierter Suizid) ist straffrei: Ein Arzt oder eine andere Person stellt das Mittel zur Selbsttötung bereit, aber die Person macht den letzten Schritt bei vollem Bewusstsein selbst.
- Mit „indirekter Sterbehilfe" bezeichnet man die als Nebenwirkung einer Medikamenteneingabe (z.B. Morphium) in Kauf genommene Beschleunigung des Todeseintritts.
- „Passive Sterbehilfe" ist das Unterlassen oder Einschränken lebens-verlängernder Maßnahmen.

3.11. Der plötzliche Todesfall

Nicht selten stirbt ein Mensch im Schlaf und sein Partner findet ihn. Wenn für einen Laien *sicher* erkennbar ist, dass der Mensch verstorben ist und es keine Chance auf eine Wiederbelebung gibt, dann ist entgegen weit verbreiteter Ansicht niemand verpflichtet, sofort den Notarzt zu rufen. Dass der Todeszeitpunkt schon etwas zurückliegt, kann häufig auch der Laie einfach feststellen: Eventuell ist der Leichnam schon kalt, die Farbe hat sich verändert oder der Leichnam ist schon in einem Stadium der Leichenstarre.

Zwar liegt es emotional sehr nahe, den Notarzt zu rufen, wenn man neben dem toten Ehepartner nachts aufwacht, doch dieser Anruf setzt eine ganze Kettenreaktion in Gang: Krankenwagen und Notarzt kommen mit Blaulicht. Ein herbeigerufener Notarzt ist normalerweise nicht willens, einen Totenschein mit Angabe der Todesursache auszustellen, da er den Verstorbenen und seine Krankengeschichte nicht kennt. Bei „Todesursache ungeklärt" muss er stattdessen die Polizei benachrichtigen. Die Polizei kommt und sichert den „Tatort", d.h. den Ort, wo der Verstorbene aufgefunden wurde. Da niemand zu diesem Zeitpunkt bestimmen kann, ob eine natürliche Todesursache vorliegt oder ein Mensch ermordet wurde, holt die Polizei die Spurensicherung herbei, die den „Tatort" eingehend untersucht und dokumentiert. Die ebenfalls herbeigerufenen Beamten der Kriminalpolizei befragen unterdessen die anwesenden Personen, gegebenenfalls auch hinzukommende Verwandte oder Bekannte. Während dieser Untersuchung darf niemand in das Zimmer des Verstorbenen. Anschließend wird der Leichnam beschlagnahmt, ein mit der Polizei zusammenarbeitendes Bestattungsinstitut holt den Leichnam ab und bringt ihn in die Pathologie.

Niemand der anwesenden Polizeibeamten hat das Recht, ein Ergebnis festzustellen, auch wenn die Todesursachen eindeutig zu sein scheinen. Die Polizei ist in dieser Situation nur Helfer der Staatsanwaltschaft, die am nächsten Werktag die Untersuchungsergebnisse prüft. Sie entscheidet, oft nach Rücksprache mit dem Hausarzt, ob eine Autopsie (Leichenschau) oder eine Obduktion (Leichenöffnung zur Klärung der Todesursache) nötig ist.

Erst nach Abschluss aller Untersuchungen gibt die Staatsanwaltschaft den Leichnam zur Beerdigung frei.

Wenn der oder die Verstorbene mit Gewissheit tot ist und nicht wiederbelebt werden kann, ist es im Falle eines plötzlichen Todes also sicher besser, nicht direkt den Notarzt herbeizurufen, sondern erst zum nächstmöglichen Zeitpunkt den Hausarzt (oder den hausärztlichen Notdienst) zu benachrichtigen. Das gilt natürlich vor allem für sehr kranke oder ältere Menschen, mit deren Tod irgendwann gerechnet werden muss. Wenn hingegen ein jüngerer, eigentlich gesunder Mensch plötzlich leblos aufgefunden wird, sollte auf jeden Fall sofort der Notarzt benachrichtigt werden.

Letzteres gilt auch für den Fall, dass der Tod erst kurz vorher eingetreten oder für den Laien nicht sicher feststellbar ist. Wer dann nicht die 112 wählt, macht sich eventuell unterlassener Hilfeleistung schuldig.

Notfallseelsorge

Rettungssanitäter und Notärzte werden häufig mitten in der Nacht gerufen, wenn ein Mensch seinen Lebenspartner plötzlich tot in der Wohnung aufgefunden hat. Nachdem der Tod festgestellt und die Polizei informiert ist, müssen sie sich verabschieden und lassen dabei Menschen hilflos zurück, deren Leben sich von einer Minute auf die andere grundlegend verändert hat. Mitten in der Nacht sind dann nur selten Angehörige oder Freunde zu erreichen, da Anrufbeantworter zwar alle Telefonate aufnehmen, aber auch eine direkte Kontaktaufnahme verhindern. Die für die Rettungskräfte menschlich unbefriedigende Situation, mitten in der Nacht emotional tief betroffene Menschen alleine ohne Hilfe zurücklassen zu müssen, haben die Kirchen zum Anlass genommen, inzwischen bundesweit eine Notfallseelsorgebereitschaft einzurichten. Pfarrer oder speziell ausgebildete Laien stehen rund um die Uhr bereit, in solchen Fällen seelsorgliche Hilfen und Betreuung zu leisten. Bei ihrem Einsatz muss vorausgesetzt sein, dass die Betroffenen diese Hilfe auch wünschen, ihr also ausdrücklich zustimmen.

Die Notfallseelsorger haben dann Zeit, das Leiden der Betroffenen mit ihnen auszuhalten und durch Gespräche tröstend zu wirken. Im weiteren Verlauf können sie auch Hilfen bei den nächsten zu gehenden Schritten und zu treffenden Entscheidungen leisten. Die Notfallseelsorge ist meist ökumenisch, also überkonfessionell organisiert. Die Religion oder Konfession eines Menschen oder seine Kirchenzugehörigkeit spielt beim Einsatz keine Rolle: Die Notfallseelsorger respektieren die persönliche Situation. Inzwischen gibt es mehrere Städte, wo auch muslimische Geistliche oder Laien bei der Notfallseelsorge mitarbeiten.

Die Notfallseelsorge kann im Regelfall nur von den Rettungsdienstleitstellen der Städte oder Kreise angefordert werden, mancherorts aber auch über die 112.

3.12. Religiöse Abschiedsriten am Sterbebett

Der Übergang in den Tod ist für die Sterbenden wie für die Angehörigen eine Zeit hoher Anspannung, die oft mit vielen Ängsten verbunden ist. Sterbende und Angehörige werden mit dem Kern ihres Glaubens konfrontiert: Trägt der Glaube, trägt das Vertrauen in Gottes Liebe auch durch die schwere Stunde des Todes?

Viele Christen wünschen sich, dass ihnen in ihrer Todesstunde diese Hilfe und Hoffnung ihres Glauben noch einmal zugesagt wird. Ein Pfarrer oder eine Pfarrerin kann dann zu einer Andacht und zu einem Gebet an das Sterbebett gerufen werden. Im engsten Kreis der Familie kann man gemeinsam das Abendmahl feiern, und der Sterbende bekommt zum letzten Mal Brot und Wein gereicht. Zum Vaterunser können viele dann nur noch die Lippen bewegen.

In der römisch-katholischen Kirche wurde das früher kurz vor dem Tod gespendete Sakrament der letzten Ölung 1973 durch die Krankensalbung ersetzt, die Kranken, Sterbenden und Angehörigen Kraft, Stärke und Zutrauen in ihren Glauben geben soll. Welche Bedeutung dieser Beistand in der Todesstunde hat, kann man erahnen, wenn in Todesanzeigen fast so etwas wie eine Erleichterung spürbar wird: „gestärkt mit den Sterbesakramenten unserer Kirche."

Wenn Pfarrer oder Priester nicht erreichbar sind, dann kann jeder Christ am Sterbebett den Sterbenden mit tröstenden und ermutigenden Worten stärken: Sowohl das römisch-katholische Gesangbuch, das Gotteslob, als auch das Evangelische Gesangbuch können mit Worten und Gebeten für diese Abschiedssituation hilfreich sein. Manchmal kann man ein ruhigeres Atmen des Versterbenden schon dann feststellen, wenn ein Angehöriger nur einen bekannten Psalm vorliest (zum Beispiel Psalm 23 „Der Herr ist mein Hirte"), das Vaterunser betet und ein Segenswort spricht.

Schon in der Krankenzeit vor dem Sterben kann es für den christlich eingestellten Kranken sehr beruhigend sein, wenn ihm Angehörige bekannte Liedtexte, biblische Geschichten und Psalmen vorlesen, die er seit seiner Kindheit kennt und deren Wortlaut er im Ohr hat. Lange Vertrautes noch einmal zu hören, ist ein schönes Gefühl, auch wenn der Kranke es vielleicht nur im Unterbewusstsein mitbekommt.

3.13. Abschiednehmen

Zeit! Zeit! Zeit! Nehmen Sie sich nach dem Eintritt des Todes viel Zeit. Die Hektik, mit der man vielleicht den Sterbevorgang erlebt hat, kann ganz langsam weichen. Der Verstorbene braucht keine Handreichungen mehr. Ruhe kann einkehren. Auch im Krankenhaus ist es heute selbstverständlich, dass den Angehörigen einige Stunden Zeit am Sterbebett zusteht, sich innerlich zu verabschieden. Es ist dann gut, zurückzublicken und sich zu erinnern. Gute und schöne, aber auch schwere Zeiten hat man miteinander erlebt und gemeinsam gemeistert. Trauer über das nun endgültige Ende eines Lebens schmerzt, das Ende des Leidens erleichtert. Der Verstorbene hat seinen Leidensweg überstanden. Diese Erleichterung, die Entlastung, ist ein gutes Gefühl, das man jetzt auch zulassen sollte.

Im Moment des Sterbens endet nicht nur ein Leben: Angehörige haben einen neuen Status – aus der Ehefrau ist die Witwe geworden, aus dem Ehemann der Witwer, Kinder werden in der Familie zur ältesten Generation. Sie sind ihren Eltern gegenüber nicht mehr verantwortlich dafür, wie sie ihr Leben führen. Lautlose Vorwürfe müssen sie nicht mehr spüren. Aber sie bekommen auch keinen Rat mehr, keine Hilfe, keine Ermunterung. Ein Stück ihrer eigenen Geschichte ist weggebrochen und viele Details der Familiengeschichte sind verloren.

Trauer und Erleichterung, Tränen und Entlastung: Die Stunden nach dem Tod, die Zeit am Totenbett, sind eine wichtige Zeit des persönlichen Übergangs in einen neuen Lebensabschnitt. Glücklich, wer sich diese Zeit nehmen kann, wem die Ruhe geschenkt wird. Diese neue Orientierung, das „Einnorden" des eigenen Lebens kann viel Kraft geben für die kommenden sehr stressigen Tage und überhaupt für den bevorstehenden neuen Lebensabschnitt.

3.14. Der Tod eines ungeborenen Kindes

Es ist ein schreckliches Erlebnis im Leben einer Frau und einer Familie, wenn ein Kind im Mutterleib stirbt. Schon zu Beginn der Schwangerschaft bauen viele Eltern sehr starke Gefühle zu dem ungeborenen Kind auf: Die Bestätigung der Schwangerschaft durch den Arzt, die ersten Dokumente, vielleicht Ultraschallbilder, Diskussionen um die „Öffentlichkeit" der Schwangerschaft, Überlegungen zum Wissen um das Geschlecht,

Gedanken um mögliche Namen, Diskussionen über pränatale Untersuchungen, Informationen über mögliche genetische Probleme usw. Schon kurz nach der Zeugung prägt die erst in Monaten bevorstehende Geburt Denken und Leben der Mutter beziehungsweise der Eltern. Unwillkürlich entsteht zum ungeborenen Kind eine intensive Beziehung: Für Eltern ist das ungeborene Kind eine Persönlichkeit, um die man sich kümmert, für die man sorgt, mit der man still im Inneren spricht.

Zur Natur des Lebens gehört es, dass der Entstehungsprozess eines Menschen manchmal von Natur aus beendet wird: Teilweise kann man Krankheitsursachen beim Kind oder bei der Mutter herausfinden; manchmal aber steht die Wissenschaft voller Rätsel vor dem Phänomen, dass eine Schwangerschaft sehr früh durch eine Tot- oder Fehlgeburt endet oder wegen des Zustandes des Fötus beendet werden muss. Man rechnet heute, dass die Hälfte aller Schwangerschaften ohne bewusstes menschliches Einwirken endet, oft schon in einem frühen Stadium und oft auch, bevor die Frau überhaupt etwas von ihrer Schwangerschaft bemerkt.

Durch die immer häufiger versuchten künstlichen Befruchtungen (In-vitro-Fertilisation) ist die Zahl der Totgeburten rapide gestiegen. Nun sind gerade die Beziehungen zu einem werdenden Kind, das so sehr gewünscht wird, von Anfang an besonders intensiv.

Bis vor nicht allzu langer Zeit war es rechtlich nicht erlaubt, ein totgeborenes Kind zu bestatten. Es galt in vielen Bundesländern die personenstandsrechtliche Regelung, dass Eltern ihr Kind erst dann als Totgeburt standesamtlich eintragen und somit auch offiziell beerdigen konnten, wenn der Fötus ein Gewicht von mehr als 500 Gramm erreicht hatte.

Diese Regelung wird von vielen Eltern, Ärzten und Krankenhäusern als unzureichend angesehen: Kann der Fötus den Eltern einfach vorenthalten oder weggenommen werden, und ist es wirklich angemessen, ihn zusammen mit Operationsabfällen im Krankenhaus zu entsorgen?

Immer mehr Eltern wünschen sich in der schwierigen Situation einer Totgeburt Hilfen zum Abschiednehmen und zum Trauern. Und viele Ärzte, Hebammen, Krankenschwestern und Krankenhäuser unterstützen die Eltern in diesem Bemühen. Seelsorger können zum Gespräch gebeten werden, in vielen Kliniken gibt es Riten des Abschiednehmens wie beim Tod eines erwachsenen Menschen. Vielfach hat es sich als sehr hilfreich herausgestellt, wenn die Eltern auf ihren eigenen Wunsch hin das totgeborene Kind sehen und berühren und sich in einer Abschiedszeremonie von ihm trennen können.

Unterstützung für den elterlichen Wunsch nach einer normalen Bestattungszeremonie auch für Kinder mit weniger als 500 Gramm Geburtsgewicht kommt auch von Bestattungsunternehmen, Friedhofsträgern und vielen Geistlichen: Die jahrhundertealten Riten des Abschiednehmens auf dem Friedhof erweisen sich auch bei dem Verlust eines totgeborenen Kindes als sehr hilfreich.

Seit einer Änderung des Personenstandsgesetzes im Mai 2013 können alle Eltern für ihr totgeborenes Kind ohne Rücksicht auf Gewicht und Größe einen Namen beim Standesamt eintragen lassen. Auch eine normale Beerdigung ist nun möglich geworden.

Durch eine Beerdigung werden die Mütter oder Eltern in ihrem Schmerz nicht alleine gelassen. Ihr Kind wird als „Sternenkind" nicht nur von ihnen selbst, sondern auch von anderen wahrgenommen: Die Eltern können ihren Verlust mit anderen teilen und werden von anderen in ihrer Trauer begleitet und gestützt. Auf dem Friedhof haben sie einen Ort ihres Abschiednehmens.

Der Umgang mit totgeborenen Kindern befindet sich in einem großen Wandel. Auch wenn die Eltern selbst keine Abschiedszeremonie wünschen und eine Beerdigung des Fötus für sich selbst als nicht hilfreich ansehen, gehen immer mehr Krankenhäuser dazu über, diese Föten nicht wie Operationsabfälle zu entsorgen – stattdessen führen sie in Zusammenarbeit mit Hebammen, Bestattungsunternehmen und Geistlichen eine würdige gemeinsame Beerdigung aller Totgeburten oder abgebrochenen Schwangerschaften eines bestimmten Zeitraums durch. Eltern und Angehörige können dazu auf Wunsch eingeladen werden. Gerade für Mütter und Väter kann es später sehr tröstlich sein, zu wissen, dass ihr totgeborenes Kind nicht einfach entsorgt, sondern ordentlich bestattet wurde. Bei manchen Angehörigen entwickelt sich erst viel später das Gefühl einer Beziehung zu diesem totgeborenen Kind, manchmal verbunden mit Schuldgefühlen. Dann kann ein Ort der Trauer von unschätzbarem Wert sein.

In vielen Städten gibt es inzwischen besondere Grabfelder für die Bestattung von Kindern, die während einer Schwangerschaft verstorben sind. Einige Friedhöfe haben auch Gedenkstätten für verstorbene frühgeborene Kinder ohne Beerdigung und Grab.

Betroffene finden leicht im Internet Ansprechpartner oder Selbsthilfegruppen unter dem Stichwort: „Sternenkinder".

Lit.: Jo Eckardt: Geliebtes Sternenkind. Ein Erinnerungsalbum. Gütersloh 2010.

3.15. Selbsttötung

„Wenn ein Mensch wirklich Selbstmord begehen möchte, dann kann das niemand verhindern!" Diese Erkenntnis eines Psychologen mit jahrzehntelanger Erfahrung in der Telefonseelsorge kann Angehörigen und nahestehenden Betroffenen vielleicht etwas von den Schuldgefühlen nehmen, die fast immer beim Selbstmord eines Menschen auftreten.

„Hätte ich das nicht verhindern können?" „Warum musste er sich das antun?" „Gab es wirklich keinen Ausweg mehr?" Unendliche Fragen stellen sich den dem Toten nahestehenden Menschen: Selbstvorwürfe, Vorwürfe gegen andere und Vorwürfe gegen den Verstorbenen sind fast unausweichliche Konsequenzen einer Selbsttötung.

Niemand steckt jedoch in einem anderen Menschen drin. Niemand kann die wirklichen und tiefsten Ursachen und Zusammenhänge von außen erkennen. Jeder kann nur Ausschnitte eines anderen Lebens wahrnehmen. Eine Selbsttötung hat normalerweise immer eine Menge von Ursachen. Oft ist es eine Kleinigkeit, die dann das Fass zum Überlaufen bringt und den Anstoß zu einer Verwirklichung der lange geplanten Selbsttötung gibt.

Dieser Anlass ist aber nicht die tiefere Ursache, und deshalb sollten Menschen sehr zurückhaltend sein mit Schuldzuweisungen an andere oder an sich selbst. Dass Menschen durch das schuldhafte Verhalten anderer in tiefe, manchmal ausweglos erscheinende Krisen gestoßen werden können, sollte nicht verschwiegen werden. Meist führt ein ganzes Bündel von Erfahrungen und Problemen zu den Gedanken an eine Selbsttötung, die sich vielleicht irgendwann so zuspitzen, dass dem Betroffenen die Situation ausweglos erscheint.

Selbsttötungen bzw. Versuche zur Selbsttötung können unterschiedlich verstanden werden: Wer sich vor den Zug wirft oder sich mitten im einsamen Wald aufhängt, weiß, dass er keine Chance hat, gerettet zu werden: Ihm ist der sichere Tod wichtig. Er möchte sein Leben beenden.

Wenn einer eine Vielzahl von Tabletten nimmt, Geisterfahrer wird oder bewusst einen Verkehrsunfall verursacht, ist der Versuch der Selbsttötung häufig ein Signal an seine Umwelt: „Ich kann nicht mehr. Helft mir!" Wer Tabletten nimmt, kann damit rechnen, dass er zufällig aufgefunden und gerettet wird. Wer absichtlich gegen einen Baum fährt, kommt vielleicht mit schweren Verletzungen davon.

So verlässt derjenige sich auf ein „Gottesurteil": „Sterbe ich, ist das okay, und findet mich jemand rechtzeitig, so ist es auch okay." Der Mensch will nicht selbst endgültig über sein Schicksal entscheiden, sondern die Entscheidung in fremde Hände legen.

Dass andere eigentlich unbeteiligte Menschen oft schwer mitbetroffen sind, scheinen sich manche Menschen mit Selbstmordabsichten nicht klar zu machen: Der Zugfahrer kann den Anblick des Menschen auf den Gleisen vor ihm sein Leben lang nicht vergessen, der Entgegenkommende des Geisterfahrers wird zusammen mit seiner Familie und Angehörigen in Sekundenschnelle in ein fremdes Schicksal mit eingebunden, Rettungskräfte kämpfen lange mit dem schlimmen Anblick eines Unfallfahrers, den sie aus dem zusammengequetschten Auto bergen müssen.

Lebensüberdruss, fehlender Lebenssinn, Todessehnsucht: Solche Motive sind auch dann nicht auszuschließen, wenn Motorradfahrer bis an die Grenze des Möglichen ihrer Maschine rasen oder wenn Wagemutige sich Abenteuer aussuchen, die sehr leicht mit dem Tod enden können. Auf gefrorenen Wasserfällen zu klettern, mit dem Fallschirm von Hochhäusern zu springen, Tiefschneefahren im Lawinengebiet – all das können waghalsige Unternehmungen am Rande des Selbstmordes sein.

Dass solche Abenteuersportarten mit Todeskitzel zunehmen, ist Zeichen für ein verändertes Lebensgefühl: Im Krieg haben die meisten Menschen mit allen Mitteln um ihr Überleben gekämpft und jahrelang um die Kräfte für ihr Überleben gebangt. Heute wird der Tod eines Adrenalinkicks wegen riskiert.

Wer will da richten über Menschen, die sich aus schwerwiegenden Problemen dem Leben nicht mehr gewachsen fühlen, keinen Ausweg mehr sehen und durch bewusstes eigenes Tun aus dem Leben scheiden? Die früher übliche Ausgrenzung des Selbstmörders aus der Gesellschaft und seine nachträgliche Bestrafung, indem ihm eine christliche Bestattung oder ein Platz auf dem christlichen Friedhof verweigert wurde, gibt es heute längst nicht mehr: An die Stelle der Ausgrenzung ist heute eher das Bedauern getreten, dass man ihm nicht rechtzeitig hat helfen können oder dass man Signale übersehen oder nicht ernst genommen hat. Offene Gespräche, Beratungsstellen für Betroffene oder Angehörige, gute Therapien, Ärzte mit sensiblem Gespür, Selbsthilfegruppen bei Depressionen und hilfreiche Medikamente – es gibt viele Möglichkeiten, Menschen zu unterstützen, die mit ihrem Leben nicht mehr zurechtkommen. Vielfach schaffen es Menschen mit der Hilfe aufmerksamer Mitbürger, rechtzeitig Lösungswege für ihre Probleme zu finden.

Die Gesundheitsämter der Städte oder Kreise, aber auch Diakonie und Caritas informieren über Beratungsstellen, Selbsthilfegruppen, spezialisierte Ärzte etc.
Lit.: Chris Paul: Warum hast du uns das angetan? Ein Begleitbuch für Trauernde, wenn sich jemand das Leben genommen hat. Gütersloh 2010.

3.16. Organentnahme: Ein letztes Geschenk an einen Kranken

Beim plötzlichen Tod vor allem jüngerer Menschen werden die Angehörigen manchmal von Ärzten gefragt, ob Organe für eine Transplantation zur Verfügung gestellt werden können. Kurz nach einer überraschenden Todesnachricht ist das eine emotional sehr belastende Situation, in der es einerseits um kostbare Minuten für den Erhalt eines oder mehrerer Organe geht, andererseits der Schock des Todes Menschen lähmt. Wenn der Verstorbene nicht durch den Besitz eines Organspendeausweises seine positive oder negative Haltung zu einer persönlichen Organspende deutlich dokumentiert hat, liegt die Entscheidung alleine bei den Angehörigen.

Vielleicht kann es in dieser Situation ein kleiner Trost sein, dass die Organe des Verstorbenen einem oder mehreren schwerkranken Menschen ein neues Leben ermöglichen können und ihn vor einem frühen Tod bewahren (➔ 2.23. und 12.6.).

4. ZWISCHEN TOD UND TRAUERFEIER: 1000 ENTSCHEIDUNGEN AUF EINMAL TREFFEN

In den Tagen nach dem Tod eines Menschen gibt es für die Angehörigen eine Menge an Aufgaben zu erledigen.

In einer vom Gesetz festgelegten Reihenfolge sind die Angehörigen berechtigt und verpflichtet, für die Bestattung des Verstorbenen Sorge zu tragen (⇒ 2.27.).

Wichtig ist, dass alle nahen Angehörigen an den Gesprächen und Entscheidungen teilhaben und nicht vor den Kopf gestoßen werden, weil einige Angehörige, die vielleicht am Sterbeort wohnen, schon Entscheidungen ohne Rücksprache getroffen haben. Einige Telefongespräche und Absprachen zur rechten Zeit vermeiden viel unnötigen Streit in der Zukunft.

Wenn keiner der Angehörigen aus eigenen Mitteln die Beerdigungskosten aufbringen kann, tragen unter gewissen Umständen Stadt oder Kreis die Kosten für eine Sozialamtsbestattung (⇒ 2.28.) oder das Ordnungsamt ordnet die Bestattung als Ordnungsamtsbestattung (⇒ 2.28.) in einem Rahmen an, der so preiswert wie eben möglich ist.

Meistens wird kurz nach dem Tod von den Angehörigen ein Bestattungsinstitut damit beauftragt, alles Notwendige in die Wege zu leiten. Gegebenenfalls übernimmt das Bestattungsinstitut auch die Kontakte mit Sozialamt oder Ordnungsamt.

Warum das Organisieren einer Beerdigung heute schwieriger ist als früher: Freiheit als Belastung
Wenn in einem Dorf früher jemand starb, dann lief normalerweise eine gut eingespielte Maschinerie an, zum Beispiel so: Der Nachbar zur Rechten hatte die Aufgabe, Pfarrer, Bürgermeister und Totengräber von dem Tod zu benachrichtigen. Der „Leichenbitter" („Der zur Leiche bittet") unterrichtet jeden im Dorf über den Todesfall und den Termin der Beerdigung. Der Nachbar zur Linken war dafür zuständig, in den nächsten Tagen Vieh und Feld des Verstorbenen zu versorgen, der übernächste Nachbar brachte der Trauerfamilie das Essen,

während diese die Kondolenzbesuche empfing. Der Schreiner fertigte einen Sarg, der Totengräber hob das Grab aus und der Wirt bereitete den Leichenschmaus vor. Alles ging seinen gewohnten Gang, wie es sich in der Gegend seit Jahrzehnten oder Jahrhunderten eingespielt hatte. So bestand für die Angehörigen in dieser emotional sehr angespannten Situation nicht die Gefahr, Entscheidungen zu treffen, die sie später bereuen könnten.

Heute ist das anders – nichts ist mehr festgelegt, alles muss entschieden werden, und das oft in den ersten Stunden nach dem Tod: Sargbestattung oder Verbrennung, welcher Friedhof, welche Grabart, öffentliche Trauerfeier oder Trauerfeier im kleinsten Kreis, Pastor oder freier Redner, Leichenschmaus oder nicht … Eine Vielzahl von Entscheidungen muss getroffen werden und das nach ganz unterschiedlichen Maßstäben: Was hätte sich der Verstorbene gewünscht? Was kostet das? Was ist für unsere Trauer hilfreich? Was dient dem guten Ansehen des Verstorbenen oder der Familie?

Wer Entscheidungen treffen muss, macht Fehler. Besonders dann, wenn solche Entscheidungen in emotional aufgewühlter Situation und unter zeitlichem Druck fallen müssen. Oft sind sie auch umstritten in der Verwandtschaft und hinterlassen manche Verletzungen.

Zu beneiden sind dann jene Trauernden, wo der Verstorbene im Voraus festgelegt hat, was er sich wünscht und wie er seinen Abschied gestaltet haben will. Er erleichtert seinen Hinterbliebenen das Abschiednehmen sehr.

4.1. Der Bestatter: Hilfen in schwerer Zeit

4.1.1. Der Beruf des Bestatters

Bis Mitte des letzten Jahrhunderts wurde eine Bestattung vor allem von Nachbarn und Verwandten organisiert und durchgeführt. Es war für die Beteiligten Ehrensache, ihre Aufgabe so gut wie möglich wahrzunehmen – schließlich würde man eines Tages ebenfalls auf diese Nachbarschaftshilfe angewiesen sein.

In der städtischen Kultur fehlte oft eine solche nachbarschaftliche Verbundenheit. Zwar wird teilweise bis heute in der Nachbarschaft Geld für einen Kranz gesammelt, aber die anderen Aufgaben der Organisation bleiben weitgehend der Familie überlassen.

Hier hat sich seit mehr als einhundert Jahren der Beruf des Bestatters etabliert. Ursprünglich waren es die Schreiner, die neben Sargherstellung und Transport von Sarg und Leichnam auch beispielsweise Behördenformalitäten erledigten. Aus diesem Kern erwuchs ein eigener Berufszweig, der nicht nur als Ausbildungsberuf („Bestattungsfachkraft") anerkannt ist, sondern heute nach der kaufmännischen Ausbildung mit dem „Betriebswirt im Bestattungsgewerbe" auch das Studium als Ausbildung anbietet. Die vielfältigen juristischen und verwaltungsmäßigen Herausforderungen sind ebenso Inhalt der Ausbildungen wie das kosmetische Gestalten des Leichnams als thanatopraktische Arbeit. In Münnerstadt bei Bad Kissingen gibt es ein eigenes Ausbildungszentrum für Bestatter.

Alle Aufgaben rund um die Bestattung werden mittlerweile von Bestattern wahrgenommen, sodass die Angehörigen sich auf ihre Trauer und ihre private Vorbereitung auf Trauerfeier und Begräbnis konzentrieren können. Bestatter übernehmen die Organisation der Bestattung, stimmen die Uhrzeit mit Friedhof, Pfarrer und Organist ab, gestalten die Anzeigen und drucken die Trauerbriefe, sorgen für den Transport des Leichnams, bestellen in manchen Gegenden auch die Träger und schmücken die Trauerkapelle nach den Wünschen der Angehörigen. Gute Bestatter haben in ihren Häusern Räume zum Abschiednehmen und können gegebenenfalls den Leichnam nach schweren entstellenden Krankheiten oder Verkehrsunfällen so gestalten, dass die Angehörigen noch einmal in Ruhe von dem Verstorbenen Abschied nehmen können.

Gerade bei schwierigen Sterbefällen ist die Hilfe eines versierten Bestatters notwendig: Todesfälle im Ausland mit Überführungen, plötzliche Todesfälle mit Beschlagnahme des Leichnams, ungeklärte Todesursachen mit folgender Obduktion – Angehörige kommen hier schnell an ihre Grenzen und sind auf die professionelle Unterstützung und Begleitung durch einen kompetenten Bestatter angewiesen.

Die in manchen Städten unter dem Begriff „Bestattungshilfen" firmierenden Geschäfte, die oft auch sogenannte „Diskountbestattungen" anbieten, nehmen den Angehörigen vor allem die Behördengänge ab und sorgen für den Transport des Leichnams von zu Hause oder vom

Krankenhaus zum Friedhof. Wenn man jedoch andere Arbeiten jeweils einzeln extra zusätzlich bezahlen muss, werden solche „Diskountbestattungen" oft nicht preiswerter als die Kosten für einen „normalen" Bestatter.

Die kenntnisreiche Beratung des Bestatters zahlt sich unter anderem dort aus, wo bei Krankenkassen, Versicherungen, Rententrägern nicht nur der Verstorbene schnell abgemeldet werden muss, sondern wo auch eventuell sehr lange zurückliegende finanzielle Zusagen für den Sterbefall zum Tragen kommen können.

Ein gutes Bestattungsgeschäft berät schon lange vor dem Tod über alle Fragen rund um die Bestattung und garantiert durch das Abschließen von Vorsorgeverträgen, dass im Todesfall alles vorher Festgelegte nach den Wünschen des Verstorbenen durchgeführt wird (➡ 2.26).

Während Bestatter früher ihren Lebensunterhalt durch Herstellung und Verkauf der Särge bestritten, überwiegen heute vor allem die vielfältigen Dienstleistungen, die der Bestatter anbieten kann: Von der Abwicklung der Bestattungsformalitäten bis zur Wohnungsauflösung.

Die meisten der Bestatter sind organisiert in bundesweit arbeitenden Verbänden:
• Bundesverband Deutscher Bestatter e.V., Düsseldorf
• Verband Deutscher Bestattungsunternehmen e.V., Berlin

Diese Verbände haben auch Schiedsstellen eingerichtet, die vermitteln können, wenn es im Nachhinein Unstimmigkeiten zwischen Angehörigen und Bestattern gibt.

4.1.2. Die Hilfen des Bestatters

Auf Wunsch der Angehörigen und in ihrem Auftrag kümmert sich der Bestatter um fast alle Aufgaben, die rund um die Bestattung zu erledigen sind. Wenn Angehörige selbst Aufgaben übernehmen möchten, dann sollte das möglich sein.

4.1.2.1. Sterbeurkunden von der Personenstandsbehörde besorgen
Mit dem von dem Arzt ausgefüllten Totenschein beantragt der Bestatter beim örtlichen Meldeamt die Ausstellung einer vorher besprochenen

Anzahl von Sterbeurkunden. Diese Sterbeurkunde wird etwa benötigt, um Versicherungen und Hauseigentümer zu informieren, um Verträge des Verstorbenen zu kündigen oder einen Erbschein zu beantragen.

4.1.2.2. Freigabe des Leichnams erfragen
Wenn der Leichnam aufgrund staatsanwaltlicher Untersuchungen beschlagnahmt worden ist, kümmert sich der Bestatter um die schnellstmögliche Information zur Freigabe des Leichnams, denn erst anschließend kann ein Beerdigungstermin festgelegt werden.

4.1.2.3. Organisation der Bestattung
Der Bestatter erkundigt sich in einem Gespräch nach den Wünschen der Angehörigen für die Organisation der Bestattung. Die dabei wichtigen Fragen sind im Kapitel 4.2. aufgelistet.

4.1.2.4. Bestattungsvorsorgevertrag nach ausführlicher Beratung
Wenn der Verstorbene vor seinem Tod einen Bestattungsvorsorgevertrag abgeschlossen hatte und schon im Voraus die voraussichtlichen Kosten seiner Bestattung auf ein Treuhandkonto eingezahlt hat, dann sind für dieses Gespräch mit dem Bestatter viele Fragen schon geklärt (➡ 2.26).

4.1.2.5. Verkauf von Särgen und Urnen
Der Bestatter bietet den Angehörigen in seinen Räumen oder durch Bilder in seinem Katalog eine Auswahl an Särgen und Urnen in unterschiedlichen Preislagen an. Dazu kommen dann Angebote für Sargeinlagen (Kissen, Decken usw.) und für Totenkleidung.

4.1.2.6. Überführungen vom Sterbeort zum Friedhof
Der Bestatter ist aufgrund gesetzlicher Vorgaben über den Transport eines Leichnams befähigt, die Überführung vom Sterbeort zum Aufbahrungsort in einem Raum seines Institutes und zur Kapelle bzw. zum Friedhof durchzuführen.

Der Bestatter organisiert bei Todesfällen, die weiter entfernt vom Wohnort oder im Ausland eingetreten sind, in Zusammenarbeit mit einem dortigen örtlichen Bestatter den Rücktransport. Bei Reisen, Auslandsurlauben oder ständigen Aufenthalten im Ausland sollte man sich über den Versicherungsschutz informieren, der einen eventuellen Rücktransport garantiert (siehe auch „Kosten einer Beerdigung" in Kapitel 4.2.2.).

4.1.2.7. Überführungen aus dem Ausland

Überführungen aus dem Ausland kann man nur mit Hilfe eines Bestattungsunternehmens durchführen. Unterschiedliche nationale und internationale Regeln und Abkommen lassen es nicht zu, konkrete Anforderungen zu nennen. Eine mögliche Kremation im Ausland (Verbrennung des Leichnams im Krematorium) und die Versendung der Urne lässt sich normalerweise einfacher und kostengünstiger realisieren als ein Rücktransport des Leichnams per Flugzeug (eventuell mit vorgeschriebenem Zinksarg) oder Leichenwagen.

Allerdings gibt es in etlichen Staaten (zum Beispiel in vielen islamisch geprägten Ländern) aufgrund der üblichen Bestattungsriten keine Krematorien. Auch Bestattungsinstitute gibt es nicht überall, etwa wenn die Imame in muslimischen Ländern für Bestattungen zuständig sind.

4.1.2.8. Terminabklärungen

Der Bestatter klärt vor der endgültigen Festlegung und Veröffentlichung den Bestattungstermin mit allen an der Bestattung Beteiligten ab und informiert sie endgültig (➡ 4.3. und 6.).

4.1.2.9. Druck der Trauerbriefe

Der Bestatter druckt in seinem eigenen Geschäft die Trauerbriefe oder organisiert den Druck in einer Druckerei. Üblicherweise sind die Trauerkarten einige Stunden nach dem Besuch des Bestatters am Abend des gleichen Tages fertig. Der Bestatter hat beim Besuch die Briefumschläge dagelassen, sodass sie von den Angehörigen schon beschriftet worden sind. Der Bestatter kann Informationen geben, wo der nächste Briefkasten mit Spätleerung ist oder wo man noch spätabends die Trauerkarten bei einer Postversandstelle abgeben kann, damit sie möglichst schnell bei den Empfängern sind (➡ 4.11.4.).

4.1.2.10. Organisation der Traueranzeigen in der Zeitung

Das Bestattungsinstitut hat einen Überblick über die Kosten für bestimmte Anzeigengrößen in unterschiedlichen Zeitungen. Möglicherweise kann man auch zwischen regionalen Räumen wählen, in denen die Zeitung verkauft oder verteilt wird. Beachten sollte man, dass Abonnementszeitungen und kostenlos verteilte Wochenblätter ganz unterschiedliche Adressatenkreise erreichen.

4.1.2.11. Aufbahrungsräume
Oft haben Bestatter dezent eingerichtete Aufbahrungsräume, in denen Angehörige in Ruhe Abschied von dem Verstorbenen nehmen können.

4.1.2.12. Organisation in der Kapelle
Der Bestatter koordiniert in der Kapelle die Vorbereitung der Bestattung („Welcher Kranz gehört wohin?") und begleitet eventuell die ganze Trauerfeier. Wenn gewünscht stellt er an den Eingang der Kapelle oder des Friedhofes ein Stehpult für die Kondolenzliste auf. Mit der Bitte um das Sich-Eintragen in diese Liste begrüßt er die Trauergäste und hilft bei Fragen.

4.1.2.13. Abrechnungen
Der Bestatter begleicht im Auftrag der Angehörigen die eingehenden Rechnungen oder leitet sie an die Angehörigen weiter. Von Sterbeversicherungen und der Treuhand etc. fordert er die zustehenden Gelder an.

4.1.2.14. Informieren von Institutionen, Arbeitgeber, Versicherungen, Vereinen über den Todesfall
Nach Absprache wird der Bestatter die Information über den Todesfall an Behörden, Institutionen, Versicherungen, Vereine etc. mit den notwendigen Dokumenten weitergeben.

4.1.2.15. Fotos von der Trauerhalle
Bei einem abschließenden Besuch mit dem Überbringen der Rechnung, eventuell eingegangener Kondolenzschreiben und der Kondolenzliste übergeben manche Bestatter auch einige Fotos von der Kapelle mit dem aufgebahrten Sarg oder der Urne und den Kränzen.

4.2. Das Gespräch mit dem Bestatter: Grundsätzliche Entscheidungen fallen hier

Recht zeitnah nach dem Tod eines Angehörigen wird normalerweise der Bestatter benachrichtigt und mit ihm ein Termin vereinbart: Entweder kommt der Bestatter zu den Angehörigen oder er lädt in sein Geschäft ein, weil dort die Auswahl an Särgen, Urnen, Trauerkarten etc. leichter zu treffen ist.

Wenn die Angehörigen die Bestattung aufgrund ihrer finanziellen Lage nicht bezahlen können, sondern die Hilfe des Sozialamtes nach § 74 SGB (Sozialgesetzbuch) in Anspruch genommen werden soll, muss das am Anfang des Gesprächs deutlich ausgesprochen werden. Der Bestatter kann dann nach Rücksprache mit dem Sozialamt in der Weise tätig werden, dass er in Absprache mit den Angehörigen eine einfache würdige Bestattung als Sarg- oder Urnenbeisetzung organisiert.

4.2.1. Welche Unterlagen braucht der Bestatter? (Checkliste 5)

Bei diesem Besuch sollten folgende Unterlagen mitgenommen werden (kreuzen Sie an, welche Unterlagen vorhanden sind, und haken Sie ab, welche der Bestatter bekommen hat):

○	☐	Totenschein (sofern vom Hausarzt ausgestellt)
○	☐	Stammbuch (➙ 11.1.2.)
○	☐	Geburtsurkunde (➙ 11.1.2.)
○	☐	Personalausweis (➙ 11.1.1.)
○	☐	Heiratsurkunde (➙ 11.1.11.)
○	☐	ggf. Sterbeurkunde des Ehepartners (➙ 11.1.11.)
○	☐	ggf. Scheidungsurteil Vollmacht (➙ 11.1.11.)
○	☐	Amtlich bestellter Betreuer (➙ 12.3.1.)
○	☐	Rentenbescheid (Rentenversicherungsnummer) (➙ 11.1.9., 11.2.11.)
○	☐	Krankenkassenunterlagen ➙ 11.3.)
○	☐	Versicherungskarten (➙ 11.3.1. oder Portemonnaie)
○	☐	Versicherungspolice (➙ 11.3.1.)
○	☐	Lebensversicherung (➙ 11.3.10.)
○	☐	Unterlagen über Sterbegeldversicherung (➙ 11.3.13.)
○	☐	Mitgliedsausweise von Verbänden, Gewerkschaften etc. (➙ 11.1.19.)
○	☐	Adresse des letzten Arbeitgebers (➙ 11.1.8.)
○	☐	Sparkassen- und Bankunterlagen (➙ 11.2.1.)
○	☐	Grabunterlagen (➙ 12.9.)
○	☐	Testament (➙ 11,8.1, 11.8.7, 12.7.)

○ □ Willenserklärungen für den Todesfall (➡ 12.8. bis 12.10.)

○ □ Adressenliste für die Todesanzeigen (➡ 11.10.)

○ □ ggf. bei Verstorbenen mit ausländischer Staatsangehörigkeit: Pass (➡ 11.1.1.)

○ □ Einkommensbescheide, Sozialhilfeunterlagen oder Hartz IV-Unterlagen* (➡ 11.1.2.)

Nur wenn das Sozialamt die Kosten (oder einen Teil) übernehmen soll. Benötigt werden dann die Unterlagen aller, die verpflichtet sind, für die Bestattung zu sorgen: Ehegatte oder eingetragener Lebenspartner, Kinder, Eltern, Geschwister etc. (➡ 2.27. und 2.28.).

4.2.2. Die Organisation der Bestattung

Der Bestatter erfragt die Wünsche der Hinterbliebenen für Ort und Zeit von Trauerfeier und Begräbnis und klärt mit der zuständigen Friedhofsverwaltung die Möglichkeiten ab. Gegebenenfalls erfragt er beim Krematorium, wann die Urne beigesetzt werden kann. Bevor der endgültige Termin für die Trauerfeier festgelegt wird, telefoniert der Bestatter mit dem Geistlichen oder Trauerredner, ob er zu dem gewünschten Zeitpunkt die Bestattung übernehmen kann. Unter Umständen müssen der Organist, andere Musiker, der Veranstaltungsort für die Nachfeier, die Träger und Redner von Vereinen oder aus dem Betrieb in die Terminplanung mit einbezogen werden. Geplante Urlaube von Angehörigen erschweren die Terminauswahl zusätzlich.

Der Besuch beim Bestatter umfasst dann das Aussuchen des Sarges oder der Urne, die Auswahl der Totenkleidung und die Ausstattung der Friedhofskapelle. Sargdekoration und Kränze sollen oft farblich übereinstimmen und vielleicht mit Lieblingsblumen des Verstorbenen gestaltet werden (➡ 12.10.). Unter unterschiedlichen Trauerbriefen kann ausgewählt werden, bevor das Ausformulieren und Gestalten der Traueranzeige in Briefen wie auch für die Zeitung ansteht. Jeder Bestatter sollte den Trauernden eine Mappe mit Gestaltungs- und Formulierungsvorschlägen vorlegen können, damit in dieser belastenden Situation die Angehörigen nicht Formulierungen wählen, die ihnen bei etwas zeitlicher Distanz nicht mehr als passend erscheinen.

Während des Gespräches hat der Bestatter auf einem Auftragsblatt die einzelnen Positionen festgehalten und die Preise notiert. Normalerweise weiß er auch, was der Friedhof für den Grabkauf bzw. die Verlängerung der Laufzeit eines Grabes, für die Bestattung, für die Benutzung der Friedhofskapelle und für den Organisten berechnet. Die wahrscheinlichen Leistungen von Versicherungen etc. berücksichtigend kann er am Ende des Gespräches ziemlich genau sagen, was diese Beerdigung voraussichtlich kosten wird.

Kosten einer Beerdigung
Die Preise variieren sehr stark nach Grabart, Region, bei Blumenschmuck auch nach Jahreszeit. Genauere Aufstellungen zu Kosten in verschiedenen Städten veröffentlicht jährlich die Organisation Aeternitas (www.aeternitas.de). Die Vergleichbarkeit ist wegen des unterschiedlichen Umfangs der Leistungen sehr schwierig.

- Grabgebühr bzw. Verlängerung der vorhandenen Grabstätte pro Jahr und pro Grab ca. € 20 bis ca. € 150
- Urnengemeinschaftsgrab mit dauerhafter Rasenpflege ca. € 450 bis ca. € 2000
- Bestattungskosten ca. € 200 bis ca. € 400 für Urne; ca. € 700 bis ca. € 960 für Sarg; mit Feier plus ca. € 130 bis ca. € 200
- Sarg ca. € 350 bis ca. € 3500
- Sargeinlagen ca. € 60 bis ca. € 160
- Urnen ca. € 60 bis ca. € 800
- Sterbekleid ca. € 50 bis ca. € 130
- Ankleiden und Einbetten ca. € 60 bis ca. € 190
- Einäscherung ca. € 200 bis ca. € 400 plus Amtsarztbescheinigung ca. € 30
- Überführung ca. € 90 bis ca. € 250
- Urkunden ca. € 20 bis ca. € 50
- Bestatterkosten (z.B. für Erledigung der Formalitäten) ca. € 80 bis ca. € 230
- Zeitungsanzeigen ca. € 200 bis ca. € 400
- Trauerbriefe (30 Stück) (ohne Briefmarken) ca. € 100 bis ca. € 130
- Aufbahrung und Dekoration in Trauerhalle ca. € 70 bis ca. € 280
- Trauerredner ca. € 150 bis ca. € 400
- Geistliche kostenlos (evtl. Fahrtkosten)

- Organist ca. € 35 bis ca. € 70
- besondere Musik ca. € 100 bis ca. € 300
- Kapellenschmuck (sofern nicht in den Bestattungskosten enthalten) ca. € 100 bis ca. € 250
- Kränze ca. € 100 bis ca. € 250
- Blumenschmuck auf dem Sarg ca. € 100 bis ca. € 250, auf der Urne ca. € 60
- Träger pro Person ca. € 20 bis ca. € 50 (bei Urnenbestattung zwei Träger, bei Sargbestattung sechs Träger)
- Beerdigungskaffeetrinken pro Person ca. € 10 bis ca. € 25
- Danksagungskarten (ohne Briefmarken) 30 Stück ca. € 60 bis ca. € 80
- Erste Grabaufmachung ca. € 200 bis ca. € 300
- Grabmal ca. € 300 bis ca. € 5000
- Grabpflege pro Jahr und Grabstelle ca. € 60 bis ca. € 600
- Weitere Kosten z.B. für Kühlung, längere Aufbahrung, verpflichtendes Grabkreuz etc. können entstehen.

Für einen guten Bestatter ist es selbstverständlich, dass gegen Ende des Gespräches vor der Auftragserteilung die Angehörigen diesen Auftrag schriftlich zur Verfügung gestellt bekommen. So können die Angehörigen auch vor der endgültigen Festlegung überblicken, welche Kosten auf sie zukommen. Das ausgefüllte Auftragsformular dient der Vermeidung späterer Unstimmigkeiten und hilft den in einer großen Anspannung stehenden Angehörigen, die Ergebnisse des Gespräches zu behalten und in einer ruhigeren Stunde noch einmal darüber nachzudenken.

Mit etwas Abstand kommen meist noch Fragen auf und es werden vielleicht – auch auf Wunsch anderer Angehöriger – Korrekturen an der geplanten Bestattung sinnvoll sein. Ein guter Bestatter berücksichtigt, dass die Angehörigen in der Situation zwischen Tod und Trauerfeier in höchster Anspannung stehen und oft kaum in der Lage sind, alle Konsequenzen ihrer Entscheidungen zu übersehen.

Abgesprochen werden muss in jedem Einzelfall, welche Kosten der Bestatter vorab bezahlt und später in Rechnung stellt und welche Kosten die Angehörigen direkt selbst begleichen sollen.

Man muss damit rechnen, dass bei manchen Bestattern (schon vor dem Besuch klären) und manchen Friedhöfen Gebühren und Kosten *vor* einer Beerdigung fällig werden und beglichen werden müssen.

Üblicherweise gibt der Bestatter den Angehörigen bei ihrem Besuch die vereinbarte Anzahl an Briefumschlägen (und Briefmarken) mit, damit sie bis zur Fertigstellung der gedruckten Traueranzeigen schon die Briefumschläge mit Adressen versehen können. Der Bestatter weiß normalerweise auch, wo die Trauerbriefe noch spät bei der Post aufgegeben werden können, damit sie möglichst schnell die Adressaten erreichen.

Nach einem Todesfall ist ein Preisvergleich zwischen den Angeboten verschiedener Bestatter realistisch gesehen nicht mehr möglich. Im Vorfeld ist es durchaus sinnvoll, die Preise verschiedener Bestatter für vergleichbare Leistungen zu erfragen. Dabei muss man allerdings beachten, dass die Bestatter bei etlichen Preisen nur die Kosten anderer Institutionen weitergeben (Friedhofskosten, Blumengeschäfte, Urkunden, Zeitungsanzeigen etc.).

4.2.3. Einen Sarg kaufen

Einer der emotional berührendsten Momente des Besuches beim Bestatter ist die Auswahl des Sarges. Vom einfachen Sarg aus Nadelholz bis zum teuren Eichensarg haben viele Bestatter eine Anzahl Särge zur Auswahl vorrätig. Schlicht oder rustikal, modern oder mit Altmessingbeschlägen – die Angehörigen sind meist hin- und hergerissen: Einerseits sollte der Sarg möglichst preiswert sein, andererseits fürchtet man, dass Trauergäste einen einfachen Sarg als mangelnde Wertschätzung für den Toten ansehen könnten. Dass dabei manchmal auch ein schlechtes Gewissen eine Rolle spielt oder nachträglich eine erheblich höhere Wertschätzung ausgedrückt werden soll, als sie in Wirklichkeit bestanden hat, erleben die Bestatter bei den Gesprächen zur Auswahl des Sarges. Wenn dann statt vom Sarg vom „Letzten Möbel" gesprochen wird, wird die emotionale Saite bei den Angehörigen erheblich in Schwingung versetzt.

Deshalb ist Vorsicht angebracht: Der Sarg dient dem Transport des Toten zu seiner letzten Ruhestätte. Im Grab wird und muss der Sarg leicht verrotten, damit auch der Tote verwesen und wieder zu Erde werden kann. Normalerweise ist nach einem halben bis fünf Jahren der Sarg so morsch, dass sein Deckel durch die Last der Erde auf ihm zusammengedrückt wird. Man merkt das daran, dass das Grab eingesunken ist und neu zurecht gemacht werden muss.

Als in den achtziger Jahren des letzten Jahrhunderts durch die HIV-Infektionen viele sehr junge Menschen starben, hat sich Trauerkultur an einigen Stellen gewandelt: Nicht mehr nur alte Menschen weit jenseits des Arbeitslebens setzten sich mit dem Tod auseinander, sondern eine junge Generation versuchte, das damals unabwendbare Sterben bewusst zu gestalten und dem Abschiednehmen und Tod eine persönliche Note zu geben. Überkommene Riten und übliche Zeremonien wurden hinterfragt und mit neuen Akzenten versehen. Zum Beispiel haben einige Kranke sich frühzeitig ihren eigenen Sarg zusammengebaut oder einen gekauften Sarg durch Bemalung gestaltet. Ein kreativer Versuch, sich den unabwendbaren Tod persönlich anzueignen und ihn als letzten Teil des eigenen Lebens mit seinen individuellen Merkmalen zu gestalten: Der Sarg als ein letztes Kunstwerk. Allerdings haben sich bemalte Särge nicht durchgesetzt: Es sind seltene Einzelfälle geblieben, dass Menschen in einem individuell gestalteten Sarg beerdigt werden.

Zwei besondere Arten von Särgen sollen noch erwähnt werden:

- Ein luft- und wasserdichter Zinksarg mit Druckausgleichsfilter ist für den Transport eines Leichnams per Flugzeug vorgeschrieben. Die Bestattung in einem solchen Sarg ist allerdings in Deutschland weitgehend untersagt, da er den Verwesungsprozess verhindert und so dem Sinn einer Bestattung zuwiderläuft.
- In vielen (nicht allen) muslimischen Ländern ist eine Bestattung nur im Leinentuch üblich. Diese Regel hat sicher auch etwas damit zu tun, dass in vielen Ländern Holz eine sehr große Kostbarkeit ist und nicht in ausreichender Menge preiswert für Särge zur Verfügung steht. Da andererseits in manchen europäischen Ländern der Leichentransport nur in Särgen gestattet ist, gibt es Särge, die als Boden eine Doppelklappe haben, die dann im Grab geöffnet werden kann und den verhüllten Leichnam auf dem Boden des Grabes zurück lässt.

4.2.4. Eine Urne kaufen

Auch für die Verbrennung eines Leichnams im Krematorium ist ein Holzsarg zwingend vorgeschrieben. Einfachstsärge aus Pressspan oder Karton sind dazu wegen des Schadstoffausstoßes, der durch Klebstoffe und Ähnliches verursacht wird, nicht geeignet.

Die Urne des Krematoriums ist normalerweise eine Büchse aus dünnem, leicht verrottbarem Blech. Für die Trauerfeier und das Begräbnis bieten Bestatter eine reiche Auswahl unterschiedlich gestalteter

Überurnen an, deren Preis leicht mehrere hundert oder gar tausend Euro übersteigen kann. Der Verkauf dieser Urnen ist wie der Verkauf der Särge eine Geschäftsgrundlage vieler Bestatter. Solche Urnen können aus den unterschiedlichsten Materialien gestaltet sein: Allerdings müssen die Materialien verrottbar sein oder aus Naturmaterialien wie Glas bestehen. Sind nach der vorgeschriebenen Liegezeit noch Materialien auffindbar, werden sie vor der nächsten Bestattung unter dem Boden eingegraben.

In der Anspannung kurz nach einem Todesfall fällt es vielen Angehörigen schwer, beim Kauf der Urne oder des Sarges rationale Gedanken zu haben und sich nicht von Emotionen gefangen nehmen zu lassen. Eine preiswerte Urne ist wie eine teure nur für kurze Zeit während der Trauerfeier und während des Weges zum Grab sichtbar und verschwindet dann für immer in der Erde. Wer in eine wertvolle Urne investiert, hat nur kurze Zeit etwas davon; die Wahl eines besseren und teureren Grabes zahlt sich hingegen über zwei oder drei Jahrzehnte bei Besuchen aus.

Trauernden Angehörigen kann man beim Besuch des Bestatters nur raten, sich der emotionalen Ausnahmesituation, in der sie sich befinden, bewusst zu sein: Mit hohen Investitionen kann das Verhältnis zu dem Verstorbenen nachträglich in keiner Weise verändert werden. Teure Urnen, Särge und Gräber vermögen nicht, auf Dauer ein schlechtes Gewissen zu besänftigen.

4.2.5. Totenkleid

Bestatter bieten normalerweise eine ganze Reihe unterschiedlicher Bekleidung für den Verstorbenen an. In manchen Regionen ist es üblich, dass der Verstorbene in seiner besten Kleidung (schwarzer Anzug) bestattet oder verbrannt wird. Auch anderswo legen die Bestatter dem Verstorbenen auf Wunsch die von den Angehörigen mitgebrachte beste (oder Lieblings-)Kleidung an. Dabei haben viele Friedhöfe und Krematorien aus Umweltschutzgründen die Vorschrift, dass nur Kleidung aus Naturstoffen und nicht Kleidung mit chemischen Fasern benutzt werden darf.

Die gleichen Vorschriften gelten auch für die Kissen und Decken im Sarg, auf denen der Verstorbene gebettet wird. Auch hier haben die Bestatter eine große Auswahl unterschiedlicher Angebote, die man sich nach seinem Geschmack aussuchen kann. Vorgeschrieben sind solche Inhalte für den Sarg nicht. Allerdings muss der Sarg mit einer undurchlässigen Folie ausgekleidet sein, die später verrottet, damit aus dem Sarg keine Körperflüssigkeiten des Leichnams heraustropfen können.

4.2.6. Blumendekoration für Sarg, Urne und Kapelle

Wenn die Angehörigen nicht selbst in einem Blumengeschäft Kränze und den Blumenschmuck für die Kapelle bestellen, dann zeigt der Bestatter Bilder mit Möglichkeiten für Sargdekorationen, Kapellendekorationen (wird oft auch vom Friedhof in einfacher Ausfertigung gestellt), Kränze und Gestecke und bestellt sie gegebenenfalls beim Blumengeschäft (➡ 12.10.). Des Weiteren kann er dafür sorgen, dass bei der Trauerfeier kleine Blumensträuße bereitliegen, die die Angehörigen später ins Grab werfen können. Auch Formulierungsvorschläge für Kranzschleifen und Gestecke hält ein Bestatter bereit.

4.3. Zeitpunkt der Bestattung

4.3.1. Rechtliche Vorschriften für den Zeitpunkt der Bestattung

Die Bestattung darf normalerweise frühestens 48 Stunden nach dem Tod durchgeführt werden, um jede Gefahr auszuschließen, dass der Tod versehentlich bescheinigt wurde. Ein Leichnam ist innerhalb von acht Tagen zu bestatten.

Ein Arzt muss einen Totenschein ausstellen. Wenn der Arzt bei der Untersuchung des Toten Zweifel bekommt, dass der Tod aus natürlichen Ursachen eingetreten ist, oder auch bei Unfällen und möglichen Selbsttötungen wird die Staatsanwaltschaft tätig. Erst wenn sie ihre Untersuchungen abgeschlossen hat, wird der Leichnam zur Bestattung freigegeben. Erst dann kann auch der Bestattungstermin festgesetzt werden. *Zum Benachrichtigen eines Arztes* ➡ *3.11.*

4.3.2. Festlegung des Termins

Der Bestattungstermin wird in Absprache zwischen den Wünschen der Angehörigen, den Möglichkeiten des Friedhofs, des Pfarrers oder Trauerredners und des Organisten festgelegt. Normalerweise koordiniert das Bestattungsinstitut diese Terminsuche. Mit Rücksicht auf von weither anreisende Angehörige und ihre notwendigen Urlaubstage werden der Freitag, der Samstag (vielerorts nicht möglich) und der Montag als Termin für die Trauerfeiern immer beliebter. An Sonntagen finden keine Beerdigungen statt.

Bei manchen städtischen Friedhofsverbänden werden die Träger vormittags auf dem einen und nachmittags auf einem anderen Friedhof eingesetzt, außerdem kann die Anzahl der täglichen Beerdigungen begrenzt sein. Daher gibt es teilweise wenig zeitlichen Spielraum für einen Termin.

Sollte es sehr wichtig sein, noch an einem bestimmten Tag einen Termin zu bekommen, dann kann der Bestatter mit dem Friedhofsamt verhandeln, ob durch Übernahme von Überstundenzuschlägen, durch die Bezahlung von Zusatzstunden für das beteiligte Friedhofspersonal oder durch die Finanzierung eines Taxis für die Träger statt der normalen Busfahrt zum nächsten Friedhof eine Ausnahmegenehmigung möglich ist.

Zum Abstand zwischen Tod und Bestattung ⟶ *6.1.*

4.4. Aufbahrung im Trauerhaus: In Ruhe Abschied nehmen

Früher war die Aufbahrung im Trauerhaus eine Selbstverständlichkeit. In seinem besten Anzug, dem festlichsten Kleid oder auch in schwarzer Kleidung wurden Verstorbene im Wohnzimmer oder im Schlafzimmer in einem offenen Sarg aufgebahrt. Erst kurz vor Beginn des Trauergottesdienstes wurde der Sarg geschlossen und zur Kirche transportiert. Diese Aufbahrung zu Hause erleichterte das Abschiednehmen, da die Realität des Todes einige Stunden oder Tage lang deutlich sichtbar vor Augen stand und man sich damit eine ganze Zeit lang konkret auseinandersetzen musste. Auch bestand so die Möglichkeit für die Familienmitglieder, ein letztes Mal mit dem Verstorbenen alleine zu sein und in stillem Zwiegespräch Abschied zu nehmen.

Die Aufbahrung zu Hause ist heute nach den Bestattungsgesetzen normalerweise für 48 Stunden erlaubt, für eine längere Aufbahrung kann man problemlos eine Erlaubnis des Ordnungsamtes einholen.

Was oft nicht bedacht wird: Der Tote war nicht nur Ehemann oder Ehefrau, Vater oder Mutter, Großvater oder Großmutter – er war auch Nachbar, Arbeitskollege, Sportkamerad und Freund. Der Tod reißt hier eine Lücke in bestehende Sozialbeziehungen. Nachbarn und Freunde leiden oft sehr, wenn ein enger Bekannter stirbt, der vielleicht sogar jünger an Jahren ist und mit dessen Tod man überhaupt nicht rechnete. Die Aufbahrung in der Wohnung gab ihnen Gelegenheit, den Tod zu begreifen und gut Abschied zu nehmen.

4.5. Aussegnung durch einen Geistlichen: Glaubensrituale als Hilfen und Trost

Religiöse Rituale gibt es viele beim Übergang vom Leben zum Tod. Der Sterbende braucht Hilfe und Stärkung durch seinen Glauben, aber auch Angehörige haben Beistand oft bitter nötig. Sterbesegnung, Krankensalbung, Totenwache und Aussegnung sind nur einige der Riten, die mit Hilfen aus dem Glauben eine schwere Zeit erträglicher machen sollen.

Bevor der Leichnam, vielleicht nach der Aufbahrung, aus dem Haus getragen wird, findet in vielen Gegenden die Aussegnung durch einen Geistlichen oder durch Angehörige und Nachbarn statt. Mit den Angehörigen wird beim Übergang von der Sterbebegleitung zur Trauerphase gedankt, gebetet und der Segen gespendet. Texte für Aussegnungsfeiern ohne einen Geistlichen kann man auch in manchen Gesangbüchern finden. (➡ 3.12.).

Lit.: Ida Lamp, Karolin Küpper-Popp: Abschied nehmen am Totenbett. Rituale und Hilfen für die Praxis. Gütersloh 2006.

4.6. Überführung des Leichnams

Der Bestatter sorgt mit seinem Leichenwagen dafür, dass der Leichnam vom Sterbeort zu seinem Institut transportiert wird und nach dem Einsargen von dort zur Kirche oder zum Friedhof.

Der Transport eines Leichnams ist in Deutschland, wenn die Stadtgrenzen überschritten werden, nur bestimmten Personen oder Firmen mit dafür geeigneten Fahrzeugen gestattet. So dürfen zum Beispiel Krankentransportfahrzeuge der Feuerwehr oder von Hilfsorganisationen Verstorbene nicht transportieren. Im Falle eines Versterbens in ihrem Fahrzeug darf nur noch diese Fahrt zu Ende gebracht werden. Auch im Privatwagen darf ein Leichnam dann nicht transportiert werden.

Es zeigt eine große Rücksichtnahme auf die Nachbarn, wenn man in einem Mehrfamilienhaus den anderen Bewohnern vor dem Abholen des Leichnams Bescheid sagt. Die plötzliche unerwartete Konfrontation mit einem Leichentransport im Treppenhaus wird sonst möglicherweise als sehr unangenehm erlebt.

4.7. Totenwäsche, „das letzte Hemd" und Einsargen

Vor dem Einsargen hat der Bestatter den Verstorbenen noch einmal gewaschen, denn nach dem Eintritt des Todes verlieren die Körperöffnungen ihre Kraft.

Danach wird der Leichnam mit dem Totenkleid bekleidet, das die Angehörigen dafür vorgesehen haben: Sein bester schwarzer Anzug, ihr Lieblingskleidungsstück oder die beim Bestatter gekaufte Totenkleidung. Wenn Angehörige dem Verstorbenen symbolisch noch etwas mitgeben möchten, dann werden die meisten Bestatter diesen Wunsch erfüllen, sofern sie die Sachen rechtzeitig bekommen: Dem verstorbenen Kind ein Spielzeug oder dem Vater und der Mutter einen Brief oder eine Blume. Verlieren Kinder ein Elternteil oder Oma oder Opa, kann es eine gute und hilfreiche Geste sein, wenn sie eine Zeichnung oder einen Brief anfertigen können, die dann in den Sarg oder in das Grab gelegt werden. Voraussetzung ist dabei nur, dass die Sachen mit der Zeit verrotten können: Kunststoffe, auch Kleidung mit Kunstfasern, dürfen nicht mit in den Sarg. Von Schmuck, Geld oder wertvollen Sachen sollte man Abstand nehmen, um nicht Grabräuber anzulocken.

4.8. Thanatopraktische Behandlung („Schminken" des Verstorbenen): Gut in Erinnerung behalten

Unmittelbar nach Eintritt des Todes sacken die Körperflüssigkeiten, auch das Blut, in die tiefer gelegenen Schichten des Körpers. Damit bekommt das Gesicht eine fahle Farbe, das Aussehen verändert sich.

Damit Abschied nehmende Angehörige nicht geschockt werden von den mit dem Tod einhergehenden körperlichen Veränderungen, gibt es seit einigen Jahren Methoden, dem Gesicht nach dem Tod wieder ein natürliches, ursprüngliches Aussehen zu geben: Die thanatopraktische Behandlung, eine vor allem kosmetische Arbeit, gestaltet den Leichnam so, dass Angehörige leichter Abschied nehmen können.

Andererseits kann auch nach einem Lebensende voller Schmerzen im Gesicht eine Entspannung deutlich sichtbar werden und der Verstorbene einen ganz entkrampften friedlichen Ausdruck bekommen.

Für Auslandsüberführungen kann in einigen Ländern eine Einbalsamierung notwendig sein: Das Blut wird dann durch Formalin ersetzt. Diese Chemikalie verhindert die Verwesung. Bei der Bestattung darf allerdings kein Formalin mehr im Körper sein.

4.9. Aufbahrung im Bestattungsinstitut und Abschiednehmen: Den Toten „begreifen" erleichtert das Akzeptieren des Todes

Bestatter machen immer wieder die Erfahrung, dass Angehörige sie bitten, den Leichnam so schnell wie möglich abzuholen, und sei es mitten in der Nacht. Gemeinsam mit einem Verstorbenen in der Wohnung zu bleiben, erscheint vielen heute undenkbar. Sie verzichten dadurch allerdings auf die Möglichkeit, in gänzlicher Ruhe Abschied zu nehmen, sich noch einmal neben dem Verstorbenen an Momente des gemeinsamen Lebensweges zu erinnern und sich ganz allmählich auf die neue Situation einzustellen. In der Hektik der nächsten Tage fehlt zu einem solchen besinnlichen Abschied die Zeit.

Sowohl viele Seniorenheime, Krankenhäuser und Pathologien als auch Bestatter besitzen besonders gestaltete Abschiedsräume, um den Angehörigen Zeit und ungestörte Ruhe zum Abschiednehmen zu ermöglichen.

Besonders nach tödlichen Unfällen oder anderen unerwarteten Todesfällen wie zum Beispiel Selbstmorden haben Angehörige den ganz dringenden Wunsch, den Verstorbenen noch einmal anschauen zu können. Dieser Wunsch ist sehr verständlich und zu unterstützen, denn den Tod mit den Augen, auch mit der Nase und eventuell mit dem Gefühl beim Anfassen des toten Körpers wahrzunehmen, also mit den Sinnen, hilft sehr gut, ihn als unabweisbare Tatsache zu akzeptieren:

153

Für den Prozess des Abschiednehmens und Trauerns, wie ihn Elisabeth Kübler-Ross und Verena Kast beschrieben haben, ist diese sinnliche Wahrnehmung ein wichtiger Schritt (→ 3.13., 4.4 und 7.10.)

Allerdings gibt es eine gewichtige Ausnahme: Wenn der Verstorbene durch den Sterbeprozess oder durch den Unfall so verunstaltet wurde, dass eine thanatopraktische, kosmetische Behandlung seine früheren Gesichtszüge nicht annähernd wiederherstellen konnte, dann sollte man von einem letzten Ansehen des Toten Abstand nehmen, bzw. nur die Hand oder den Fuß des Toten anschauen und berühren. Die Bilder von dem verunstalteten Toten könnten sich sonst so fest im Gedächtnis festsetzen, dass sie das Andenken an den Verstorbenen prägen. Dann ist es besser, das bisherige lebendige Bild des Verstorbenen im Gedächtnis zu halten.

Bestatter wissen heute, wie wichtig die sinnliche Wahrnehmung des Todes ist, und unterstützen normalerweise diese letzte Begegnung, soweit es möglich ist. Deshalb sollte man ihre Warnung ernst nehmen, wenn sie davon abraten, den Toten anzusehen. Wenn Angehörige von der Polizei gebeten werden, einen durch einen Unfall Verstorbenen zu identifizieren, kann es vielleicht genügen, den Beamten unverwechselbare Kennzeichen des Toten, z.B. Narben, zu benennen.

Normalerweise ist die Begegnung mit einem Toten auch für Kinder eine wichtige, weil eigentlich natürliche Sache. Deshalb sollten Kinder nicht davon ausgeschlossen werden. Das sinnliche Begreifen, zu spüren, wie kalt der tote Körper ist, kann Kindern das Verständnis des Todes erleichtern. Das Fühlen der Hand oder des Gesichtes nimmt die Scheu, den Toten zu berühren. Allerdings sollte der Anblick eines total veränderten oder verunstalteten Gesichtes den Kindern erspart bleiben. Kinder können so frühzeitig begreifen, dass Sterben und Tod normales und selbstverständliches Ende eines jeden Lebens sind.

Kurz vor der Trauerfeier, wenn alle Angehörigen, die es gewünscht haben, am offenen Sarg Abschied genommen haben, schraubt der Bestatter den Deckel auf den Sarg.

4.10. Trauerkleidung – die Verdrängung des Todes aus dem öffentlichen Leben

Schwarz ist die in Deutschland übliche Farbe der Trauerkleidung, in anderen Ländern oft auch die Farbe Weiß. In den vergangenen Jahrhunderten gab es festgelegte Zeiten, in denen Angehörige üblicherweise schwarz trugen: zum Beispiel fünf Jahre schwarz für den Witwer oder die Witwe, drei Jahre nach dem Tod eines Kindes, ein Jahr nach dem Tod des Bruders oder der Schwester. Angesichts großer Familien mit mehreren Kindern bzw. Geschwistern kamen Menschen über fünfzig fast nicht mehr aus ihrer schwarzen Kleidung heraus.

Seit Mitte des vorigen Jahrhunderts hat es hier einen Wandel gegeben. Schwarz ist fast ganz aus dem Straßenbild der Städte verschwunden. Wenn man einen Mann heute in schwarzer Kleidung sieht, kann man fast sicher sein, dass er auf dem Weg zu oder von einer Beerdigung ist. Im Berufsleben wird es nicht einmal mehr gern gesehen, wenn der Trauernde in den Tagen nach der Beerdigung von Vater oder Mutter einen schwarzen Schlips oder ein kleines schwarzes Band am Anzugrevers trägt. Der Tod ist zur Privatsache geworden und soll das öffentliche Leben, respektive das Berufsleben, möglichst nicht mehr beeinträchtigen. Der Mensch muss möglichst reibungslos funktionieren, selbst in den kritischsten Momenten seines Lebens: In seiner Auseinandersetzung mit Tod und Leben, mit dem Tod eines nahen Angehörigen und mit seinem eigenen Tod.

So bringt dieses Verschwinden der schwarzen Trauerkleidung einen bedeutenden Nachteil mit sich: Der trauernde Angehörige wird nicht mehr als Trauernder erkannt. Auf seine Trauer können die Menschen, auch im Beruf, keine Rücksicht mehr nehmen, weil er keine Signale für seine Trauer gibt.

Das ist schade für den Trauernden: Er erlebt im hektischen Berufsleben keine Phase, in der auf seine Gefühle und seine Gemütsverfassung Rücksicht genommen wird. Er wird nicht angesprochen auf den Verlust und bekommt keine Beileidsbezeugungen.

Das ist aber auch schade für die Mitmenschen, die so eine Welt weitgehend ohne Trauer erleben und kaum noch Gelegenheit haben, von sich aus Trauernde auf ihre Situation anzusprechen. Gespräche aber würden beiden helfen: Dem Trauernden und dem, der im Moment nicht trauern muss, sich aber innerlich damit auseinandersetzt, wie er beim Tod eines nahen Angehörigen Abschied und Trauer ertragen kann.

Manche Menschen wünschen sich für Ihre Abschiedsfeier bewusst, dass keine schwarze Kleidung getragen wird. Einen solchen Wunsch sollte man respektieren. Dennoch kann aus Achtung gegenüber der Würde des Abschiednehmens die Kleidung ein höheres Niveau haben als alltägliche Straßenkleidung.

4.11. Bekanntmachung des Todes und Einladung zur Trauerfeier

In dörflicher Atmosphäre sprach es sich früher schnell herum, wenn einer verstorben war. Ein Nachbar hatte seit alters her die Pflicht, Bürgermeister und Pfarrer zu benachrichtigen und den anderen an einer Beerdigung Beteiligten wie auch den Nachbarn Bescheid zu sagen. Dann wurde an die Haustür ein schwarzer Trauerflor gehängt, sodass es jedem deutlich war: Hier ist jemand gestorben.

Checkliste 6 „Wer von dem Todesfall wie informiert werden soll" möchte den Angehörigen Hinweise für diese Aufgabe geben (⟶ 11.10. und Checkliste 6 in Kapitel 4.11.10.).

4.11.1. Anrufen

Heute dienen das Telefon oder andere moderne Kommunikationsmittel wie SMS dazu, einen Todesfall schnell bekannt zu machen.

Es ist eigentlich selbstverständlich, dass enge Angehörige möglichst umgehend benachrichtigt werden sollten. Doch halt! Keine unangebrachte Lust am Übermitteln einer Sensation. Vorher sollte man kurz zweierlei überlegen:

- Wie wird der Angehörige diese plötzliche und unerwartete Nachricht wohl verkraften: In welcher Situation ist er? Ist jemand bei ihm, der im Falle eines Zusammenbruchs helfen kann? Besteht die Gefahr eines Suizids? Enge Angehörige sollten möglichst nie per Telefon von einem unerwarteten Tod unterrichtet werden, wenn sie alleine sind. Besser ist es, jemand anders zu benachrichtigen, der die Todesnachricht persönlich überbringen kann und in der ersten Zeit des Schocks bei dem Angehörigen bleiben kann. Freunde sind bessere Überbringer schlechter Nachrichten als das Telefon.

- Wie wird der Angehörige reagieren? Wird er sich ins Auto setzen und nach Hause rasen? Das wäre die schlechteste und gefährlichste Variante. Die sollte man auf jeden Fall verhindern und eventuell Alternativen formulieren: „Der Vater ist tot. Bevor du jetzt über die Autobahn rast, komme besser morgen mit dem Zug und nimm übermorgen im Bestattungsinstitut in Ruhe Abschied. Bei deiner Mutter bleibe heute ich!"

Entfernt wohnende Angehörige, Verwandte und Freunde, die man gerne bei der Trauerfeier dabei haben möchte, sollte man bald nach Eintritt des Todes telefonisch unterrichten, damit sie sich darauf einstellen können, für die Trauerfeier eine weitere Anreise auf sich zu nehmen, eventuell Urlaub einzureichen oder eigene Termine verlegen zu müssen. Unhöflich und unsensibel ist es, wenn engere Angehörige erst durch einen Trauerbrief von einem Todesfall erfahren (➟ 4.11.10. und 11.10.).

Auch eine Todesnachricht durch SMS oder E-Mail zu überbringen, kann nur für entfernte Bekannte oder Verwandte in Frage kommen: Als schnelle Benachrichtigung vor dem Eintreffen des Trauerbriefes können SMS und E-Mails zur frühzeitigen Organisation des Besuchs der Trauerfeier hilfreich sein, als Information für nähere Betroffene sind sie unangebracht.

Kaum jemand wird als Freund oder Freundin absagen, wenn man telefonisch um Beistand und Hilfe bei den anstehenden Aufgaben gebeten wird. Solche nahestehenden Menschen können auch manche Telefonate zur Überbringung der Todesnachricht besser und gefasster führen als Witwe oder Witwer.

Wenn nach langer Krankheit jederzeit, auch nachts, mit dem Tod gerechnet werden muss, dann kann und sollte man durchaus Kinder oder Freunde bitten, nachts ihren Anrufbeantworter nicht anzustellen, sondern das Telefon klingeln zu lassen, damit man im Falle des Todes auch nachts anrufen kann und jemanden erreicht.

4.11.2. Persönliche Bekanntgabe

Manchmal wird der Eintritt des Todes bei einem schwerkranken Menschen lange erwartet: Der Tod ist für den Verstorbenen und für die Angehörigen eine „Erlösung" auf dem unumkehrbaren Weg eines immer größeren körperlichen und geistigen Verfalls. Die Angehörigen sind erleichtert, dass der Sterbende es „geschafft" hat. Die Trauer des Abschieds wird geprägt durch dieses Ende eines zuletzt sehr mühsamen Lebensweges. In einer solchen Situation hat vielleicht der oder die Hinterbliebene selbst die Kraft, einigen Nachbarn, Freunden oder Vereinskameraden die Todesnachricht persönlich zu überbringen. Dann wissen diese aus erster Hand, wie es der Witwe oder dem Witwer geht und können in den folgenden Tagen bei den bevorstehenden Aufgaben

hilfreich zur Seite stehen. Die Scheu, den ersten Schritt zur Kontaktaufnahme machen zu müssen, ist dann vorbei.

4.11.3. Traueranzeige

Viele Menschen schlagen in einer Tageszeitung immer zuerst die Traueranzeigen auf. Das Schicksal von Nachbarn, Bekannten, Arbeitskollegen,
Sportfreunden oder gleichaltrigen Schulkameraden interessiert mehr als
die Weltpolitik. Mit einem Blick auf die Geburtsdaten der Verstorbenen
wird innerlich spekuliert, wie nahe der eigene Todestermin wohl gerückt
sein mag. Die Signale aus den Traueranzeigen werden registriert und mit
den eigenen Erlebnissen mit dem Verstorbenen verglichen.

Die Traueranzeige dient nicht nur dem Bekanntgeben eines Todes-
falles und der öffentlichen Ankündigung einer Bestattung. Sie informiert
indirekt durch sprachliche Aussagen auch über nähere Umstände des
Todes:

- „plötzlich und unerwartet"
- „nach langer schwerer Krankheit"
- „er hat seinen Kampf verloren"
- „versehen mit den Sterbesakramenten der Kirche"

Aus manchen Formulierungen kann man eventuell herauslesen,
dass der Verstorbene seinem Leben selbst ein Ende gesetzt hat: „Er
hat uns verlassen". Nicht selten signalisieren auch Bitten, lieber für
eine Einrichtung zu spenden statt Kränze zu bestellen, was dem Verstorbenen wichtig war. Spenden für eine Senioreneinrichtung oder
ein Hospiz lassen Vermutungen über seine letzte Lebenszeit zu, ebenso wie Spendenbitten für Selbsthilfegruppen für Kranke oder deren
Angehörige.

Traueranzeigen sollten keine Zeugnisse sein: Sie zeigen nur an, dass
ein Mensch verstorben ist. Und dieser Mensch hatte wie jeder andere
Mensch seine guten und seine weniger guten Seiten.

Bei Formulierungen des Lobes oder der Dankbarkeit in Traueranzeigen sollte deshalb Bescheidenheit angesagt sein: Die Menschen aus
dem näheren Umkreis kennen die vielfältigen Wahrheiten in den Beziehungen und haben ihr eigenes Bild. Formulierungen in Traueranzeigen können dieses Bild nicht verändern. Da jeder Mensch als Kind
seine eigene Mutter als die „beste Mutter der Welt" ansieht, sind solche
Bewertungen in Traueranzeigen fehl am Platze.

Die früher üblichen Firmenanzeigen beim Tod von Betriebsangehörigen und Ruheständlern sind heute weitgehend verschwunden. Aus Sparsamkeitsgründen haben viele Firmen solche Anzeigen gestrichen. Schade, weil diese Anzeigen eine Wertschätzung des früheren Mitarbeiters signalisierten. Sicher spielt bei dieser Entwicklung auch eine Rolle, dass der Tod heute Privatsache geworden ist (➠ 4.10.).

Bedenken sollte man bei der Auswahl der Zeitung die unterschiedliche Leserschaft: Abonnementszeitungen erreichen einen anderen Leserkreis als die wöchentlich erscheinenden kostenlosen Anzeigenblätter, die auch Todesanzeigen abdrucken.

Jüngere Menschen erreicht man mit einer Todesanzeige immer weniger, da viele von ihnen kaum noch Zeitungen lesen, sondern sich ihre Informationen aus dem Internet holen. Wenn ein Mensch mit einem jungen Bekanntenkreis gestorben ist, zum Beispiel ein Jugendlicher, Lehrer oder Sportleiter, dann sollte man gezielt jüngere Menschen bitten, über die Kanäle von Facebook etc. diese Todesanzeige zu verbreiten.

Leider haben nicht alle Menschen Respekt vor Tod und Trauer. Einige Diebe haben die Masche entwickelt, gerade zur Zeit der Trauerfeier in Häuser und Wohnungen einzubrechen. Sie gehen davon aus, dass zu dieser Zeit mit Sicherheit niemand in der Wohnung ist. Die Daten der Beerdigung und die Adresse sind in Anzeigen leicht zu finden. Damit man nicht eine böse Überraschung erlebt, nennen manche Angehörige in der Todesanzeige als Kondolenzanschrift die Anschrift des Bestattungsinstitutes. Da das gerade in Großstädten und bei sehr gebräuchlichen Namen über die Identität des Verstorbenen Verwirrung stiften kann, kann man besser dafür sorgen, dass während der Trauerfeier jemand die Wohnung bewacht (➠ 4.17.).

4.11.4. Trauerkarten, Adressen

Um Verwandte, Bekannte und Freunde zu informieren, die nicht im Erscheinungsgebiet der örtlichen Tageszeitung wohnen, können die Angehörigen Trauerbriefe versenden. Für die Texte bieten die Bestattungsinstitute eine Reihe von Vorlagen an, und sie sind während des Beerdigungsgesprächs auch bei den Formulierungen behilflich.

Wenn Sie eine Überschrift für den Trauerbrief suchen, finden Sie in diesem Buch (➠ 6.4.12.) eine Auswahl von Bibelversen oder allgemeinen Sprüchen. Manchmal wird auch der Tauf- oder Konfirmations-spruch genommen. Geeignete Verse findet man auch auf diversen Internetseiten. Allerdings sollte man schon ein Gespür dafür haben, welcher Spruch zum Verstorbenen passt: Ein sehr frommer Spruch für jemanden, der in den letzten Jahren nie einen Fuß in eine Kirche gesetzt hat, wird von den Empfängern leicht als unpassend empfunden. Bei dem Trauerbrief sollten das Wesen, das Denken und die Weltanschauung des Verstorbenen und die Dankbarkeit für sein Leben im Mittelpunkt stehen.

Trauerbriefe werden immer eleganter: Der bloße Text wird häufig durch Zeichnungen und Symbole aufgelockert. Allerdings sind nicht selten bei Trauerbriefen und Anzeigen mit einem unterlegten grauen Bild (oft von Bäumen) die Texte in grauer Schrift nur schwer lesbar: Das ist für ältere Menschen keine gute und hilfreiche Gestaltung der Traueranzeige oder des Briefes.

Beim Trauergespräch, bei dem der Text des Briefes entworfen wird, bringen viele Bestatter schon einmal eine Anzahl von Briefumschlägen und Briefmarken mit, damit die Angehörigen im Laufe des Tages diese Umschläge beschriften können. So können die Trauerbriefe, sobald sie gedruckt sind, schnell zur Post gebracht werden und ihre Empfänger möglichst bald erreichen. Bei manchmal sehr frühen Leerungszeiten der Briefkästen lohnt sich die Fahrt zur nächsten Poststelle oder zu einem Briefkasten mit Spätleerung. Der Bestatter kann dazu Hinweise geben.

Hilfreich ist es, wenn der Verstorbene frühzeitig vor seinem Tod schon eine Liste mit Adressen angefertigt hat (⟶ 11.10 und Checkliste 6 im Kapitel 4.11.10.). Die Angehörigen haben sonst oft große Mühe, die Adressen und Namen derjenigen herauszufinden, die benachrichtigt werden sollen. Im Grunde ist der Verstorbene der einzige, der kompetent die Adressaten hätte aufschreiben können: Verwandte, Bekannte, Arbeitskollegen, Schulfreunde, Sportkameraden, Ferienbekanntschaften … Vereine oder Institutionen, in denen der Verstorbene Mitglied oder aktiv war, sollten nicht übersehen werden.

In Häusern mit mehreren Wohnungen wie auch in Seniorenheimen ist es oft üblich, dass eine Traueranzeige an das schwarze Brett am Eingang gehängt wird.

Häufig werden den Trauerbriefen kleine Kärtchen beigelegt, auf denen zur Nachfeier, dem Beerdigungskaffee oder Leichenschmaus, in ein Gemeindehaus oder eine Gaststätte eingeladen wird.

4.11.5. Spenden statt Kränze

In vielen Traueranzeigen oder Trauerbriefen werden die Empfänger gebeten, statt eines Kranzes oder Gesteckes für eine soziale Einrichtung zu spenden. Besonders bei Urnenbegräbnissen kann am Grab einfach zu wenig Platz für großen Blumenschmuck sein.

Oft sind die für eine Spende vorgesehenen Institutionen mit dem letzten Lebensabschnitt des Verstorbenen verbunden: seine Kirchengemeinde, das Seniorenheim oder ein Hospiz. Vielfach wollte der Verstorbene wegen seines Hobbys oder seiner eigenen ehrenamtlichen Tätigkeit diese Gelder einer bestimmten Institution zukommen lassen.

Wenn man ohne solche persönlichen Beziehungen einen Empfänger aussucht, dann würdigen kleinere Einrichtungen abseits großer öffentlicher Aufmerksamkeit Spendeneingänge mehr als Institutionen, die stets im Blickpunkt stehen: An Kinderkrebsinitiativen denken Menschen schnell, viele andere tödlich verlaufende Krankheiten bei Kindern (z. B. Muskelschwund) stehen eher im vergessenen Dunkel und haben Hilfen bitter nötig.

Wer die Trauergäste um eine solche Spende an eine Institution bittet, bekommt anschließend auf Wunsch von dieser Institution eine Liste der Personen, die eine Spende überwiesen haben, sodass er sich bedanken kann. (Stichwort: Name des Verstorbenen, Wohnort angeben.)

Die Spender können ihre Überweisung an eine gemeinnützige Institution im Normalfall beim Finanzamt geltend machen: Bis zu € 200 gilt der Überweisungsträger gegenüber dem Finanzamt als Beleg, für darüber hinausgehende Beträge ist eine Spendenbescheinigung notwendig.

Beispiele für Spendenkonten:

* *Brot für die Welt*, Konto 500 500 500, Bank für Kirche und Diakonie, BLZ 1006 1006, IBAN: DE10 1006 1006 0500 500 500, BIC: GENODED1KDB
* *Misereor*, Konto 10 10 10, Pax-Bank Aachen BLZ 370 601 93, IBAN: DE75 3706 0193 0000 1010 10, BIC: GENODED1PAX
* *Kindernothilfe*, Konto 45 45 40, KD-Bank, BLZ 350 601 90, IBAN: DE92 3506 0190 0000 4545 40, BIC: GENODED1DKD

161

- *Deutsches Rotes Kreuz DRK,* Konto 41 41 41, Bank für Sozialwirtschaft BLZ 370 205 00, IBAN: DE 63 3702 0500 000 5023307, BIC: BFSWDE33XXX

Die Kontonummern von lokalen Hospizdiensten, Kirchengemeinden, Tafeln, Bürgerinitiativen oder sozialen und diakonischen Einrichtungen haben die Bestatter meistens vorliegen.

4.11.6. Mit Kindern reden

Kinder begreifen erst ab etwa dem zehnten Lebensjahr, was Tod und Sterben bedeutet. Vorher sind sie ganz besonders auf Verständnishilfen angewiesen: Das Jenseits ist für sie greifbar als das Jenseits jenseits der Wolken. Sich den verstorbenen Großvater als Stern am Himmel oder als Engel vorzustellen, kann für sie eine begreifbare Hilfe sein und ihnen noch eine gewisse Nähe zum Verstorbenen signalisieren: Er kann mich von oben sehen – auch wenn ich ihn nicht sehen kann. Engel und Schutzengel sind für kleine Kinder positiv besetzte Vorstellungen: „Er passt auf mich auf." Solche Gedanken und Gefühle helfen dabei, das Ende einer oft engen Beziehung zu verkraften. Die warmen Gefühle von Verlässlichkeit und Nähe machen eine Beerdigung erträglicher als das kalte Gefühl von Ende und Abbruch.

Eltern können bei ihren Kindern das Gefühl bleibender Nähe stärken, wenn sie ihre Kinder animieren, der Oma noch ein Bild zu malen oder einen Brief zu schreiben, den man dann mit in das Grab wirft. Kinder haben dann für sich ihre neue Herausforderung, das Erlebnis der Beerdigung wird geprägt von der Konzentration auf diese Aufgabe.

Zum Thema Kinder in der Trauerfeier ➠ 6.4.10.

> **Mit Kindern über den Tod reden**
> Für Kinder ist der Tod eine wichtige Lernchance: Sie werden immer wieder mit Tod und Sterben konfrontiert und es nützt wenig, dieses Thema von den Kindern fernzuhalten. Trauer und Abschiednehmen sind feste Bestandteile menschlichen Lebens. Den Tod ihres Hamsters oder den plötzlichen Tod ihrer Wüstenrennmaus müssen Kinder auch lernen zu verkraften. Und die Vorstellung eines Mäusehimmels ist für kleinere Kinder erträglicher als die Auseinandersetzung mit einem

kommenden Nichts. Im Gegenteil: Beim Tod eines geliebten Vogels, bei seinem Begräbnis im Garten oder Wald können Kinder die Erfahrung machen, wie man mit dem Ende eines Lebens würdevoll umgehen kann. Ihre Trauer ist ja eine sehr tiefgehende und schmerzliche Erfahrung: Die liebevolle Verabschiedung mit vielen Erinnerungen und mit ruhigem Begräbnis im Garten oder im Wald ist ein hilfreicher Trost.

Viele Gespräche und ein verständnisvolles Hören auf die Gedanken und Gefühle der Kinder helfen Eltern, ihren Kindern den Weg zum akzeptierenden Abschiednehmen zu erleichtern.

Glücklich können Kinder (und Eltern) sein, wenn ihre Kinder Lehrer haben, die beim Thema „Tod" nicht erschreckt ausweichen, sondern sich Zeit und Ruhe nehmen, mit den Kindern darüber zu sprechen. Das verstörte Kind, weil es morgens den toten Wellensittich im Käfig gefunden hatte, kann ein guter Anlass sein, mit der ganzen Klasse über Erfahrungen mit dem Tod von Tieren und von Angehörigen zu sprechen. Nicht wenige Kinder müssen ja schon in frühem Alter den Tod eines Elternteils oder von Geschwistern verkraften. Und eine Scheidung der Eltern kommt in ihrer Schmerzhaftigkeit dem Erlebnis des Todes durchaus sehr nahe.

Offenheit für Gespräche, die von den Kindern vielleicht auch erst einige Zeit nach dem Tod gewünscht und gebraucht werden, ist eine Hilfe für jedes Lebensalter.

Erst mit zehn bis zwölf Jahren beginnen Kinder zu begreifen, was Tod wirklich bedeutet. Erst dann verfügen sie über das nötige Abstraktionsvermögen. Religiöser Trost durch Jenseits- und Ewigkeitsvorstellungen beginnt dann, für sie eine Hilfe zu sein. Die Endlichkeit jedes Lebens, auch des Lebens ihrer Eltern, wird mit dem Gefühl erträglicher, dass sie selbst auf eigenen Füßen stehen können. Mit dem Abschied von naiven Weltvorstellungen der Märchen und dem tastenden Einfühlen in die Erwachsenenwelt wird die Auseinandersetzung mit Sterben und Tod zu einer wichtigen Phase in ihrer Pubertät. Die offenen Ohren der Eltern sind hier gefragt.

Schlimm ist es für Kinder, wenn sie mit diesen Fragen alleine gelassen werden, weil die Eltern jedes Gespräch über die Themen Sterben und Tod aus eigener Unsicherheit ab-

> blocken. Im Gegenteil: Das offene Bekenntnis von Vater oder Mutter, auf die Fragen von Tod und Sterben auch für sich selbst noch auf der Suche zu sein und keine fertigen Antworten zu haben, ermutigt Kinder, sich selbst auf die Suche nach ihrer eigenen Antwort zu machen und nicht zu verzweifeln, wenn sie nicht schnell fertige Antworten finden können.
>
> *Lit: Elke Voigt: Schaut Oma uns aus dem Himmel zu? Trauerbegleitbuch für Kinder von vier bis zehn Jahren. Neukirchen-Vluyn 2014.*

4.11.7. Benachrichtigung an Arbeitgeber der Angehörigen, Sonderurlaub

Sehr schnell nach dem Tod und dem Festlegen des Bestattungstermins sollten enge Angehörige ihre Arbeitgeber benachrichtigen, damit sie den ihnen gesetzlich zustehenden arbeitsfreien Tag bekommen. Nach dem Tarifvertrag Öffentlicher Dienst (§ 29) ebenso wie in der Sonderurlaubsverordnung für Bundesbeamte (SUrlV § 12) stehen beim Tod eines Ehegatten, Lebenspartners, eines Kindes oder Elternteils zwei Tage Sonderurlaub zu. Andere Tarifverträge haben möglicherweise noch günstigere Regelungen, bei Ehepartnern bis zu vier Tage. Manche Firma ist über diesen gesetzlichen Rahmen hinaus durchaus großzügig beim Gewähren von Sonderurlaub, wenn Angehörige oder auch Kollegen, Freunde oder Nachbarn ihrer Mitarbeiter verstorben sind.

4.11.8. Schwarzer Trauerflor an Anzug, Haustüre und Auto

Viele Menschen sind peinlich berührt, wenn sie erst im Verlauf eines Gespräches mitbekommen, dass ihr Gegenüber gerade durch den Tod von Mutter oder Vater in tiefer Trauer ist. So ist es eine hilfreiche Geste, durch ein kleines Bändchen am Anzug oder um den Ärmel zu zeigen, dass man durch einen Trauerfall belastet ist.

Der frühere übliche Brauch, einen kleinen Trauerflor an die Haustür oder Wohnungseingangstüre zu binden, ist leider weitgehend in Vergessenheit geraten. Für Besucher und die übrigen Hausbewohner wäre ein solches kleines Zeichen sehr hilfreich: Sie wissen schon vor dem Klingeln, dass ein Todesfall eingetreten ist, und können sich in ihrem Verhalten darauf einstellen.

4.11.9. Unterbringung der Trauergäste

Je nach Absprache mit den von auswärts her anreisenden Trauergästen kann es notwendig sein, für diese Gäste eine Unterbringung bei Verwandten, Bekannten oder in einem Hotel zu organisieren. Staus und Zugverspätungen lassen eine Anreise am Tag der Beisetzung nicht unbedingt ratsam erscheinen – die emotionale Belastung ist an diesem Tag sowieso schon sehr hoch. Fraglich ist auch, ob angesichts des Stresses der engsten Angehörigen vor der Trauerfeier eine Unterbringung im eigentlichen Trauerhaus zumutbar ist.

4.11.10. Wer wie informiert werden soll (Checkliste 6)

Engste Familie, weitere Familie, Verwandte, Freunde, Bekannte, Sportkameraden, Nachbarn, Vereine und Vereinsmitglieder, Klassenkameraden, Berufskollegen, Institutionen: Versicherungen, Versorgungsträger, Notar, Steuerberater etc. Adressen siehe Kapitel 11.10.

Name	pers.	tel.	Brief	Zeitung	erl.
_____	O	O	O	O	O
_____	O	O	O	O	O
_____	O	O	O	O	O
_____	O	O	O	O	O
_____	O	O	O	O	O
_____	O	O	O	O	O
_____	O	O	O	O	O
_____	O	O	O	O	O
_____	O	O	O	O	O

	○	○	○	○	○
_____	○	○	○	○	○
_____	○	○	○	○	○
_____	○	○	○	○	○
_____	○	○	○	○	○
_____	○	○	○	○	○
_____	○	○	○	○	○
_____	○	○	○	○	○
_____	○	○	○	○	○
_____	○	○	○	○	○
_____	○	○	○	○	○
_____	○	○	○	○	○
_____	○	○	○	○	○
_____	○	○	○	○	○
_____	○	○	○	○	○
_____	○	○	○	○	○
_____	○	○	○	○	○
_____	○	○	○	○	○
_____	○	○	○	○	○

4.12. Restaurant oder Gemeindehaus für den Leichenschmaus

Jeder Friedhof hat Restaurationsbetriebe in der Nähe, die sich auf die Bewirtung von Trauergesellschaften spezialisiert haben. Abhängig von den Bestattungszeiten bieten sie entweder Kaffee mit Schnittchen oder trockenem Kuchen (Streusel- oder Butterkuchen) oder auch ein Mittagessen an.

Wenn man nicht auf Trauerkärtchen nur gezielt und mit Bitte um Rückmeldung eingeladen hat, kann man normalerweise nur grob abschätzen, wie viele Menschen zur Bestattung und anschließend zum Leichenschmaus kommen werden. Bei den Betreibern der Restauration sollte man deshalb nur eine ungefähre Anzahl von Gästen angeben und verabreden, dass auch nur die wirklich anwesenden Gäste abgerechnet werden. Für die Gastwirte ist es tägliche Normalität, sich auf nicht vorhersagbare Teilnehmerzahlen schnell einstellen zu können.

Vielerorts ist es üblich, dass der Leichenschmaus im Gemeindehaus stattfindet. Entweder sorgen dann die Angehörigen selbst für Getränke und Speisen, oder sie beauftragen eine Firma mit dem Catering – oft eine ortsansässige Metzgerei. Manchmal gibt es auch einen Kreis von Menschen, der gewöhnlich diesen Leichenschmaus ausrichtet.

Mehr zum Thema im Kapitel über die Trauerfeier, ➡ *6.8.*

4.13. Kondolenzbesuche und Kondolenzbriefe

Mit dem Tod geht abrupt eine Ära zu Ende – es endet nicht nur ein menschliches Leben, sondern die engsten Angehörigen erleben einen Wendepunkt in ihrem Leben: Von der Ehefrau zur Witwe oder vom Ehemann zum Witwer, Kinder werden zur ältesten Generation im Haus, Geschwister verlieren einen Bestandteil ihrer Familie.

Wer der Trauerfamilie einen Kondolenzbesuch abstattet, drückt seine Anteilnahme am Tod aus. Die Hinterbliebenen werden gestärkt, nachbarschaftliche und freundschaftliche Beziehungen werden gerade in einer Zeit gefestigt, in der vieles zerbricht.

Vielen Hinterbliebenen tut es ausgesprochen gut, noch einmal mit den Kondolierenden auf gemeinsame Zeiten und Erlebnisse zurückzublicken. Dabei wird die Bedeutung des Verstorbenen im Mittelpunkt der Gespräche stehen.

Häufig sind Verabredungen für die Zukunft oder Einladungen ein wichtiger Teil des Gespräches. Auch wenn der Hinterbliebene noch nicht in der Lage und willens ist, Pläne für die Zukunft und feste Zusagen zu machen, so ist es doch für ihn eine wohltuende Stärkung, wenn die Kondolierenden damit versprechen, dass die Beziehung auch künftig Bestand haben wird. Ehepartner leben häufig in der Angst, dass Freundschaften oder Mitgliedschaften zum Beispiel in Kegelclubs mit dem Tod des Ehepartners enden oder sie zumindest weniger erwünscht sind in der Gemeinschaft. Kondolenzbesuche können einer solchen Angst vor künftiger Einsamkeit entgegenwirken. Wer dem Trauernden anbieten möchte, ihm in der nächsten Zeit zum Beispiel im Haushalt oder bei Reparaturen behilflich zu sein, sollte dies auch beim Kondolenzbesuch tun – auch das nimmt Ängste für die nächste Zukunft.

Kondolenzgespräche sind ferner eine gute Gelegenheit, Missstimmungen der letzten Zeit ein deutliches Ende zu setzen. Anlass sind oft Besuche, die von dem Kranken erwartet wurden, aber nicht stattfanden. Umgekehrt haben sich vielleicht der Kranke und seine Angehörigen aus Überforderung von den Freunden zurückgezogen. Durch die neue Situation nach dem Tod ist eine Chance für einen unbelasteten Neuanfang gegeben.

Manche Menschen haben eine sehr gute Gabe, Erinnerungen, gemeinsame Erlebnisse, besondere Persönlichkeitsmerkmale des Verstorbenen in einem Kondolenzbrief zu beschreiben und dadurch ihrer Hochachtung vor dem Verstorbenen Ausdruck zu verleihen. Angehörigen tun solche persönlichen Reaktionen oft sehr gut. Sie geben Kraft, die immensen Anstrengungen der letzten Tage zu überwinden und sich auf die Trauerfeier vorzubereiten: Ihr Blick wird wieder auf das Gesamtleben und die Gesamtpersönlichkeit des oder der Verstorbenen gelenkt.

Solche Kondolenzbriefe zu lesen wird für manche Witwe und manchen Witwer noch lange Zeit nach der Trauerfeier zu einem stärkenden Ritual.

4.14. Trauer und Trost

Gefühle der Trauer können sehr stark, oft auch überwältigend sein. Gefühle der Trauer können von Erleichterung geprägt sein, wenn ein langer Leidensweg zu Ende gegangen ist. Gefühle der Trauer sind sehr individuell, sie können auch bei jedem Trauerfall anders sein: beim Tod des

Vaters anders als beim Tod der Mutter. Solche Gefühle sollte man respektieren, bei sich und bei anderen. Niemand weiß im Voraus, wie seine Trauer sein wird. Trauergefühle sind unberechenbar. Jeder trauert anders.

Deshalb sind auch Erzählungen über eigene Trauererfahrungen nur begrenzt tröstend: Keinesfalls kann man durch die Schwere vergangener eigener Trauer dem jetzigen Trauerfall seinen Schmerz nehmen.

Hauptthema bei Kondolenzbesuchen ist der Leidensweg zum Tode. Der Verlauf der Krankheit, die Suche nach kompetenten Ärzten, der Irrweg durch den Dschungel der Medizin, Berg- und Talfahrten zwischen Hoffnung und Bangen in den Krankenhäusern: Krankheiten sind die Abenteuer des Alters. Trauernde erzählen gerne und ausdauernd über diesen Leidensweg. Jedes Erzählen hilft beim Verarbeiten. Jedes Verständnis des Zuhörers tröstet. Und der Trauernde möchte mit seinen Warnungen vor und Werbungen für Ärzte und Krankenhäuser dem Leidensweg des Partners noch ein wenig Sinn geben: Andere mögen daraus für sich Konsequenzen ziehen. Gutes Zuhören ist das Zentrum des Kondolenzbesuches.

Guter Trost braucht oft wenig Worte: Dem Trauernden zuzuhören, ist manchmal am hilfreichsten. Je öfter der Trauernde seine Geschichte erzählt, desto fester baut diese sich auf – der Trauernde kann besser mit ihr leben und Abschied nehmen. An den Reaktionen seiner Zuhörer merkt er, wie seine Geschichte wahrgenommen wird: Zustimmung stärkt und bekräftigt ihn. Der Trauernde gleicht so seine Sicht der Erinnerung an den Lebens- und Leidensweg des Verstorbenen mit der seiner Umgebung ab. Der Trauernde gewinnt ein Urteil über den Verstorbenen, das auch in seiner Umgebung akzeptiert und vertreten wird. Dieses „objektivierte" Urteil erleichtert den Abschied und prägt das, was in der Erinnerung lebendig bleiben wird. Der Trauernde kann es immer wieder weitergeben und erzählen.

Dass er darüber hinaus noch eine Menge eigener Erinnerungen hat, die diesem „öffentlichen" Bild durchaus widersprechen können, bleibt sein eigenes Geheimnis. Aber mit dem akzeptierten „öffentlichen" Bild werden auch die widersprüchlichen anderen Gefühle und Erfahrungen mit eingebunden und verlieren dadurch viel von ihrer Stärke. Mit diesem Bild kann der Trauernde in Zukunft leben. So definiert der Trauernde mit dem „öffentlichen" Bild des Verstorbenen auch ein Stück weit seine eigene Rolle und seine eigene Bedeutung.

Hier wird eine Grundlage für das neue Leben des Trauernden gelegt, für seinen neuen Anfang. Ein starker Trost ist die Bestärkung auf diesem neuen Weg, denn tröstlich ist es, wenn die anderen Vergangenheit und Gegenwart genauso sehen wie man selbst. Dieses Gemeinschaftsgefühl stärkt, es überlässt den Trauernden nicht der Einsamkeit. In seinen vielen Erzählungen und Berichten findet der Trauernde diesen Weg für sich selbst. Ein guter Tröster ist ein guter Zuhörer.

Trauernde brauchen Zeit für sich, Zeiten des Alleinseins, und sie brauchen Zeiten des Gesprächs, Zeiten der Nähe mit Familie und Freunden. Froh können Trauernde sein, wenn ihre Umgebung sensibel darauf reagiert, welche Zeit gerade angesagt ist. Der Respekt vor Trauer und Trauerndem überlässt ihm die Entscheidung: Angebote zu Telefonaten, Gesprächen, Besuchen und gemeinsamen Unternehmungen wie Besuchen auf dem Friedhof oder im Verein helfen, aber überlassen dem Trauernden die Entscheidung, wann der richtige Zeitpunkt ist.

4.15. Gespräch mit Pfarrer oder Trauerredner: Das Leben des Verstorbenen, die Trauer und der Trost

4.15.1. Welcher Pfarrer ist zuständig?

In der evangelischen wie in der katholischen Kirche gilt das Gemeindeprinzip, das bedeutet, dass der Gemeindepfarrer für alle Amtshandlungen (Taufe, Trauung, Beerdigung) in seiner Gemeinde zuständig ist. Manche Gemeinden haben die Zuständigkeit auch funktional aufgeteilt: Der eine hält den Konfirmandenunterricht, der andere gestaltet die Trauerfeiern in der ganzen Gemeinde.

Was aber kann geschehen, wenn man den einen Pfarrer nicht mag, man aber zu einem anderen aus einer anderen Gemeinde eine viel bessere Beziehung hat? Oder wenn die Kinder in einer anderen Gemeinde kirchlich engagiert sind und es gerne hätten, dass der dortige Gemeindepfarrer diese Beerdigung hält?

Die meisten Theologen sind sich sehr bewusst, dass gewachsene persönliche Beziehungen zu einem Pfarrer enorm wichtig sind, oft wichtiger als das Gemeindeprinzip. Dem tragen die meisten Kirchenordnungen Rechnung: Der eigentlich zuständige Pfarrer kann durch ein „Dimissoriale" (lat.: „Entlassschein") einem anderen Pfarrer erlauben, eine Amtshandlung in seiner Gemeinde zu übernehmen. Meist holen die Bestattungsinstitute dieses Dimissoriale ein.

Der vom Bestattungsinstitut informierte Pfarrer meldet sich bei der Trauerfamilie telefonisch, um einen Termin für seinen Besuch zu vereinbaren, oder er lädt die Trauernden ein, sich mit ihm im Pfarramt zu treffen. In manchen Regionen ist es auch üblich, dass die Angehörigen sich im Pfarramt melden, um einen Gesprächstermin auszusuchen.

Einige Landeskirchen haben Ehrenamtliche theologisch und seelsorglich als sogenannte Prädikanten ausgebildet, die in Vertretung für die zuständigen Pfarrer Gottesdienste und Amtshandlungen durchführen können.

4.15.2. Was erzähle ich von der Lebensgeschichte?

In vielen Stadtgemeinden kennen heute die Pastoren viele Verstorbene nicht mehr persönlich. Für eine individuelle Gestaltung ihrer Traueransprachen sind sie dann auf das angewiesen, was ihnen die Angehörigen erzählen. Es liegt dabei nahe, dass man über einen Verstorbenen nichts Böses oder Nachteiliges berichtet.

Doch eine falsche Darstellung birgt ihre Risiken: Wenn der Pfarrer den prügelnden Familientyrannen als treusorgenden Ehemann beschreibt, dann ist nicht nur er, sondern die ganze Familie blamiert, weil sie so offensichtlich die Unwahrheit erzählt hat. Eine zu gute Darstellung des Verstorbenen wird in den Köpfen der anwesenden Trauergemeinde, in der ja jeder sein eigenes Bild vom Verstorbenen hat, automatisch korrigiert: Und dann bleiben in den Gedanken leicht mehr negative Momente haften, als angemessen ist. Eine natürlich subjektive, aber weitgehend wahrheitsgemäße Darstellung ist für den Trauerredner am besten. Viele Trauerredner wissen es zu schätzen, wenn man auf einem Blatt einige Stichworte zur Lebensgeschichte notiert hat oder wenn der Verstorbene selbst einen kurzen Überblick über sein Leben hinterließ. Dabei kann dann durchaus deutlich werden, was dem Verstorbenen wichtig war.

4.15.3. Was erzähle ich von Problemen?

Vielen Angehörigen wäre es peinlich, gerade in der Situation des Abschiednehmens über Probleme zu reden. Sie können und wollen in dieser Zeit nicht realisieren, dass jede Beziehung ihre guten und ihre belastenden Seiten hat: Aber es gibt so wenig eine reine Liebe, wie es reinen Hass gibt. Jede Beziehung ist eine Mixtur aus anziehenden und abstoßenden Elementen. Wenn die Angehörigen im Trauergespräch die dunklen Seiten einer Persönlichkeit und einer Beziehung nicht verschweigen, dann weiß ein guter Trauerredner, welche Probleme er in seiner Ansprache elegant umgehen sollte.

Der Tod ist nicht selten das Ende einer langen Leidenszeit, nicht nur des Verstorbenen, sondern auch der Angehörigen. Sie mussten vielleicht viel Zeit und Kraft in die Pflege investieren oder auch in Krankenhaus- oder Heimbesuche. Häusliche Pflege erfordert oft ein Engagement rund um die Uhr, und das für lange Zeit. Die in Kapitel 2.15.1. beschriebenen Erfahrungen und Erlebnisse bei der häuslichen Pflege mit einer riesigen Überforderung der Angehörigen, die eine solche Pflege ja nicht gelernt haben, sind kein individuelles Versagen vor einer Aufgabe, sondern kommen in ähnlicher Art und Weise bei fast allen häuslichen Pflegen vor.

Wenn der Pflegebedürftige stirbt, fällt die Last aufopfernder Pflege weg. Das Gefühl der Erleichterung darüber ist ein wichtiges Gefühl und sollte auch in der Zeit der Trauer nicht unterdrückt werden. Abschiedstrauer und Erleichterung gehören zusammen. Man kann und sollte darüber auch beim Trauergespräch sprechen. Pfarrer und Trauerredner kennen solche Situationen aus vielen Gesprächen. Sie können durch ihr Verständnis viel dazu beitragen, dass die Angehörigen ohne schlechtes Gewissen und Gefühl auf die vergangene Zeit der Pflege mit ihren Konflikten zurückblicken können.

4.15.4. Was erzähle ich vom Glauben?

Pfarrer wissen aus täglicher Erfahrung, dass der Glaube der Menschen ganz unterschiedlich ist. Pfarrer und Pfarrerinnen kennen ihre Kerngemeinde vielleicht ganz gut, doch nur bei einigen wenigen kann sich der normale Pfarrer aus Gesprächen oder Diskussionen einen Eindruck von ihrem persönlichen Glauben machen. Es ist für den Pfarrer oder für den Trauerredner hilfreich, wenn er ein wenig von der Einstellung des Verstorbenen zu seinem Glauben erfährt. Eine realistische Beschreibung seines Verhältnisses zu Kirche, Gemeinde und Glauben ist dabei besser als eine geschönte Darstellung. Die Rede des Pfarrers oder Trauerredners kann nicht gut gelingen, wenn er beim Verfassen seiner Predigt von falschen Voraussetzungen ausgegangen ist.

4.15.5. Was erzähle ich von mir als Trauerndem?

Jeder Pfarrer und jeder Trauerredner hat sein eigenes Konzept und seine eigenen Vorstellungen von der Trauerfeier. Für die meisten dürfte es sehr hilfreich sein, wenn sie im Trauergespräch auch etwas von den Gefühlen, Ängsten und Hoffnungen der engsten Angehörigen mitbekommen und das in ihre Trauerfeier direkt oder indirekt mit einbeziehen können.

4.16. Testament beim Amtsgericht abgeben

Wer das Originaltestament eines Verstorbenen aufbewahrt, muss es in den ersten Tagen nach dem Tod dem zuständigen Nachlassgericht (beim Amtsgericht am Wohnsitz des Verstorbenen) übergeben. Wenn das Testament bei einem Notar hinterlegt ist und von diesem dokumentiert wurde, dann ist so bald wie möglich der Notar von dem Todesfall zu unterrichten.

4.17. Beaufsichtigung der Wohnung während der Trauerfeier

Bei der Vorbereitung sollte auch bedacht werden, ob man während der Trauerfeier Haus oder Wohnung des Verstorbenen bzw. der Angehörigen beaufsichtigen lassen will. Leider haben sich einige Diebe darauf spezialisiert, die Traueranzeigen zu studieren, um die dort genannte Adresse genau zum Zeitpunkt der Trauerfeier auszurauben. Sie gehen nicht zu Unrecht davon aus, dass dann kein Angehöriger zuhause ist. Jemand, der die Wohnung hütet, kann auch Ansprechpartner für auswärtige Besucher sein, die Kirche, Friedhof oder das Restaurant des Beerdigungskaffees nicht finden. Möglicherweise kann das Bestattungsinstitut durch eine Haushüteragentur für eine gesicherte Wohnung sorgen.

4.18. Die Aufgaben zwischen Tod und Trauerfeier (Checkliste 7)

Kreuzen Sie an, was zu tun ist, und haken Sie ab, was erledigt ist:

○ ☐ Arzt rufen für Ausstellung des Totenscheines (⟶ 3.11.)

○ ☐ Nächste Verwandte informieren
      (vorher ⟶ 4.11.1. beachten!)

○ ☐ Seniorenheim informieren (⟶ 11.8.4.)

○ ☐ Absprache zur Wahl des Bestattungsinstitutes mit den für
      die Bestattung Verantwortlichen (⟶ 2.27.)

○ ☐ Absprache mit anderen engsten Angehörigen über zu
      treffende Entscheidungen: Wer trifft welche Entscheidun-
      gen? Wer ist bei welchem Gespräch dabei? (⟶ 4.)

○ ☐ Bestattungsvorsorgevertrag und (Teil)-Testament zur
      Bestattung und die persönlichen Wünsche und Verfügun-
      gen des Verstorbenen in Kap. 12 dieses Buches hervorho-
      len für Planung der nächsten Aufgaben

○ ☐ Bestattungsinstitut benachrichtigen (⟶ 12.8.)

○ ☐ Aufbahrung im Trauerhaus vorbereiten (⟶ 4.4.)

○ ☐ Gesprächstermin und Termin zur Abholung des Leich-
      nams vereinbaren (⟶ 4.6.)

○ ☐ Geistlichen anrufen wegen Aussegnung (⟶ 4.5.)

○ ☐ Trauerflor an Haus- oder Wohnungstür hängen
      (⟶ 4.11.8.)

○ ☐ Hausbewohner informieren wegen Zeitpunkt der
      Abholung des Leichnams (⟶ 4.6.)

○ ☐ Entfernt wohnende Trauergäste vorbereiten (⟶ 4.11.)

○ ☐ Zeit nehmen für Gespräche mit Kindern oder Enkeln oder
      Urenkeln über Sterben und Tod (⟶ 4.11.6. und 6.4.10.)

○ ☐ Unterlagen für Bestatter zusammenstellen
      (siehe Checkliste 5 ⟶ 4.2.1.)

○ ☐ Besuch im Bestattungsinstitut vereinbaren (⟶ 12.8. und
      4.1.)

○ ☐ Totenkleidung zusammenstellen (⟶ 4.2.5.)

○ ☐ Besuch im Bestattungsinstitut mit Auswählen von Sarg,
      Karten etc.; Totenkleidung mitnehmen (⟶ 4.2.)

○ ☐ Falls kein Bestatter eingeschaltet werden soll, muss man die nötigen Aufgaben (➥ 4.1.2.) selbst organisieren.

○ ☐ Gespräch mit Friedhof vereinbaren zum Aussuchen des Grabes (➥ 5.2.)

○ ☐ Besuch auf dem Friedhof (➥ 5.2.2.)

○ ☐ Adressenliste für Trauerbriefe erstellen (➥ 11.10.)

○ ☐ Grundzüge für Trauerbriefe planen und gestalten (➥ 12.10.)

○ ☐ Spendenzweck statt Blumen (➥ 4.11.5.)

○ ☐ Trauerbriefe adressieren und versenden (➥ 4.1.2.9., 4.11.4. und 11.10.)

○ ☐ (Letzten) Arbeitgeber informieren (➥ 4.1.2.14.)

○ ☐ Nachbarn bzw. Heimbewohner informieren und einladen (➥ 4.11.2. und 4.11.8.)

○ ☐ Zeitungsanzeige aufgeben (➥ 4.1.2.10. und 4.11.3.)

○ ☐ Urlaubstage einreichen wegen Bestattung eines nahen Angehörigen (➥ 4.11.7.)

○ ☐ Trauergespräch mit Geistlichem/Trauerredner vereinbaren (➥ 4.15.)

○ ☐ Andere engste Angehörige zum Trauergespräch einladen (➥ 4.)

○ ☐ Gewünschte Lieder oder Texte für Trauerfeier überlegen (➥ 12.10.; 6.4.11. und 6.4.12.)

○ ☐ Kurze Lebensdaten und Lebensschwerpunkte für den Pfarrer oder Trauerredner aufschreiben (➥ 4.15. und 11.9.)

○ ☐ Trauergespräch führen (➥ 4.15.)

○ ☐ Wohnung des Verstorbenen abschließen (siehe Checkliste 8 in Kapitel 7.1.)

○ ☐ Wohnung im Seniorenheim räumen (➥ 7.6.)

○ ☐ Kränze und Gestecke in Blumengeschäft bestellen und an Friedhof liefern lassen (➥ 6.4.2.)

○ ☐ Kapellendekoration im Blumengeschäft aussuchen (➥ 6.4.1.)

○ ☐ Blumen für Verabschiedung am Grab bestellen und in die Trauerkapelle legen lassen (➥ 6.4.1. und 6.5.4.)

○ ☐ Trauerkleidung kaufen (➥ 4.10.)

○ □ Wohnung für Kondolenzbesuche vorbereiten (➟ 4.4. und 4.13.)

○ □ Unterbringung organisieren für auswärtige Trauergäste (➟ 4.11.9.)

○ □ Ort für Beerdigungskaffee bestellen, Gerichte aussuchen (➟ 12.10. und 4.12., 6.8.)

○ □ Erwartete Teilnehmerzahl bei Beerdigungskaffee ankündigen (➟ 4.12. und 6.8.)

○ □ Bild für Trauerfeier vergrößern (➟ 6.4.1.)

○ □ Enkel oder Kinder bitten, kurze Bildschau für Beerdigungskaffee herzustellen (➟ 6.8.5.)

○ □ Einige Fotos zusammenstellen (➟ 6.8.5.)

○ □ Kondolenzliste bestellen (➟ 6.4.5.)

○ □ Termin für Abschiedsbesuch im Aufbahrungsraum im Bestattungsinstitut vereinbaren (➟ 4.1.2.11.)

○ □ Enge Verwandte über Abschiedsbesuch im Bestattungsinstitut informieren (➟ 4.1.2.11.)

○ □ Fahrgelegenheiten vorbereiten (➟ 6.4.16)

○ □ Für auswärtige Gäste Blatt mit Fahrtroute von der Kirche zum Friedhof und vom Friedhof zum Beerdigungskaffee kopieren (➟ 6.8.3.)

○ □ Besondere Musik bestellen (➟ 6.4.11.)

○ □ Bei besonderer Musik ist vorherige Absprache mit Pfarrer und Organist erforderlich (➟ 6.4.11.)

○ □ Liedblatt für Trauerfeier herstellen (➟ 6.4.4.)

○ □ Evtl. vor der Beerdigung fällige Kosten für Friedhof etc. überweisen (➟ 4.1.2.10. und 4.2.2.)

○ □ Organisieren, wer während der Trauerfeier und Beerdigung auf die eigene Wohnung aufpasst: Einbruchgefahr! (➟ 4.11.3. und 4.17.)

○ □ Rollstuhl besorgen bzw. Stuhl ans Grab stellen lassen (➟ 6.4.16)

○ □ Genehmigung von der Friedhofsverwaltung einholen wegen des Transports von gehbehinderten Angehörigen zum Grab mit dem Auto (➟ 6.4.16.)

○ □ Vom Arzt leichtes Beruhigungsmittel verschreiben lassen (➟ 6.4.16.)

○ ☐ Tabletten, Wasser, Taschentücher für den Notfall mitnehmen (➡ 6.4.16.)

○ ☐ Trinkgeld für Sargträger (Briefumschlag) vorbereiten (➡ 6.5.1.)

○ ☐ Testament beim Amtsgericht abgeben bzw. Notar benachrichtigen (➡ 7.3.)

○ ☐ Rentenstelle/Pensionskasse informieren (➡ 7.4.)

5. FRIEDHOF UND GRABSTELLE

Bis vor fünfzig Jahren stand für die meisten Menschen fest, wo einmal ihre letzte Ruhestätte sein würde: Die Familie hatte ihre Familiengrabstätte, in der alle Familienmitglieder im Sarg beigesetzt wurden. War eine solche Grabstätte nicht vorhanden, dann wurden Menschen im Reihengrab beerdigt oder Ehepaare suchten für sich eine Doppelgrabstätte aus, in der sie beide ihren letzten Ruheort finden würden. Heute gibt es eine riesige Vielfalt der Bestattungskultur und Menschen können und müssen viele Entscheidungen treffen: Sarg oder Urne, Reihen- oder Wahlgrab, anonymes Grab, vom Friedhof gepflegtes einfaches Rasenreihengrab oder aufwendiges Grabfeld? Kolumbarien gibt es auf Friedhöfen oder in Kirchen, Firmen werben für Baumbestattungen, und eine Seebestattung ist nicht nur für meerverbundene Norddeutsche eine Alternative.

Ohne gute Überlegungen und Beratungen erweisen sich da schnelle Entscheidungen später oft als falsch, weil man die Probleme nicht rechtzeitig sehen konnte. Dass hier auch finanzielle Überlegungen eine Rolle spielen müssen oder die kommende Belastung von Kindern und Verwandten durch die Grabpflege, sei nicht verschwiegen.

5.1. Erste Entscheidung: Sarg- oder Urnenbeisetzung

Bis in die Mitte des 20. Jahrhunderts wurde der Leichnam der meisten Verstorbenen selbstverständlich im Sarg begraben. Erst als die Großstädte weiter wuchsen und der Platz auf den Friedhöfen schwand, besann man sich wieder auf die seit Jahrtausenden bekannte Technik des Verbrennens. Seitdem stieg die Zahl der Verbrennungen (Kremationen) schnell und deutlich an. Inzwischen werden in Berlin fast 90 Prozent aller Verstorbenen verbrannt, in anderen Großstädten über 60 Prozent.

Die religiösen Vorbehalte gegen Verbrennungen sind in der evangelischen Kirche im Laufe des letzten Jahrhunderts weitgehend ausgeräumt worden. Auch Mitglieder der römisch-katholischen Kirche neigen inzwischen nur noch selten zur Ansicht, durch die Verbrennung würde der Glaube an die Auferstehung geleugnet – offiziell erlaubt ist sie seit 1964.

So ist die Entscheidung für eine Verbrennung oder für eine Erdbestattung im Sarg heute größtenteils eine gefühlsmäßige. Normalerweise ist die Urnenbeisetzung etwas preiswerter, da die Bestattungsgebühren sowie die Kosten für Grabstelle und spätere Pflege niedriger ausfallen – auch wenn zusätzlich zum Sarg noch die Urne gekauft werden muss.

Bestattungen in Rasenreihengräbern, also unter der grünen Wiese oder unter dem Rosenfeld, finden normalerweise als Urnenbeisetzungen statt.

> ○ Meine Wünsche für meine Bestattung habe ich in Kapitel 12.9. aufgeschrieben.

5.1.1. Die Bestattung im Sarg

Bevor ein Mensch bestattet werden kann, müssen seit dem Todeszeitpunkt normalerweise mindestens 48 Stunden vergangen sein. Je nach Beschaffenheit der Erde verwesen Sarg und Leichnam innerhalb weniger Jahre. Jeder Friedhof hat eine behördlich festgelegte Ruhezeit, in der ein Grab nicht wieder neu belegt werden darf. Meist liegt dieser Zeitraum zwischen 15 und 25 Jahren. Anschließend sind normalerweise keine oder nur noch wenige Reste von Knochen auffindbar, wenn in dieser Grabstelle eine neue Bestattung stattfindet. Solche Knochenreste werden dann in einem tieferen Loch wieder unter dem neuen Sarg beigesetzt.

Ein Grab muss für eine Sargbestattung mindestens 1,80 Meter tief ausgeschachtet werden. Werden besonders korpulente Menschen in einem extra breiten Sarg oder an Seuchen verstorbene Menschen in einem Zinksarg bestattet, muss die Grabstelle breiter als die normalen 90 cm sein. Damit nach der Ausschachtung die Grabränder nicht einbrechen, sind eventuell Verschalungen notwendig.

Die Sargträger stellen bei der Beerdigung den Sarg auf zwei Balken über dem Grab ab. Anschließend werden die Balken von einem der Sargträger weggezogen, während die anderen (mindestens vier) den Sarg mit Seilen hochhalten und dann langsam in die Grube absenken. Auf einigen Friedhöfen sind auch elektrisch betriebene Geräte in Gebrauch, die den Sarg auf Knopfdruck automatisch absenken.

Weil sich das Holz allmählich zersetzt, bricht der Sarg unter dem Gewicht der auf ihm lastenden Erde nach einem halben bis manchmal fünf Jahren ein – was auch von der Güte des Holzes abhängig ist.

In einer Sarggrabstelle können je nach Friedhofssatzung zusätzlich eine bis vier Urnen beigesetzt werden. Sollten auf einer Grabstelle Urnen bestattet worden sein, bevor eine Sargbestattung erfolgte, werden diese Urnen unter dem Sarg vergraben.

5.1.2. Die Verbrennung im Krematorium

In den letzten Jahren ist die Zahl der Krematorien durch den wachsenden Wunsch nach Verbrennungen rapide angestiegen. Die früher teilweise üblichen langen Wartezeiten auf eine Verbrennung müssen deshalb heute nicht mehr sein: In manchen Krematorien wird die Verbrennung so zeitnah angeboten, dass schon wenige Tage nach dem Tod eine Trauerfeier mit Bestattung der Urne stattfinden kann. Einige Krematorien ermöglichen es inzwischen sogar gegen Aufpreis, dass ein eingelieferter Leichnam sofort verbrannt wird, so dass nach der Trauerfeier am Vormittag mit Sarg nachmittags die Urnenbeisetzung stattfinden kann.

Vor einer Verbrennung müssen eventuell zwei Voraussetzungen gegeben sein, sofern im Bestattungsgesetz des Landes vorgesehen.
- Es muss der schriftliche Wunsch des Verstorbenen vorliegen, nach seinem Tode verbrannt zu werden. Liegt dieser nicht vor, können die zur Bestattung verpflichteten Angehörigen eine Erklärung abgeben, dass die Verbrennung dem Wunsch des Verstorbenen entspricht (Erklärungsvorlage siehe Kapitel 12.9.1.).
- Da anders als bei einer Erdbestattung nach einer Verbrennung keine Autopsie mehr stattfinden kann, ist vor der Verbrennung eine Inaugenscheinnahme des Verstorbenen durch einen Amtsarzt verpflichtend.

Auch für eine Verbrennung im Krematorium ist ein Holzsarg notwendig. Im Krematorium wird jeder Leichnam in seinem eigenen Sarg einzeln in der Brennkammer verbrannt.

Vor der Verbrennung wird ein Stein mit einer Zahl auf den Sarg gelegt. Bei der Verbrennung fällt der Stein mit der Asche durch einen Gitterrost in einen Auffangbehälter. Nach der Verbrennung entfernen die Mitarbeiter unverbrannte Teile mit Schadstoffen aus der Asche des Verstorbenen: Künstliche Zähne oder Gelenke, Herzschrittmacher usw. Dann wird die Asche mit dem Stein in die Innenurne gefüllt und diese verschlossen. Außen an der Innenurne garantiert die aufgedruckte oder eingeprägte Nummer, dass die richtige Asche dem richtigen Namen zugeordnet wird. Die Innenurne wird dann durch den Bestatter zu dem Friedhof transportiert, auf dem die Bestattung stattfinden soll.

Manche Krematorien gestatten, dass man bei der Kremation seines Angehörigen anwesend ist und durch ein Fenster den Vorgang, der ca. 45 bis 70 Minuten dauert, verfolgen kann. Ob das sinnvoll und erträglich ist, muss jeder für sich selbst entscheiden. Besser ist es wahrscheinlich, sich an Tagen der Offenen Tür, die manche Krematorien anbieten, den Prozess der Verbrennung erklären zu lassen und ihn anzuschauen.

Einem Irrtum unterliegen viele, die eine Trauerfeier in einer Trauerhalle über einem Krematorium erleben. Wenn am Ende der Trauerfeier der Sarg versenkt wird, gelangt er nicht direkt in den Verbrennungsofen, sondern wird im Untergeschoss vorerst aufbewahrt.

Wenn irgendwo Pläne für einen Krematoriumsneubau bekannt werden, bekommen manche Menschen Angst vor den Stoffen, die in der Abluft eines Krematoriums enthalten sind. Die nach deutschen und europäischen Normen vorgeschriebenen Schadstoffgrenzwerte sind aber so niedrig, dass jegliche Gefährdung oder Belästigung von Mitarbeitern und Anwohnern ausgeschlossen ist. Der Gesetzgeber hat vorgeschrieben, dass an jedem Kamin eines Krematoriums eine verplombte Sonde jede Emission kontrolliert und dokumentiert. Durch diese Computerüberwachung wird jegliche Manipulation der Emissionen ausgeschlossen.

Deshalb können Krematorien auch auf Friedhöfen gebaut werden, die in Wohngebieten liegen: Krematorien gehören dorthin, wo Menschen nach dem Ende ihres Lebens ihre letzte Ruhestätte finden. Der Tod gehört zum Leben hinzu. Sie sind keine Industriebrennöfen, die außerhalb der Stadt in Gewerbegebiete abgeschoben werden sollten.

5.2. Zweite Entscheidung: Welcher Friedhof? Welches Grab?

Glücklich können Menschen sein, die bei einem Todesfall keine Entscheidungen für ein Grab treffen müssen, weil die Bestattung in einer größeren Familiengrabstätte selbstverständlich ist. Dann muss man höchstens überlegen und dem Bestatter oder Friedhof frühzeitig mitteilen, auf welcher der Grabstätten der Verstorbene beerdigt werden soll.

In Städten kommt vor der Wahl der Grabstätte oft erst einmal die Wahl des Friedhofes. In Wuppertal zum Beispiel gibt es durch die vielen Ortsteile und die zahlreichen unterschiedlichen Friedhofsträger (evangelische, römisch-katholische, reformierte, niederländisch-reformierte, lutherische, altlutherische, freikirchliche, jüdische Gemeinden, aber auch die Kommune) 46 Friedhöfe, die aktuell belegt werden. Damit rangiert Wuppertal in der Liste der deutschen Städte mit den meisten Friedhöfen auf Platz zwei hinter dem bevölkerungsmäßig zehnmal größeren Berlin. Die Friedhöfe sind verschieden groß und ganz unterschiedlich gestaltet. Sie bieten auch sehr verschiedene Grabarten mit unterschiedlichen Preisen an.

Normalerweise gibt es heute kaum noch konfessionelle Schranken bei der Frage, wer auf einem Friedhof bestattet werden darf. Manchmal dürfen auf kleineren Friedhöfen nur Angehörige der Gemeinde oder Bewohner eines Ortsteils begraben werden. Auch bei sogenannten Prominentenfriedhöfen, wie dem Dorotheenstädtischen Friedhof in Berlin (Hegel, Fichte, Brecht, Johannes Rau), gibt es enge Kriterien, wer hier ein Grab bekommen kann.

Ein Leipziger Verlag (www.mammut-verlag.de) bietet inzwischen für viele Großstädte eine kostenlose Broschüre an, die einen guten Überblick über die jeweiligen Friedhöfe bietet. Diese Broschüre bekommt man bei Friedhofsämtern, Bestattern und den Städten.

Ein wichtiges Kriterium für die Wahl des Friedhofes ist sicher die Nähe zur Wohnung der Angehörigen. Auch die Verkehrsanbindung spielt eine Rolle. Wenn weitere Gräber aus dem Familienkreis auf demselben Friedhof liegen, erleichtert das nachher die Grabpflege. Schönheit, Gepflegtheit und Ansehen des Friedhofes beeinflussen die Wahl, auch das Sicherheitsgefühl beim Friedhofsbesuch sollte nicht unberücksichtigt bleiben: Hohe Hecken, unübersichtliche Ecken und weite oder

steile Wege können bei Friedhofsbesuchen gerade bei zunehmendem
Alter Ängste auslösen.

Die Friedhofspreise

Mit konstanter Regelmäßigkeit kochen in Zeitungen und
anderen Medien Diskussionen über die Preise von Sarg- oder
Urnengräbern hoch. Vielen Menschen ist es unverständlich,
warum so hohe Gebühren für das zeitlich begrenzte „Kaufen"
einer Grabstätte genommen werden. Schnell wird den Friedhofsträgern dann Abzocke oder Gier vorgeworfen.

Friedhöfe sind normalerweise in Deutschland nicht auf
privatwirtschaftlicher Basis organisiert, sondern Institutionen
einer öffentlich-rechtlichen Körperschaft, das heißt einer
Kommune oder Kirchengemeinde bzw. Religionsgemein-
schaft. Die Friedhofsträger können die Gebühren nicht frei
festlegen, sondern müssen sie detailliert begründen und behördlich genehmigen lassen.

Nahezu alle Friedhofsträger stehen zur Zeit unter immen-
sem Kostendruck. Dabei sind einige Entwicklungen in der
Bestattungskultur von ausschlaggebender Bedeutung:

* Durch die demografische Entwicklung sinkt seit Jahren
  die Zahl der Bestattungen stetig.
* Der Anstieg der muslimischen Bevölkerung, die vielfach
  Bestattung im Heimatland (der Vorfahren) wünscht, trägt
  ebenfalls zur sinkenden Zahl von Bestattungen bei.
* Seit einigen Jahrzehnten wächst die Zahl der Urnenbeiset-
  zungen erheblich: Urnengräber beanspruchen weniger
  Platz.
* Die früher üblichen großen Familiengrabstätten werden
  immer öfter von den Familien aufgegeben, weil Kinder
  und Enkel durch die zunehmende Mobilität weit in der
  Welt verstreut wohnen.
* Familiengrabstätten und große Grüfte mit oft riesigen
  Kunstwerken dienten bis vor fünfzig Jahren gern der Selbstdarstellung einer Familie.
* Seit 2004 gibt es für die meisten Menschen von Krankenkassen und Versicherungen kein Sterbegeld mehr, sodass
  die Angehörigen die Kosten für die Bestattung selbst aufbringen müssen.

- Der allgemeine Sparzwang, dem sich große Teile der Bevölkerung ausgesetzt sehen, sorgt dafür, dass die Menschen Bestattungskosten auf das notwendige Minimum reduzieren.
- Der früher oft empfundene soziale Zwang zu großen Beerdigungen hat weitgehend seine Bedeutung verloren.
- Städte und Gemeinden, die die Kosten für Sozial- und Ordnungsamtsbestattungen übernehmen müssen, achten auf kostengünstige Lösungen.

All diese Entwicklungen schlagen auf der Einnahmeseite der Friedhofskassen negativ zu Buche, während die Ausgaben gleich bleiben oder sogar steigen:

- Je weniger Friedhofsfläche durch Gräber belegt ist, umso mehr Fläche muss der Friedhofsträger selbst pflegen. Zu groß gewordene Friedhofsflächen zu verkleinern, dauert wegen der Ruhefristen Jahrzehnte.
- Je stärker das Bewusstsein für die Bedeutung von Grabstätten sinkt, desto mehr Gräber werden vernachlässigt und müssen bei Verwahrlosung vom Friedhof selbst gepflegt werden. Während in der dörflichen oder kleinstädtischen Kultur auch heute noch zu beobachten ist, dass Familien penibel auf die Pflege ihrer Grabstätte achten, um sich vor den Nachbarn keine Blöße zu geben, steigt in städtischer Kultur die Zahl der vernachlässigten Gräber rapide an.
- Viele Friedhofskosten sind unabhängig von der Größe der Grabstätte (Sarg, Urne) und damit von der Höhe der Gebühren: Alle Besucher brauchen gleichermaßen Wege, Wasserzapfstellen, Abfallbehälter, Bänke, Toiletten, Parkplätze etc.
- Da nur einmal bei der Beerdigung die Kosten für die meist zwanzigjährige Ruhezeit der Grabstätten erhoben werden, müssen diese Fixkosten von immer weniger jährlichen Bestattungen getragen werden.

Friedhöfe sind Einrichtungen der Kommunen oder öffentlichen Träger, die der öffentlichen Daseinsfürsorge gelten. Einnahmen und Ausgaben müssen zur Deckung gebracht werden. Es ist Friedhofsträgern nicht erlaubt, aus dem Friedhofsvermögen Gelder für andere Zwecke als den Unterhalt des Friedhofs zu verwenden. Andererseits können immer weniger Friedhöfe ohne Zuschüsse ihrer Träger überleben.

Friedhöfe dienen nicht nur der ordnungsgemäßen Bestattung von Verstorbenen. Sie sind gleichzeitig als Park eine grüne Lunge inmitten der Großstadt und dienen der Erholung der Bevölkerung: Wohnortnah sind sie beliebtes Ziel und Ort von Spaziergängen. Diesen Aufgaben werden viele Friedhöfe allein durch die Einnahmen aus den Bestattungen in Zukunft nicht mehr gerecht werden können. Viele Träger werden verstärkt auf Zuschüsse der Kommunen angewiesen sein.

Wenn ein Friedhof aufgegeben werden soll, dann dauert dieser Prozess etwa ein halbes Jahrhundert: Nach der letzten Beerdigung muss die Mindestruhefrist von normalerweise 20 Jahren garantiert werden. Beim Kauf eines Doppelgrabes muss der Käufer darauf vertrauen können, dass er neben seinem Partner bestattet werden kann, wenn er innerhalb der nächsten zwanzig Jahre – also während der Nutzungszeit – sterben sollte. So dürfen in den letzten vierzig Jahren vor der Aufgabe eines Friedhofes keine neuen Doppelgräber und in den letzten zwanzig Jahren keine Einzel- oder Reihengräber mehr verkauft werden. Anschließend gibt es noch eine zehnjährige Pietätsfrist. Der Friedhofsträger ist verpflichtet, den Friedhof während dieser Zeit des Auslaufens zu unterhalten und zu pflegen. Die dadurch entstehenden enormen Kosten machen vielen Friedhofsträgern große Sorgen.

Im Folgenden sollen die verschiedenen Grabarten kurz vorgestellt werden. Es gibt dabei durchaus regionale Unterschiede, und nicht überall stehen alle Grabarten zur Verfügung. Hier können die örtlichen Friedhofsträger oder das Friedhofsamt der Stadt Auskunft geben.

5.2.1. Das Familiengrab

Ein Familiengrab ist ein Stück Heimat. Dort wo die Vorfahren, die Großeltern und Eltern begraben sind, da ist gefühlsmäßig der Platz meiner Familie. Zwar sind in den vergangenen Jahrzehnten durch die zunehmende Mobilität viele Kinder weggezogen und haben anderswo ihre Familien gegründet, aber seitdem die Aufenthalte in fremden Städten und fremden Ländern immer kürzer werden, die Mobilität also das ganze Leben umfasst, besinnen sich immer mehr Menschen wieder auf den Ort ihrer Kindheit als die eigene Heimat. Das Familiengrab ist der Kristallisationspunkt dieses Heimatgefühls und dieser Heimatverbundenheit.

Viele Familiengrabstätten sind im Laufe der Zeit für die am Ort lebende Familie zu groß geworden. Ganze Grabfelder oder Teile von ihnen werden dann an den Friedhofsträger zurückgegeben. Was geschieht nun mit diesen Grabstätten, zumal, wenn Grabmale unter Denkmalschutz stehen und nicht einfach entfernt werden können?

Auf verschiedenen Großstadtfriedhöfen sind dazu interessante Ideen entwickelt worden: Zum Beispiel können Menschen eine Grabstätte zu einem sehr geringen Preis erwerben, wenn sie sich vertraglich verpflichten, das Grabmal ordnungsgemäß zu erhalten. Auf einer eigenen Platte können dann die Namen des Erwerbers und seiner Angehörigen genannt werden. So können Menschen für sich und ihre Angehörigen eine prachtvolle Grabanlage sehr preiswert kaufen.

Durch die Übernahme und Pflege solcher Grabstätten ergibt sich manchmal die Chance, eine Grabstätte auf einem Friedhof zu bekommen, der als Prominentenfriedhof oder als Friedhof nur für Gemeindeglieder oder Ortsansässige strengen Beschränkungen unterliegt. Andere Friedhöfe nutzen diese Grabanlagen, um dort individuell gestaltete Felder für Urnenbeisetzungen zu schaffen. Das Ambiente der alten Grabkultur übt eine Faszination auf viele Menschen aus. Friedhofsträger mit alten Familiengruften sind dankbar für neue Interessenten mit neuen Ideen.

Die Veränderung der Grabkultur

Gräber sind Aushängeschilder des eigenen Reichtums und der eigenen Standeszugehörigkeit gewesen. In Zeiten, als weder Zeitung noch Fernsehen Ruhm und Geltung bedeutender Menschen mehrten und verbreiteten, die Bevölkerung aber am Wochenende mangels anderer Ausflugsmöglichkeiten über den Friedhof spazierte, sollten die großen Familiengrabstätten mit ihren kunstvoll gestalteten Grabmälern entlang der Hauptwege Ausdruck von Reichtum, Ansehen, Macht und Kultur sein. Man schmückte sich vor der Öffentlichkeit mit einem prachtvollen Grab und steigerte das eigene Ansehen.

Gräber waren wichtig. Nicht nur für die Reichen, sondern für alle. Die ordentliche Grabpflege war eine Selbstverständlichkeit, um sich vor Nachbarn und Bekannten nicht zu blamieren: Schließlich konnte durch den Grabstein jeder wissen, welcher Familie dieses Grab gehörte. Wer sein Grab verwildern ließ, wurde von Nachbarn genug gemahnt, die Friedhofsverwaltung musste nur selten einschreiten.

Natürlich war die Grabpflege nicht nur Freude, sondern auch Last, oft eine sehr große Last, wenn im Frühjahr das Unkraut kräftig sprießt und sehr häufig entfernt werden muss. Man war sehr verärgert, wenn dann das Nachbargrab ungepflegt war und der Unkrautsamen das eigene Grab verunzierte. Man schämte sich, wenn das eigene Grab nicht top gepflegt war. Man freute sich, wenn man für die Blumenpracht Anerkennung erntete.

Dieses Verhältnis zu Gräbern und zur Grabpflege muss man sich vor Augen halten, wenn man heute die Veränderung der Grab- und Friedhofskultur verstehen will. Heute sterben Angehörige einer Generation, für die Grab und Grabpflege von enormer Wichtigkeit waren. Ihre Kinder sind mit dem Auto mobil, der Friedhof spielt für sie nur noch eine untergeordnete Rolle. Garten- und Grabpflege empfinden viele als Last.

So ist es verständlich, dass viele Ältere mit großen Ängsten an ihre eigene Bestattung denken: Werden meine Kinder einmal mein Grab so in Ordnung halten, wie ich es mit den Gräbern meiner Eltern und Großeltern gemacht habe? Und schnell entsteht in den Gedanken die Horrorvorstellung, dass man einst unter einem Unkrautfeld liegen wird.

„Alles, nur das nicht!" ist dann der bestimmende Gedanke vieler Älterer, wenn sie sich die eigene Beerdigung und das eigene Grab durch den Kopf gehen lassen. Und sie suchen nach Alternativen: Das Urnenbegräbnis unter der Rasendecke erscheint dann schnell besser zu sein als ein ungepflegtes Grab, weil hier wenigstens die Friedhofsverwaltung für die Rasenpflege sorgt. Dass dann niemand mehr Blumen auf das Grab stellen kann, erscheint weniger wichtig: „Hauptsache, ich liege nicht unter dem Unkraut!"

Diese Sorge um das gepflegte Grab ist ein Ankerpunkt für den Wandel der Friedhofskultur: Pflegefreie Rasenurnengräber und Kolumbarien sollen den Nachkommen die Grabpflege ersparen: „Lieber ein anonymes als ein ungepflegtes Grab!"

Konzentrierte sich die Grabwahl früher auf das Wahlgrab – Lage auf dem Friedhof frei wählbar, nach Ablauf der Ruhefrist verlängerbar und mit Platz für die Beerdigung des Ehepartners – und das Reihengrab, bei dem auf einem Grabfeld der Reihe nach für eine festgelegte Laufzeit Gräber vergeben wurden, so steht heute die Frage nach der sicheren Pflege im Vordergrund.

5.2.2. Wahlgrabstelle für Sarg- oder Urnenbeisetzung

Bei „Wahlgräbern" können die Angehörigen frei ein Grab wählen, das ihren Wünschen am nächsten kommt. Auf vielen Friedhöfen haben die unterschiedlichen Grabfelder allerdings auch unterschiedliche Preise. Kriterien für die Grabwahl können neben dem Preis sein:
- Nähe zum Eingang, mit kurzen Wegen,
- Lage auf dem Waldfriedhofsteil unter schattigen Bäumen,
- am Hauptweg mit repräsentativem Charakter,
- viel Sonne,
- wenig Laub im Herbst,
- Bank in der Nähe,
- Wasserzapfstelle in der Nähe,
- Nähe zu anderen Grabstellen, die von den gleichen Personen gepflegt werden,
- flacher Zugang, damit Angehörige mit Gehbehinderung zum Grab kommen können,
- eventuell Zufahrt mit dem Auto möglich (Sondererlaubnis bei Behinderungen)
- freie Sicht ohne Hecken in der Umgebung (kein Angstraum),
- Spielraum bei der Grabgestaltung.

Manche Grabstellen ermöglichen viel räumlichen Gestaltungsspielraum, weil die ganze Grabstelle gepflegt werden kann und muss, während andere Grabstellen nur einen begrenzten Raum zur Gestaltung und Pflege haben, weil der vordere Teil aller Gräber Rasenfläche ist, die vom Friedhof unterhalten wird.

Wahlgräber können Einzel-, Doppel- oder Mehrfachgrabstellen sein. Meistens werden heute Doppelgräber gekauft, damit zu unterschiedlichen Zeiten verstorbene (Ehe-)Partner nebeneinander bestattet werden können. Wahlgräber werden normalerweise für einen längeren Zeitraum verkauft, zum Beispiel für 25 oder 30 Jahre, auch wenn die Pflichtruhezeit nur 20 Jahre beträgt. Wahlgräber können verlängert werden, das heißt, sie können jederzeit für eine gewünschte Dauer nachgekauft werden. Wenn eine neue Bestattung in einem (Doppel-)Wahlgrab vorgenommen werden soll, dann muss die Laufzeit der ganzen Grabstelle noch mindestens die Pflichtruhezeit von z.B. 20 Jahren umfassen.

Wahlgräber für Särge können erst nach Ablauf der Pflichtruhezeit neu mit einem Sarg belegt werden. Allerdings ist es auf vielen Friedhöfen möglich, jederzeit zusätzlich zu einem Sarg noch eine bis vier Urnen auf dieser Grabstelle zu bestatten.

Manche Friedhöfe bieten auch Wahlgräber nur für Urnen an: Diese sind mit ca. einem Quadratmeter nur halb so groß wie ein normales Wahlgrab. In einem solchen Urnenwahlgrab können je nach Friedhofssatzung bis zu vier Urnen beigesetzt werden.

Für jedes Wahlgrab gibt es einen Grabschein. Der Inhaber dieses vom Friedhofsamt ausgegebenen Grabscheins ist als Nutzungsberechtigter befugt zu entscheiden, wer in dieser Grabstätte beerdigt werden kann.

Vor dem Kauf eines Grabes sollte man sich über die geltenden Gestaltungsvorschriften des Friedhofes bzw. des Grabfeldes informieren (⟶ 8.1.). Damit Friedhöfe ein einheitliches Bild abgeben, gibt es Vorschriften über die Größe eines Grabsteines, mögliche Bepflanzung, Abgrenzung eines Grabes durch Steinumrandungen oder Hecken und so weiter. Diese Vorschriften können je nach Grabfeld variieren. Sollte der Friedhof ein sogenannter Monopolfriedhof (ohne andere Friedhöfe in erreichbarer Nähe) sein, dann muss es auch mindestens ein Grabfeld ohne Gestaltungsvorschriften geben.

Wenn die Angehörigen eine Grabstelle auswählen, zeigt ihnen normalerweise ein Mitarbeiter der Friedhofsverwaltung vor Ort, welche zur Verfügung stehenden Gräber den Wünschen und Vorstellungen der Angehörigen am besten entsprechen könnten. Diese Auswahl kann nicht erst kurz vor der Beerdigung geschehen, da der Friedhof für das Ausschachten noch Vorbereitungszeit braucht.

Die Grabpflege

Die Regeln für die Grabpflege sind ganz unterschiedlich. Auf jedem Friedhof ist es erlaubt, dass die Angehörigen die Gräber selbst pflegen und in einem gewissen Rahmen gestalten. Ausgenommen sind nur die Urnen- oder Sargrasengräber (➡ 5.2.4.), die alleine durch die Friedhofsverwaltung oder deren Beauftragte gepflegt werden. Wenn man das Grab nicht selbst pflegen kann oder möchte, darf auf vielen Friedhöfen nur die zugehörige Friedhofsgärtnerei damit beauftragt werden – da sie sich auch um die gesamte Friedhofsanlage kümmern muss, könnte sie im Regelfall ohne die Grabpflegeaufträge finanziell nicht überleben. Andere Friedhöfe werden von Vertragsgärtnereien gepflegt, denen manchmal auch die Alleinzuständigkeit für private Grabpflegen übertragen wurde. Die dritte Möglichkeit, dass es den Angehörigen völlig freisteht, wen sie beauftragen, gibt es natürlich auch.

Wer einen Kaufvertrag mit dem Friedhofsträger abschließt, verpflichtet sich gleichzeitig dazu, das Grab ordentlich zu pflegen. Wird die Pflege eines Grabes vernachlässigt und wächst Unkraut, das benachbarte Gräber zu verunreinigen droht, dann entsteht sehr schnell ein enormer Druck auf die Friedhofsträger, für Abhilfe zu sorgen. Die Friedhofsverwaltung schickt dann ein Mahnschreiben an den Inhaber des Grabscheins und stellt ein kleines Hinweisschild auf das Grab. Sie kann die Grabstätte einziehen, wenn auf die Mahnungen keine Reaktionen erfolgen.

Unkrautvertilgungsmittel sind bei der Grabpflege normalerweise nicht mehr erlaubt. Gegebenenfalls können der Friedhofsträger und das Friedhofsbüro über die möglichen Hilfsmittel gegen Unkraut informieren.

5.2.3. Reihengrabstätte für Sargbestattungen oder Urnenbeisetzungen

Reihengräber sind Gräber, die „der Reihe nach" von der Friedhofsverwaltung vergeben werden. Hier kann man sich den Platz des Grabes nicht aussuchen, sondern bekommt vom Friedhof das nächste Grab zugewiesen, das an der Reihe ist. Die Gebühren für die Nutzungsrechte an Reihengräbern sind geringer als die Gebühren bei Wahlgräbern, da manchmal mehrere nebeneinanderliegende Gräber zusammen ausgeschachtet und dann gemeinsam wieder verfüllt werden können. Reihengräber haben eine festgelegte Ruhezeit. Diese kann nicht verlängert werden. Reihengräber sind prinzipiell Einzelgräber. Auch bei diesen Gräbern gibt es wie bei den Wahlgräbern für Särge und Urnen unterschiedliche Lagen der Grabfelder, die auf den Preis Einfluss haben.

Nach Ablauf der Pflichtruhezeit kann das ganze Grabfeld vom Friedhofsträger neu gestaltet werden.

5.2.4. Sarg- oder Urnenbeisetzung im Rasenfeld mit Grabplatten

Aus Angst, dass ihr Grab von den Angehörigen nicht ordentlich gepflegt wird, haben sich viele Menschen in einem anonymen Grabfeld bestatten lassen, ohne dass ihnen an der Anonymität wirklich etwas lag. Friedhofsträger sind diesen Ängsten entgegengekommen, indem sie Rasenreihengräber für Urnen oder Särge anbieten. Die Rasenfläche wird für die ganze Ruhezeit vom Friedhof gepflegt, sodass die Gräber ordentlich aussehen.

In die Rasenfläche sind kleine Steine bündig eingelassen, die jedes Grab kennzeichnen: je nach Friedhofssatzung mit Namen, Geburts- und Sterbedaten, mit Kosenamen oder ohne Beschriftung. Die Hauptsache ist, dass jedes Grab einzeln als Grab identifizierbar ist. Manche Friedhöfe stellen auch eine Stele auf, auf der alle Namen der hier Begrabenen aufgeführt sind.

Solche gekennzeichneten Rasenreihengräber werden auch von den christlichen Kirchen als christliche Bestattungsstellen anerkannt, während ganz anonyme Bestattungen nicht dem christlichen Glauben entsprechen: Vor Gott hat jeder Mensch seinen eigenen Namen, seine Geschichte, seine Identität. Ein anonymes Begraben würde diesem Glaubensverständnis nicht gerecht werden.

Wenn Angehörige sich für die Bestattung auf einem Urnenrasenreihenfeld entscheiden, dann sollten sie sich deutlich im Klaren darüber sein, dass am Grab selbst keine Blumen und Gestecke abgelegt werden dürfen. Sie wären dem Rasenmäher im Weg und können – auch aus Kostengründen – nicht jedes Mal vom Friedhofsgärtner beiseite geräumt werden. Für Blumen und Ähnliches wird daher eine gesonderte Stelle neben dem Grabfeld ausgewiesen, die oft mit einem großen Stein oder einem Kreuz gekennzeichnet ist.

Da eine Umbettung wegen der Totenruhe nicht erlaubt wird, muss die Entscheidung für eine solche Grabstätte gut überlegt sein. Manchmal stellt sich erst später heraus, dass es für einen Trauerprozess sehr wichtig ist, noch Blumen am Grab ablegen oder das Grab mitgestalten zu können. Gerade wenn nahe Angehörige da sind – Ehe- oder Lebenspartner, Kinder, Enkel –, sollte eher eine Grabstelle genommen werden, bei der es erlaubt ist, Schalen oder Vasen aufzustellen beziehungsweise Gestecke aufzulegen, auch man wenn die Pflege als solche einer Gärtnerei anvertraut hat. Dafür eignet sich zum Beispiel das im nächsten Kapitel beschriebene Urnenwahlgrab mit Pflege durch den Friedhof.

5.2.5. Gemeinschaftsgrabanlagen für Urnen oder Särge mit Pflege durch den Friedhof

Viele Friedhöfe haben inzwischen als Weiterentwicklung der Rasenurnenreihengräber aufwendiger gestaltete Urnenwahlgrabfelder angelegt, die vom Friedhof mit mehreren Bepflanzungen jährlich gepflegt werden. Auf diesen Gräbern können aber die Angehörigen zusätzlich Pflanzen einpflanzen, Blumenvasen oder Schalen aufstellen und Grabsträuße ablegen. Diese Grabstätte ist wesentlich persönlicher als das Rasenurnenreihengrab und erlaubt je nach Bedarf einen dem Trauerprozess angemessenen Bezug zur Grabstelle. Für den Verstorbenen ist auf Dauer gesichert, dass er in einer gepflegten Grabstelle liegt.

Die anonyme Bestattung
„Wir wollen unseren Kindern nicht zur Last fallen. Die sollen sich nicht auf dem Friedhof mit der Grabpflege abmühen müssen. Wir lassen uns anonym bestatten!"
In vollem Einklang miteinander hatte in den achtziger Jahren ein Ehepaar diesen Entschluss gefasst und auch schriftlich niedergelegt, nachdem es in einer ostdeutschen Großstadt eine Bestattung unter einem Rosenfeld erlebt hatte. Dem Mann war wohl auch wichtig, dass seine Frau sich nicht jeden Tag auf den mühsamen Weg zum Friedhof machen

193

sollte. Als der Mann Jahre später nach Monaten aufopferungsvoller Pflege durch die Frau starb und der Leichnam vom Bestatter abgeholt wurde, wurde der Frau erst richtig bewusst, was sie vor Jahren mit ihrem Mann schriftlich vereinbart hatte: Kein Grab, auf das sie Blumen legen konnte. Kein Grab, das sie pflegen durfte. Kein Grab, an dem sie ihre Erinnerungen verarbeiten konnte. Sie war todunglücklich, dass ihr von einem auf den anderen Tag sowohl ihr Ehemann genommen wurde als auch jede Möglichkeit fehlte, ihrem verstorbenen Mann räumlich nahe zu sein. Mit großen inneren Schwierigkeiten hat sie sich dann auf Rat ihrer Kinder entschieden, den gemeinsam formulierten Willen zu missachten und doch eine normale Grabstätte auf dem Friedhof auszusuchen.

Einen wichtigen Aspekt haben beide Ehepartner bei ihrem gemeinsamen Entschluss für eine anonyme Bestattung nicht beachtet: Ehepartner sterben in den seltensten Fällen gleichzeitig. Einer von ihnen hinterbleibt. Kein Mensch weiß aber im Vorhinein, wie sein eigener Trauerprozess aussieht: Ob ihm die Fotografie auf dem Schrank als Andenken wirklich ausreicht oder ob ihm in seiner Trauer der tägliche Weg zum Friedhof und eine liebevolle Grabpflege besser hilft. Normalerweise kann niemand in seiner Trauer auf eigene Erfahrungen zurückgreifen: Denn man beerdigt seinen Vater, seine Mutter oder seinen Ehepartner nur einmal. Und der anschließende Trauerprozess läuft immer wieder anders ab. Wenn man aus Erfahrungen lernen konnte, ist es für Korrekturen zu spät.

Ursprünglich war die anonyme Bestattung für Menschen gedacht, die keine Angehörigen, keine Freunde und keine Bekannten hatten. Im Laufe der Zeit kamen andere Gründe hinzu: Als preiswerteste Bestattungsart wurde sie von Menschen gewählt, denen das Geld für eine normale Bestattung fehlte oder die ihren Angehörigen diese Ausgabe weitgehend ersparen wollten. Auch andere sehr ehrenwerte Gründe wurden maßgebend: Man möchte durch eine anonyme Bestattung seinem Ehepartner oder seinen Kindern die Grabpflege und den regelmäßigen Weg zum Friedhof ersparen. Nicht selten waren nach einem einsam gefassten Beschluss Ehepartner und Kinder entsetzt darüber, dass ihrem Respekt vor dem Verstorbenen so wenig vertraut wurde.

Ende des letzten Jahrhunderts erreichte die Welle anonymer Bestattungen ihren Höhepunkt: Da zur gleichen Zeit die Individualität eines Menschen im Selbstbewusstsein eine immer wichtigere Rolle spielte und fast kein Mensch in der westlichen Gesellschaft sich selbst nur als ein anonymes Teilchen einer großen Masse sah, entsprach dieser Trend zur anonymen Bestattung überhaupt nicht dem allgemeinen Selbstverständnis.

Im Hintergrund dieses Trends stand aber neben finanziellen Beweggründen vor allem die Angst vor dem eigenen ungepflegten Grab, weil der nächsten Generation die ordentliche Grabpflege nicht zugetraut wurde oder auch nicht zugemutet werden sollte. Daraufhin haben Friedhofsträger die Grabform des Rasenreihengrabes mit Rasenpflege durch den Friedhof angeboten, die bald enormen Anklang fand.

Bei einer anonymen Bestattung fehlt nicht zwingend auch die Trauerfeier. Man kann sich durchaus eine Trauerfeier oder einen Trauergottesdienst wünschen, aber auf ein benennbares Grab auf dem Friedhof zugunsten einer Rasenurnengrabstätte oder einer anonymen Grabstätte verzichten.

5.2.6. Die anonyme Bestattung beim Krematorium

Wenn Menschen sich anonym bestatten lassen, geschieht das normalerweise nach einer Verbrennung in einer Urne. Auf krematoriumsnahen Friedhöfen gibt es für anonyme Bestattungen ein Rasenfeld, in dem die Urnen eng nebeneinander beigesetzt werden. Üblicherweise hebt ein Friedhofsbagger einen Graben aus, die Urnen werden hineingestellt und dann schüttet der Bagger die Grabreihe wieder zu. Es wird ein Verzeichnis angelegt, wo welche Urne beigesetzt wurde. Solche Beisetzungen geschehen normalerweise morgens, bevor der Friedhof öffnet. Im Sinne der (gewünschten und zugesagten) Anonymität werden die Daten nicht an die Angehörigen herausgegeben, welche Urne wann und wo beigesetzt worden ist.

5.2.7. Urnenbeisetzung im Kolumbarium

Eine für Deutschland recht neue Bestattungsart hat in den letzten beiden Jahrzehnten viele Anhänger gefunden: Die Beisetzung in einem Kolumbarium (von lateinisch *columbarium:* Taubenschlag). Ein Kolumbarium ist eine Mauer oder eine Stele aus Kammern, in die jeweils eine oder zwei Urnen gestellt werden. Die Kammern werden mit einer Steinplatte verschlossen, die mit dem Namen des Verstorbenen gekennzeichnet sein kann.

Kolumbarien waren schon Bestattungsorte im Rom des ersten Jahrhunderts. In Deutschland gibt es Kolumbarien seit ca. 120 Jahren (1892 in Gotha). Inzwischen gibt es auch Kirchen, in denen Kolumbarienwände aufgestellt sind, oder Kirchen, die eine Seitenwand als Kolumbarium benutzen. In Amerika, zum Beispiel auf dem Hollywood Forever Cemetery in Los Angeles, gibt es Kolumbarien mit gebäudehohen Wänden aus Kammern, die mit Glastüren verschlossen sind, sodass der Innenraum mit den Urnen sichtbar bleibt und geschmückt werden kann.

Als Vorteil der Kolumbarien wird angesehen, dass diese Grabstätten keinerlei Pflege seitens der Angehörigen benötigen.

Verschiedene Friedhöfe bieten nicht nur offene Kolumbarienmauern, sondern auch geschlossene Kolumbarienräume an. Diese Räume wie auch die Kolumbarienkirchen sind teilweise für die Öffentlichkeit nicht zugänglich: Nur die Angehörigen bekommen Schlüssel, die ihnen den jederzeitigen Zugang zu der Begräbnisstätte ermöglichen.

Nach Ablauf der vorgesehenen Ruhezeit werden die Innenurnen mit der Asche auf einem Feld des Friedhofes beigesetzt.

> **Kirchen als Kolumbarien**
> In den Innenstädten der Großstädte wurden früher von unterschiedlichen Konfessionen Kirchen nahe beieinander gebaut. Heute wohnen in den zu Einkaufsmeilen verwandelten Zentren nur noch wenige Menschen und nicht mehr alle Kirchen werden für die Gemeinden gebraucht. Neben anderen neuen Nutzungen gibt es einige Kirchen, die ganz oder teilweise zu sehenswerten Kolumbarien umgebaut worden sind: Zum Beispiel die römisch-katholische Allerheiligenkirche in Erfurt, St. Josef in Aachen oder die evangelische St. Pauli-Kirche in Soest.

5.2.8. Die Seebestattung

Im Norden Deutschlands, in der Nähe von Nordsee oder Ostsee, erfreut sich die Seebestattung großer Beliebtheit. Auf Schiffen hatte man mangels Kühlkammern früher keine Möglichkeiten einen verstorbenen Matrosen bis nach Hause zu bringen: Er musste sein Grab auf dem Meeresboden finden. Heute ist es der Wunsch mancher mit dem Meer verbundener Binnenlandbewohner, ihre letzte Ruhestätte im Meer zu finden. Die Asche des Verstorbenen wird dazu in eine wasserlösliche Urne gepackt und diese Urne wird von einem Schiff aus in einer kleinen Zeremonie dem Meer übergeben.

Einige Bestattungsinstitute fernab der See veranstalten mit gewisser Regelmäßigkeit Seebestattungen. Dabei werden die Angehörigen mehrerer Verstorbener per Bus zu einem Hafenort an der Küste gefahren, wo sie auf ein Schiff umsteigen, von dem aus die Urne im Meer versenkt wird.

Als Nachteil dieser Bestattungsart empfinden viele Angehörige später, dass sie keinen Platz auf dem Friedhof haben, an dem sie trauern und durch die Grabpflege dem Verstorbenen gefühlsmäßig etwas Gutes tun können. Hotelbesitzer in besagten Hafenorten haben regelmäßig Gäste, die beim stundenlangen Blick auf das Meer für sich Trauerarbeit leisten.

5.2.9. Der ‚FriedWald'

Große Medienaufmerksamkeit ziehen seit etwa fünfundzwanzig Jahren die Friedwälder auf sich. Eine Schweizer Firma hat sich diesen Begriff für eine Bestattung in einer Art Waldfriedhof schützen lassen: In einem unabgetrennten Waldgebiet kann man sich einen Baum aussuchen, an dessen Wurzeln die Urne vergraben wird. Bis zu 99 Jahre soll die Ruhezeit sein. Wer bei einem späteren Besuch durch die dauernden Veränderungen in einem Wald den richtigen Baum nicht mehr wiederfinden kann, ist auf die Bürozeiten des Friedhofs angewiesen, um sich helfen zu lassen.

So attraktiv diese neue Bestattungsart auch in der Medienberichterstattung ist, so problematisch sind die Konsequenzen: Angehörige haben oft eine weite Anreise zum Besuch der Waldgrabstätte. Wenn sie nicht mehr selbst Auto fahren, sind sie auf fahrbereite Angehörige angewiesen und können deshalb das Grab nicht so oft besuchen, wie es auf einem nahegelegenen Friedhof möglich wäre. Innerhalb des Waldes müssen sie manchmal eine lange Wegstrecke zu Fuß zurücklegen, die mit zunehmendem Alter zusehends schwerer fällt. Ist der Besucher auf Rollstuhl oder Rollator angewiesen, wird manches mitten im Wald gelegene Grab unerreichbar.

Inzwischen bieten immer öfter auch normale Friedhöfe Bestattungen an den Wurzeln von Bäumen auf Waldflächen innerhalb des Friedhofsgeländes an. Mit oder ohne Namensschilder ist so eine Art Baumbestattung in der näheren Umgebung der Verstorbenen möglich.

5.2.10. Die bunte Vielfalt neuer Bestattungsideen

Seitdem die traditionellen Riten rund um die Bestattung immer weniger als geltende Vorschriften empfunden werden, gibt es eine wachsende Zahl neuer, kreativer Ideen zur Bestattung. Dabei werden sowohl weltweit Riten aus anderen Kulturen übernommen wie auch neue technische Möglichkeiten ausprobiert:

• Flussbestattungen mit sich schnell auflösenden Urnen.
• In manchen Bundesländern ist es möglich, auf dem Friedhof die Asche auf einem Aschestreufeld zu verstreuen.
• Verpressen der Asche unter großem Druck zu einem festen Stein, einem Diamanten.
• Eine amerikanische Firma bietet für viel Geld an, dass die Asche mit einer Rakete in den Weltraum oder gar auf den Mond geschossen wird.

Den Geschäftsideen im Bereich der Bestattungen scheinen kaum Grenzen gesetzt zu sein, wenn man der Werbung mancher Bestattungsinstitute glauben möchte. Modernes Marketing will Alternativen zu den seit Jahrhunderten bewährten Formen des Abschiednehmens verkaufen. Allerdings sind manche Bestattungsarten, wie die Flussbestattung, in Deutschland nicht erlaubt, sondern müssen dann zum Beispiel in den Niederlanden durchgeführt werden.

Die Totenruhe und die Exhumierung
Die Entscheidung für eine bestimmte Bestattung ist endgültig, denn die Totenruhe ist durch das Grundgesetz Art. 1 geschützt. Die unantastbare Würde eines Menschen wirkt auch über seinen Tod hinaus. Dieser Grundgesetzartikel hat Verfassungsrang. Die ungestörte Totenruhe entspricht dem allgemeinen Sittlichkeits- und Pietätsgefühl.

Einen einmal bestatteten Leichnam oder eine Urne umzubetten, kann deshalb von der zuständigen Ordnungsbehörde nur unter besonders schwerwiegenden Umständen erlaubt werden. Eine Meinungswandlung von Angehörigen über das beste Grab wird nicht zu solchen wichtigen Gründen gezählt. Ebenso wird es normalerweise nicht gestattet, Urnen umzubetten, wenn ein Angehöriger in eine weit entfernte Gegend zieht. Selbst das Umbetten einer Urne aus einem Urnengemeinschaftsfeld in eine Urnenwahlanlage, um Ehepartner nebeneinander zu bestatten, wird selten genehmigt. Exhumierungen, also das Ausgraben von bestatteten Leichen oder Urnen, wird normalerweise nur aus kriminaltechnischen Gründen erlaubt, wenn Zweifel über die Todesursache geklärt werden müssen.

5.2.11. Friedhofszwang

Deutsche Bestattungsgesetze schreiben fast durchgängig den Friedhofszwang für Sarg oder Urne vor: Was manchem wie eine überflüssige bürokratische Bevormundung vorkommen mag, hat im Namen der Totenruhe und im Sinne eines gesunden Abschiednehmens durchaus seine Berechtigung: Eine Urne im Garten würde am Tage der Bestattung einen herausragenden, auffälligen Platz bekommen. Danach hätte man zwanzig Jahre lang dieses Urnengrab tagtäglich vor Augen, selbst wenn längst ein neuer Lebensgefährte vorhanden ist. Auch die auf dem Kaminsims im Mittelpunkt stehende Urne kann man bei veränderten Lebensumständen nur schwer in den Keller bringen: Schlechtes Gewissen bei einem selbst und Entsetzen bei den Kindern könnten die Folgen sein.

Friedhöfe haben dagegen einen wichtigen Vorteil: Der Angehörige kann dem eigenen Befinden und dem Verlauf der Trauerarbeit folgend den Friedhof besuchen. Anfangs täglich, später einmal in der Woche oder im Monat: je nach eigenem Wunsch. Er selbst entscheidet über Nähe und Ferne, die Urne im Garten wäre zwangsweise immer vor Augen. Und was geschähe bei einem Verkauf des Hauses?

Nach den Erfahrungen der letzten Jahrzehnte setzen sich die wenigsten alternativen Ideen wirklich durch. Für den letzten Weg und die letzte Ruhestätte vertrauen die meisten Menschen auf altbewährte Formen.

5.2.12. Die Grabkosten

Gräber haben unterschiedliche Preise: Wahlgräber sind teurer als Reihengräber, Sarggräber meist teurer als Urnengräber. Zudem gibt es auf verschiedenen Grabfeldern eines Friedhofes möglicherweise andere Preise: Berechnet wird pro Grab eine jährliche Nutzungsgebühr. Bei einer Beerdigung muss diese Nutzungsgebühr für die Mindestruhezeit von ca. 15 oder 20 Jahren im Voraus bezahlt werden. Die Laufzeit der ganzen Grabstätte darf dabei nicht kürzer sein als die Mindestruhezeit: Bei einem Doppelgrab muss also für beide Grabstellen die Laufzeit für 15 oder 20 Jahre gekauft werden. Stirbt der Partner Jahre später, muss dann die Laufzeit der ganzen Grabstelle so verlängert werden, dass die Mindestruhezeit gewährleistet ist.

Die Mindestruhezeit hängt von der Bodenbeschaffenheit ab und kann für Grabfelder eines einzigen Friedhofes unterschiedlich lang sein. Bei Wahlgrabstätten ist die Laufzeit der Grabstätte üblicherweise länger als die vorgeschriebene Ruhezeit.

Mit den im Voraus zu entrichtenden Grabgebühren wird nicht nur die „Miete" für den vereinbarten Zeitraum bezahlt, sondern auch der Anteil an den Kosten für die Friedhofsinfrastruktur: Pflege der Wege und Anlagen, Parkplatz und Toiletten, Wasser und Abfallentsorgung. Auch müssen jene Friedhofsflächen unterhalten werden, die derzeit nicht als Gräber genutzt werden. Da der Anteil von Urnenbeisetzungen überall steigt und diese weniger Platz als Sargbestattungen benötigen, nehmen die ungenutzten Flächen stark zu und stellen die Friedhofsträger vor große finanzielle Probleme. Da alle Grabbesucher praktisch die gleichen Infrastrukturkosten verursachen, egal ob es sich um Sarg- oder Urnen- oder Kolumbariengräber handelt, werden die Kosten der einzelnen Bestattungsarten immer weiter angeglichen werden und sich nicht mehr wie bisher nach der Grabgröße richten.

Die deutschen Friedhofsträger – Kommunen oder Religionsgemeinschaften – können ihre Grabgebühren nicht frei festlegen. Friedhofssatzungen und Gebührensatzungen müssen mit ausführlichen Begründungen den kommunalen Aufsichtsbehörden vorgelegt und von diesen genehmigt werden

Private Friedhöfe sind in den meisten Bundesländern nicht zugelassen. Ein Grund hierfür sind die langen Ruhefristen, für die ein öffentlich-rechtlicher Träger – der nicht insolvent werden kann – die Totenruhe garantieren muss.

5.2.13. Das Reservieren einer Grabstätte „Vorerwerb"

Manche Menschen entdecken Lieblingsorte auf dem Friedhof: eine Bank mit schöner Aussicht, ein Platz mit intensivem Lichteinfall, ein großer Baum mit ausladenden Ästen wie ein Dach, eine Stelle inmitten blühender Büsche und gepflegter Gräber voll bunter Blumen. In Gedanken sucht man sich dann schon eine Grabstätte für die irgendwann kommende eigene Beerdigung aus.

Bei vielen Friedhofsträgern ist es möglich, sich schon zu Lebzeiten ein Grab auszuwählen und sich durch den Kauf diese Grabstätte zu reservieren. Den Angehörigen wird dadurch eine schwierige Entscheidung nach einem Todesfall erspart, wofür viele Angehörige sehr dankbar sind. Doch der frühzeitige Grabkauf sollte mit den Angehörigen besprochen werden, damit deren Interessen berücksichtigt werden können: Gute Erreichbarkeit, Wasserstelle in der Nähe, keine Laubmengen im Herbst, Nähe zu anderen zu pflegenden Gräbern etc. Manchmal reduzieren Friedhofsträger die Gebühr auf die Hälfte der Normalgebühr, solange das Grab noch nicht belegt ist. Die Käufer verpflichten sich, auch während der Reservierungszeit die Grabfläche in Ordnung zu halten.

5.3. Jüdische Grabstätten

Die Bestattung eines Verstorbenen sollte möglichst bald nach dem Tod erfolgen. Vielfach übernehmen die jüdischen Gemeinden die Organisation der Bestattung, da viele jüdische Friedhöfe im Besitz der Gemeinden sind.

Gräber auf jüdischen Friedhöfen sind Ewigkeitsgräber. Sie werden nicht ein zweites Mal belegt. Die Gräber sind nach Süd-Osten ausgerichtet, in Richtung auf das Heilige Land.

Die Bestattung geschieht in einem Leintuch in einem sehr einfachen Sarg. Damit soll symbolisiert werden, dass alle Menschen bei Gott gleich sind. Es gibt keine Verbrennungen mit Urnenbestattung. Normalerweise gehören zu einer jüdischen Bestattung keine Blumen. Auch die Gräber werden nicht durch Blumen geschmückt, sondern Besucher legen als Zeichen ihres Besuches und als symbolisches Gedenken an den Verstorbenen Steine auf den Grabstein.

Siehe auch Kapitel 6.3.3. Jüdische Bestattung.

5.4. Muslimische Grabstätten

Die meisten Familien mit muslimischem Glaubenshintergrund haben festgelegt, dass sie zu ihrer Bestattung in ihr Heimatland überführt werden. So ist die Zahl der muslimischen Grabstellen und insbesondere der muslimischen Friedhöfe in Deutschland noch gering und entspricht nicht dem muslimischen Anteil an der Bevölkerung. Hinzu kommt, dass für eine Bestattung nach muslimischen Vorschriften folgende Voraussetzungen gelten und Regelungen einzuhalten sind, die, wie die Ewigkeitsdauer der Gräber, in Deutschland kaum zu garantieren sind:

- Eine Bestattung soll möglichst noch am Todestag erfolgen, da die Bestattung Vorrang vor allen anderen Geschäften haben muss. Das ist in Deutschland wegen der achtundvierzigstündigen Wartezeit vor einer Bestattung nicht möglich.
- Der Friedhof muss einen separaten Raum haben, in dem die vorgeschriebenen rituellen Waschungen durchgeführt werden können.
- Das Grab muss so ausgerichtet sein, dass der Tote mit dem Gesicht nach Mekka auf seiner rechten Körperseite liegt.
- Das Grab darf nicht schon einmal für eine Bestattung benutzt worden sein, „jungfräuliche Erde".
- Das Grabfeld muss ein rein muslimisches Grabfeld sein.
- Das Grab muss ein Ewigkeitsgrab sein, es darf nicht aufgehoben werden. Auf dem Grabfeld darf zukünftig keine andere Nutzung stattfinden.

- Die Bestattung muss im Leinentuch erfolgen, wobei einzelne Strömungen im Islam auch einen Holzsarg erlauben.
- Grabschmuck oder Grabpflege sind nicht üblich.
- Nur eine Erdbestattung ist zulässig.

Es gibt daher in Deutschland einige Bestattungsunternehmen, die auf die Überführung in muslimische Länder spezialisiert sind.

Siehe auch Kapitel 6.3.4. Muslimische Bestattung.

6. DIE TRAUERFEIER

6.1. Sinn einer Trauerfeier: Abschied, Würdigung und Dank, Trost, Stärkung des Glaubens und Begleitung

Wir verabschieden unsere Toten mit einer Trauerfeier. Das scheint einem menschlichen Grundbedürfnis zu entsprechen: Alle Kulturen der Welt haben eine ritualisierte Form des Abschieds entwickelt. Tote bei Nacht und Nebel zu verscharren, würde als Verletzung der Menschenwürde aufgefasst.

Eine Trauerfeier findet für die Lebenden statt: Für die nahen Angehörigen, aber auch für hinterbliebene Freunde und Bekannte. Sie ist ein Weg, die Trauer um den Toten zu bewältigen – oder zumindest ein wichtiger Schritt dabei. Wie bedeutend so ein Abschiedsritual ist, kann man bei Menschen erkennen, die ohne eine solche Verabschiedung auskommen mussten, weil sie ihren Angehörigen in einem Krieg oder bei einer Katastrophe verloren haben: Da behilft man sich bisweilen mit einer symbolischen Gedächtnisfeier, vielfach bleibt jedoch ein lebenslanges Trauma zurück.

Die Trauerfeier ist ein Moment der Sammlung: Alle Gedanken sind noch einmal auf den Toten gerichtet. Auch die Gedanken an den eigenen Weg zum Tod haben hier ihren Platz.

Bis in die letzte Hälfte des letzten Jahrhunderts war es für die meisten Menschen durch Tradition und die üblichen Riten festgelegt, wie der Abschied von einem Menschen zu geschehen hatte. Die öffentliche Trauerfeier in der Form eines Trauergottesdienstes mit anschließender Beisetzung oder als Trauerfeier nach einer Messe war eine Selbstverständlichkeit. Zum Abschluss eines Lebens wurden der Tote und sein Leben gewürdigt. Er stand im Mittelpunkt. Familie, Verwandte, Freunde, Nachbarn und Arbeitskollegen gaben das letzte Geleit. Ein würdiger Abschied. Nicht nur der Verstorbene wurde mit Worten und Kränzen gewürdigt, auch die Familie sah sich in dieser Situation „gewürdigt": Die Familie mit dem Verstorbenen war und ist ein wichtiger Teil der

Gemeinschaft – eines Dorfes, einer Firma, eines Vereins. Reden des Chefs oder eines Vereinsvorstandes gehörten bis vor vierzig Jahren zum fast normalen Ablauf einer Beerdigung.

Doch gab es bei diesen Trauerfeiern einen Wermutstropfen: „De mortuis nil nisi bene." Schon bei den alten Römern und Griechen verhielt man sich nach der (ungeschriebenen) Regel: „Über den Toten sage man nichts, wenn nicht gut gemeint." Meist wurde diese Regel noch verallgemeinert verstanden und umgesetzt: „Über den Toten nur Gutes!" Die Folge war, dass Trauerredner nur ein sehr einseitiges Bild des Verstorbenen zeichneten und die Zuhörer im Kopf das ihnen bekannte Negative ergänzten. Ein solcher Mechanismus gab Trauerfeiern oft eine peinliche Note. Aber auch Trauerredner, die sich um ein vollständiges Bild des Verstorbenen mit positiven wie negativen Seiten bemühten, setzten Akzente, die den Trauernden unangenehm und peinlich waren: Wer könnte schon das Leben eines anderen angemessen beurteilen? Andererseits wurden Trauerfeiern, die jeden persönlichen Bezug zu dem Verstorbenen vermieden, als unpersönlich, lieblos und schale Routine wahrgenommen.

Eine Wertschätzung, die einem Verstorbenen gegenüber dargebracht wird, wird von den Angehörigen meist als Wertschätzung ihnen selbst gegenüber verstanden und gefühlt. Eine solche Wertschätzung kommt bei einer Trauerfeier auf vielfache Weise zum Ausdruck: Durch die Anwesenheit der oft von weither angereisten Gäste, durch Kränze oder Gestecke, durch wertschätzende Zeilen in einem Trauerbrief, durch Beileidsbekundungen und tröstende Worte am Grab, durch mitgebrachte Blumen für das Grab und durch die Teilnahme an der Nachfeier. In der Trauer um den Verlust eines nahestehenden Menschen und bei dem unmittelbar bevorstehenden Weg zum Grab mit dem Moment des endgültigen Verabschiedens geben wertschätzende Gesten eine nicht zu unterschätzende Stärkung.

Mit Trauerfeier, Begräbnis und anschließendem Beerdigungskaffee wird den engsten Trauernden ein deutliches Signal vermittelt, dass das normale Leben weitergeht und auch die Trauernden sich darauf einstellen müssen. Dazu sollen die Abschiedsriten stärken und ermutigen.

6.2. Der Rahmen der Trauerfeier: öffentlich, privat, oder anonym ohne Trauerfeier

Früher standen Ablauf und nähere Umstände einer Trauerfeier praktisch fest – Trauernde mussten somit nur noch wenige Fragen entscheiden. Heute hingegen haben sie die Wahl zwischen öffentlicher Trauerfeier, Trauerfeier im eher privaten Rahmen oder auch gar keiner Trauerfeier (nur Bestattung).

Wer über sein eigenes Sterben und den Tod nachdenkt, kann seinen Angehörigen diese Entscheidung abnehmen oder erleichtern: Schriftlich im Testament niedergelegt ist sie bindend für die Angehörigen („Teiltestament zur Bestattung" ⟶ 12.8.), als mündlich oder anderweitig schriftlich geäußerter Wunsch stellt sie eine wichtige Wegweisung für die Trauernden dar.

Wer nun den Rahmen der Trauerfeier konkret plant, sollte Folgendes mit bedenken:

* Wer hinterbleibt als Trauernder? Ehegatte, Kinder, Enkel, Geschwister – sie sind von der Trauer betroffen, selbstverständlich. Was werden sie brauchen? Was wird ihnen guttun? Helfen ihnen Zeichen und Gesten der Wertschätzung aus Verwandten- und Freundeskreis? Werden sie sich eher zurückziehen in die engere Familie?

* Aber trauern nicht auch Verwandte, Kollegen, Freunde? Sie werden – vielleicht plötzlich oder nach einer längeren Krankheit – mit dem Abschied konfrontiert und werden gleichzeitig Gedanken an ihr eigenes Sterben und ihren eigenen Weg zum Tod nicht verhindern können. Vielfach sind Freunde, die einen Sterbeprozess nicht hautnah mitbekommen, bei Todesnachrichten sehr stark betroffen und verunsichert.

Wer dennoch eine Beerdigung nur im kleinsten Familienkreis möchte, der kann sehr zeitnah Freundeskreise aus Vereinen, Kegelclubs etc. zu sich einladen. Auch Freunde, Sportfreunde, Nachbarn und Kollegen brauchen nach manchen Todesfällen ihre Trauerarbeit.

Zu diesem Zeitpunkt fallen auch viele Entscheidungen über das Leben nach dem Todesfall: Über den zukünftigen Freundeskreis wie über die Einsamkeit. Häufig geht einem Todesfall eine lange Zeit schwerer Krankheit voraus. Krankenbesuche verunsichern viele Menschen aus dem etwas weiteren Freundeskreis und bleiben deshalb aus: „Vielleicht störe ich?" Angehörige hingegen senden vielleicht nicht die notwendigen Signale und fragen sich: „Warum kommen die nicht zu Besuch?" Eine Einladung zur Trauerfeier und im Gegenzug eine Kondolenzkarte können so Gelegenheit schaffen, Missverständnisse auszuräumen.

Nicht unbeachtet bleiben sollte auch die Frage nach den Kosten. Aufwändige Bewirtung einer großen Trauergemeinde zusätzlich zu den anderen Begräbniskosten übersteigt die Finanzkraft vieler Angehöriger. Wenn der Verstorbene lange Zeit in einem Seniorenheim gelebt hat und auf „ergänzende Sozialhilfe" angewiesen war, werden die Finanzmittel aufgebraucht sein. Wer frühzeitig Geld für die Bestattung zurücklegt (➡ 2.26. und 11.8.9.), kann seinen Angehörigen unter Umständen sehr helfen.

Im Folgenden sollen einige Vor- und Nachteile der drei Möglichkeiten für das Abschiednehmen gegenübergestellt werden:

6.2.1. Öffentliche Trauerfeier (Trauergottesdienst)

Vorteile:
* Der Todesfall wird von vielen wahrgenommen.
* Der Verstorbene steht noch einmal im Mittelpunkt.
* Viele Erinnerungen würdigen sein Leben und Wirken.
* Die engsten Angehörigen fühlen sich in ihrer Trauer wahr- und angenommen.
* Die engsten Angehörigen spüren und erleben Nähe durch den Verwandten-, Freundes- und Kollegenkreis.
* Die Wertschätzung durch die Teilnahme am Abschied hilft den Angehörigen.
* Freunden, Arbeitskollegen und Nachbarn wird Gelegenheit gegeben, mit ihrer eigenen Trauer besser umzugehen.
* Frühere Bekannte und Freunde, die durch die öffentliche Einladung (Traueranzeige) auf den Todesfall aufmerksam werden oder die durch Briefe eingeladen werden, finden wieder neuen Kontakt zu den Hinterbliebenen.
* Für hinterbliebene Ehegatten, die auf neue oder wiederaufgenommene Kontakte für ihre Zukunft angewiesen sind, ergeben sich hier nicht zu unterschätzende Möglichkeiten und Chancen, alte Kontakte wieder zu aktivieren.

- Tröstende Erzählungen und unterschiedliche Erfahrungen im Umgang mit Todesfällen können äußerst hilfreich sein für den eigenen Umgang der Trauernden mit dem Abschied.
- Das größere, öffentliche Umfeld kann das Ausbrechen interner Konflikte innerhalb der Angehörigen verhindern.

Aber auch:
- Man ist in einer schweren Stunde des Abschiedes nicht mit seinen Gedanken und Gefühlen alleine, sondern hat viele ganz unterschiedliche Menschen um sich herum, mit denen man sich unterhalten muss.
- Manches Reden und Verhalten während Trauerfeier und Beerdigungskaffee kann man als unangemessen empfinden.
- Die öffentlichen Erinnerungen sind nicht nur schöne Erinnerungen, sondern können auch sehr belasten.
- Für eine größere Beerdigungsnachfeier entstehen zusätzliche Kosten.

6.2.2. Private Trauerfeier im engsten Rahmen mit Familie und Freunden (Trauergottesdienst)

Vorteile:
- Der Verstorbene steht noch einmal ganz im Mittelpunkt.
- Die Erinnerungen, die sein Leben und Wirken würdigen, können privater sein, wenn nur die Familie teilnimmt. Es muss kein Bild für die Öffentlichkeit entstehen oder bestärkt werden.
- Man weiß vorher, wer teilnimmt und kann sich auf diese Menschen und ihre Bedürfnisse einstellen.
- Man muss sich in dieser Situation nicht mit Menschen auseinandersetzen, die man lange nicht gesehen hat.
- Man wird nicht plötzlich mit Konflikten aus einer lange vergangenen Zeit konfrontiert.
- Man kann sich stärker auf die eigene Trauer konzentrieren.
- Die Kosten für das Beerdigungskaffeetrinken nach der Trauerfeier sind überschaubarer.

Aber auch:
- Man stößt eventuell Menschen vor den Kopf, wenn sie nicht eingeladen sind.

- Man nimmt Menschen die Möglichkeit, sich innerlich von dem Verstorbenen im Rahmen eines Gottesdienstes zu verabschieden.
- Man lässt eine Chance aus, vorhandene Konflikte im Angesicht des Todes zu überwinden und Vergangenheit hinter sich zu lassen.
- Man kann Beziehungen zerstören, die eventuell gerade in der kommenden Zeit wichtig sein könnten.

6.2.3. Abschied ohne Trauerfeier

Abschiednehmen ohne Trauerfeier
Ein Ehemann, der Kirche und Glauben sehr kritisch gegenüber stand, hatte vor Jahren für sich festgelegt, dass er nach seinem Tod verbrannt werden möchte und seine Asche anonym beigesetzt werden soll. Auch sollte keinerlei Trauerfeier stattfinden. Seine Frau fühlte sich, zwei Jahre nach der diamantenen Hochzeit, gezwungen, diesem Wunsch nachzugeben.
Doch ohne Begräbnis und ohne Trauerfeier ist es ihr nicht gelungen, in einem normalen Trauerprozess Abschied zu nehmen: Mehrere Wochen lang verschloss sie sich in ihrer Wohnung, ließ sich von ihren im gleichen Haus lebenden Kindern nur das Nötigste zum Leben bringen, empfing keinen Besuch und ging nicht an das Telefon. Selbst Freundinnen fanden keinen Zugang zu ihr: Sie kam mit diesem Abschied nicht zurecht. Sie hatte keinen Ort zu trauern, und sie hatte die Signale von außen nicht akzeptieren können, dass nun für sie die stärkste Trauerphase zu Ende gehen muss. Für sie wäre das Verrat an ihrem Mann gewesen.

„Macht um mich kein Aufhebens!" – das ist oft gut gemeint, kann aber den Trauerprozess der Angehörigen beträchtlich erschweren. Nicht selten legt sich ein Mensch auf einen Abschied ohne Trauerfeier fest, wenn er noch mitten im Leben steht und der Tod weit weg ist. Da macht sich Bescheidenheit in Sachen Gestaltung des Abschiednehmens gut – man zeigt, dass man sich nicht so wichtig nimmt. Später, in langen Krankheitszeiten vor dem Sterben, kann dieses Gefühl des „Unwichtigseins" zur Belastung werden: Ganz anonym, nur als Nummer möchte kaum einer leben und sterben.

Wichtiger aber erscheint eine andere Frage: „Kommen meine Angehörigen ohne Trauerfeier klar?" Für viele Hinterbliebene ein fürchterlicher Gedanke. Ihnen wird der Abschluss verwehrt: Kein letztes (symbolisches) Dankesagen, keine gemeinsame Erinnerung an vergangene Zeiten, keine geordnete Trauerarbeit, wie sie Menschen normalerweise guttut.

Auch fehlt den Trauernden ein verbindlicher Punkt, ein Anstoß von außen, von dem ab die Gedanken wieder in die Zukunft gerichtet werden (dürfen). Solche äußerlichen Anstöße und Erlebnisse brauchen Trauernde vielfach, um in ihrer Trauerarbeit den nächsten Schritt machen zu können.

Das (halb)öffentliche Abschiednehmen durch Trauerfeier und Beerdigung ist so ein Anstoß, das anschließende Zusammensein mit oft durchaus auch fröhlichen Gesprächen ebenso. Aber auch die Aufforderungen von Freunden und Bekannten sind wichtig: „Nächste Woche kommst du wieder in den Kegelclub!", „Du fährst jetzt für acht Tage mit zu mir!" Zu solchen von außen „angeordneten Abschieden" gibt die Trauerfeier Gelegenheit.

Schlimm ist es, wenn dem Witwer oder der Witwe von nahen Angehörigen, vielleicht den Kindern, der Verzicht auf eine Trauerfeier nahegelegt wird: „Da brauchen wir doch keinen großen Aufwand zu treiben. Ich lade die Familie zum Kaffeetrinken ein, und gut ist!" Oder: „Ich halte sowieso nichts von der Kirche! Warum soll ich mir dann in der Trauerfeier einen Pfarrer anhören?!" Menschen, die vielleicht sehr christlich erzogen wurden, fühlen sich in ihrer Würde und in ihrem persönlichen Glauben gekränkt, wenn die Kinder ihnen oder dem Verstorbenen nicht einmal eine christliche Trauerfeier gönnen wollen. Auch wenn die Kinder große Distanz zum Glauben haben, ist den meisten Sterbenden in ihrem Glauben ein christlicher Abschiedssegen sehr wichtig. Es verletzt sie an tiefer innerer Stelle, wenn sie sich den Wünschen ihrer Kinder unterordnen müssen.

Wer befürchtet, dass die eigenen Kinder aus finanziellen Gründen einen Trauergottesdienst in der Kapelle verweigern, sollte seinen Wunsch nach einem Trauergottesdienst durch Abschluss eines Bestattungsvorsorgevertrages oder durch ein Teiltestament zur Bestattung fixieren.

Manchmal haben Verstorbene eigentlich einen Anspruch auf eine Sozialamtsbeerdigung, weil alle zur Bestattung verpflichteten Angehörigen finanziell nicht in der Lage sind, die Bestattung auszurichten (➠ 2.27.).

Wenn nicht in kurzer Zeit von allen diesen Angehörigen die schriftliche Bescheinigung ihrer zu kleinen Einkommen vorliegen, dann muss die dafür zuständige Ordnungsbehörde die Bestattung anordnen. Zu einer Ordnungsamtsbestattung muss aber, anders als bei einer Sozialamtsbestattung, keine Trauerfeier gehören, weil sie eigentlich nur für den Tod völlig allein lebender Menschen ohne Angehörige und Freunde gedacht war. Überraschend ist dann oft, wie viele Gäste trotzdem zu diesem Abschied kommen und betroffen sind, dass diesem Verstorbenen kein eigener Abschiedsgottesdienst gewidmet wird.

Wenn Behörden versuchen, auch beim Tod von Menschen mit Familie, Verwandten und Freunden eine solche Beisetzung ohne Trauerfeier durchzusetzen, dann sollte man sich dagegen wehren, eventuell mit Hilfe seiner Gemeinde. Es ist keine menschenwürdige Bestattung (auch für Obdachlose nicht), einen Menschen ohne Trauerfeier zu „verscharren", der das nicht für sich selbst so gewünscht und festgelegt hat.

Vorteile einer anonymen Beerdigung ohne Trauerfeier:
• Man braucht keine aufwendigen Vorbereitungen für eine Trauerfeier zu treffen.
• Man braucht niemanden, der sich um die Trauerfeier kümmert.
• Besondere Kosten dafür und für ein anschließendes Zusammensein fallen nicht an.

Aber:
• Viele in Nachbarschaft, im Freundeskreis oder bei alten Kollegen nehmen gar nicht wahr, dass jemand verstorben ist.
• Man hat keinen Abschiedspunkt. Der Abschiedsprozess läuft möglicherweise unvollendet weiter.
• Frühe Entscheidungen werden später bereut, wenn sie nicht mehr zu verändern sind. Es kann ein trostloses Gefühl sein, das die Einsamkeit verstärkt, wenn man weiß, es wird bei seinem Tod niemand um einen trauern.
• Angehörige, Verwandte, Nachbarn und Freunde können es als hässlichen Affront empfinden, wenn ihnen bewusst die Möglichkeit zum Abschiednehmen verweigert wird. Der Verstorbene geht im Streit und die Hinterbliebenen müssen diesen Streit als letzte Erinnerung im Kopf behalten.

6.3. Der Trauergottesdienst

6.3.1. Die evangelische Bestattung

Ein Trauergottesdienst ist ein Gottesdienst mit und für die Angehörigen, Verwandten, Freunde, Bekannten sowie für die Gemeinde, um angesichts des Todes die Botschaft von der Auferstehung Christi zu verkündigen. Keine Verherrlichung des Verstorbenen soll hier im Mittelpunkt stehen, keine Würdigung seines Lebens, sondern der Glaube, dass Gott Herr über Leben und Tod ist und den Verstorbenen in sein Reich holt. Dieses jenseitige Reich entzieht sich dabei allen menschlichen Verstehensmöglichkeiten. Zum Kern des evangelischen Glaubensverständnisses zählt die Überzeugung, dass Menschen sich nicht selbst von der Schuld befreien können, die sie im Leben auf sich geladen haben, sondern dass diese Befreiung von Schuld alleine das Geschenk von Gottes Gnade und Vergebung ist. Dieses Vertrauen in Gottes Liebe soll im Trauergottesdienst bezeugt werden.

So ist dieser Gottesdienst Ermutigung und Trost für die Angehörigen, dass der Verstorbene von Gott so angenommen wird, wie er sein Leben geführt hat, mit allen Höhen und Tiefen, allem Gelungenen und allem Misslungenen.

Dieses Vertrauen in Gottes Liebe soll die Trauergemeinde auch für ihr eigenes Leben bekommen, wenn Menschen über eigene Schuld und Versagen nachdenken.

Früher stand die kritische Würdigung eines Lebenslaufes mit allem Guten und allem Schlechten im Mittelpunkt des Trauergottesdienstes. Oft wurden allerdings nach dem Motto: „Über einen Verstorbenen nichts Schlechtes" wichtige Passagen und Ereignisse ausgespart. Heute hat sich die Überzeugung weitgehend durchgesetzt, dass es Menschen nicht zukommt, auch einem Pfarrer oder einer Pfarrerin nicht, über das Leben eines anderen Menschen ein quasi abschließendes Urteil zu fällen. Alle Menschen, auch die engsten Angehörigen, bekommen immer nur Bruchstücke eines Lebens mit: Ein Urteil könnte alleine Gott selbst fällen.

Deshalb steht die Botschaft von Jesus Christus von Gottes gnädiger Liebe im Vordergrund des Beerdigungsgottesdienstes.

Trauergottesdienste sind in vielen Städten auf eine bestimmte Dauer begrenzt: oft ca. 20 Minuten. In ländlichen Gegenden werden Trauergottesdienste meistens wesentlich ausführlicher gestaltet und dauern dementsprechend manchmal mehr als eine Stunde.

Nach dem Gottesdienst in der Friedhofskapelle oder der örtlichen Kirche zieht die Trauergemeinde zum Friedhof, wo der Verstorbene in seinem Grab beigesetzt wird. An das Vaterunser am Grab schließen sich die Entlass- und Segensworte an: Z.B. „Nachdem Gott der Allmächtige N.N. aus diesem Leben abberufen hat, geben wir seinen Leib dahin, auf dass er zu Asche werde: Erde zur Erde, Asche zur Asche und Staub zum Staube. Gott sei ihm gnädig und nehme ihn auf in sein ewiges Reich. Jesus Christus spricht: Ich bin die Auferstehung und das Leben. Wer an mich glaubt, der wird leben, ob er gleich stürbe. Amen".

Dabei wirft der Pfarrer oder die Pfarrerin mit einer kleinen Schaufel oder mit der Hand als symbolische Geste des Begrabens dreimal Erde auf Sarg oder Urne. Mit dem allgemeinen Segen schließt der Gottesdienst.

Für Gemeindeglieder ist dieser Trauergottesdienst als Abschiedsgottesdienst der Gemeinde in der Kirche oder gemeindeeigenen Friedhofskapelle einschließlich des Orgelspiels normalerweise kostenlos.

6.3.2. Die römisch-katholische Begräbnisliturgie

Die Totenliturgie soll den österlichen Sinn des christlichen Todes ausdrücken. Dabei kennt die römisch-katholische Begräbnisfeier drei Stationen: den Eröffnungsritus in der Friedhofshalle, die Eucharistiefeier in der Kirche und die Beisetzung am Grab. Wenn es eine Eucharistiefeier in der Kirche gibt, dann findet sie vor der Beisetzung statt. In der Regel wird in der Trauerhalle ein Wortgottesdienst gehalten, zu dem eine Ansprache zu einem ausgewählten Bibeltext sowie Psalm und Gebet gehören. Danach begibt sich die Trauergemeinde zum Grab. Am Grab werden noch einige Worte gesprochen und der Sarg hinabgelassen, dann jeweils mit Deuteworten der Sarg besprengt und – falls Ministranten vorhanden – mit Weihrauch geehrt. Mit drei Schaufeln Erde wird das Grab symbolisch zugeschüttet und auf das Kreuz hingewiesen, das später auf dem Grab aufgerichtet wird. Nach Gesang (falls Chor vorhanden) folgen Vaterunser, Schlussgebet und Segenswort.

6.3.3. Die jüdische Bestattung

Vor der Bestattung findet in der Friedhofskapelle oder der Synagoge eine einfache Trauerfeier statt. Der Rabbiner oder ein anderer Liturg hält eine Trauerrede über den Verstorbenen und spricht ein Gebet. Nach der Grablegung werfen die Teilnehmer an der Trauerfeier mit bloßen Händen oder mit einer Schaufel jeweils dreimal Erde auf den Sarg, bis er ganz von Erde bedeckt ist. Dann rezitiert der älteste Sohn das Kaddisch. Damit beginnt die einjährige Trauerzeit nach der Bestattung. Angesichts der begonnenen Trauerzeit ohne Feste für die Angehörigen ist es nicht üblich, dass die Trauergäste im Anschluss an die Bestattung noch zu einem Trauerkaffee o. ä. zusammenkommen.

Bei allen jüdischen Gottesdiensten sowohl in der Synagoge als auch auf dem Friedhof ist es für Männer vorgeschrieben, dass sie eine Kopfbedeckung, die Kippa, tragen. Für Gäste liegen solche Kopfbedeckungen am Eingang der Synagoge oder des Friedhofes bereit.
Siehe auch Kapitel 5.3. Jüdische Grabstätten.

6.3.4. Die muslimische Bestattung

Die Bandbreite islamischer Bestattungsriten aufzuzeigen, übersteigt die Möglichkeiten dieses Buches. Die Bestattung im Islam beginnt mit der rituellen Waschung und Parfümierung des Verstorbenen durch eine Person des gleichen Geschlechts. Dann werden Körper und Gesicht mit weißen Leinentüchern bedeckt. Der eingewickelte Leichnam wird in einen Sarg gelegt, der auf einen speziellen Stein in der Moschee gestellt wird. Der Imam spricht mit den Trauernden das Totengebet. Um dem Toten die letzte Ehre zu erweisen, stehen die Angehörigen am Kopfende des Sarges. Auf die Frage des Imam, was er für ein Mensch gewesen sei, wird geantwortet, dass er eine gute Person gewesen sei. Dann folgt die Fatiha, mit der für die Seele des Verstorbenen gebetet wird. Familienmitglieder tragen den Sarg aus der Moschee. An der Grabstelle wird der Leichnam aus dem Sarg genommen und auf der rechten Seite liegend mit dem Gesicht in Richtung Mekka in eine ausgehöhlte Nische im Grab gebettet. Nachdem der Leichnam mit Matten und Brettern bedeckt ist, werfen die Trauernden eine Schaufel Erde auf das Grab. Der Imam schließt die Trauerfeier mit einem Vergebungsgebet ab.
Siehe auch Kapitel 5.4. Muslimische Grabstätten.

6.3.5. Die freie Trauerfeier

Wenn der Verstorbene kein Mitglied einer christlichen Kirche, einer jüdischen Synagoge oder einer muslimischen Gemeinschaft ist, dann können die Bestattungsinstitute freie Redner vermitteln, die für ein zwischen 150 € und 400 € liegendes Honorar die Trauerfeier gestalten. Je nach Wunsch der Angehörigen kann diese Trauerfeier durchaus christliche Elemente wie das Vaterunser enthalten, aber auch ganz ohne christliche Elemente auskommen. Der Inhalt einer solchen Trauerfeier wird in einem Gespräch des freien Trauerredners mit den Angehörigen verabredet.

Trauerredner können ihre Gestaltung der Trauerfeier sehr an den Wünschen der Angehörigen orientieren. Pfarrer halten Gottesdienste und sind hier an Regularien gebunden, etwa eine Liturgie. Die Angehörigen müssen selbst entscheiden, ob ihnen angesichts des Todes Trost und Zusage des Glaubens hilfreich sind, oder ob sie ihre eigenen Wünsche und Vorstellungen durch einen Trauerredner umgesetzt haben möchten.

6.3.6. Die selbstgestaltete Trauerfeier

Da es keine Vorschriften für Trauerfeiern gibt, können auch Freunde, Verwandte oder Bekannte des Verstorbenen diese Feier mit Texten und Musik gestalten. Dabei sollten zu enge Angehörige keine großen Aufgaben übernehmen, da sie normalerweise emotional in dieser Situation des endgültigen Abschiedes so mitgenommen sind, dass Reden oder Musikspielen sie nur zusätzlich belasten würde. Auch fehlt engen Angehörigen in dieser Situation leicht die kritische Distanz zu dem Verstorbenen, sodass Reden von Ehepartnern, Kindern oder Enkeln schnell zu unkritischen Lobeshymnen werden, die auf andere peinlich wirken. Auch eine zu differenzierte Betrachtung des Verstorbenen gerät unter der Hand leicht zu einer Abrechnung, die vor allem Beziehungsprobleme aus der Sicht des Redenden aufarbeitet.

6.4. Gestaltung der Trauerfeier

Die Riten bei Trauerfeiern sind regional und konfessionell sehr verschieden. Die örtlichen Traditionen zu akzeptieren, gibt allen Beteiligten Sicherheit in einer schwierigen Situation. Riten und Gebräuche haben ihre eigene Geschichte und haben sich normalerweise deshalb durchgesetzt, weil sie den Betroffenen seit langer Zeit auf dem Weg des Abschiednehmens wie ein Geländer Sicherheit gegeben haben.

6.4.1. Der äußere Rahmen: Blumenschmuck, Kerzen, Tücher, ein Bild aufstellen

Seit einigen Jahren gestalten viele Bestatter die Umgebung des Sarges bei der Trauerfeier sehr aufwendig mit Blumen, Rosenblättern, Kerzen, Tüchern etc. Das kann den oft tristen Trauerhallen oder Trauerkapellen ein geschmackvolles Gepräge geben und Wärme ausstrahlen. Allerdings ist auch hier zu viel des Guten nicht gut: Wenn die Umgebung des Sarges durch die Dekoration überladen wirkt, kann der Sarg in den Hintergrund rücken – unangemessen für den Anlass des Abschiednehmens.

Es ist eine schöne Geste der Erinnerung, ein größeres Bild des Verstorbenen bei der Trauerfeier vor dem Sarg stehen zu haben: Möglichst etwas erhöht (zum Beispiel auf einer Staffelei), damit auch Gäste in den hinteren Reihen das Bild sehen können. Wenn man dann ein fröhliches Bild (aus dem Urlaub?) aufstellt, wird der traurige Anlass des Abschiednehmens durch die Dankbarkeit für schöne Erinnerungen an gesunde gute Zeiten aufgehellt. In seiner früheren vollen Lebendigkeit prägt sich das Bild des Verstorbenen in das Gedächtnis ein.

6.4.2. Kränze und Gestecke

Früher standen in der Friedhofskapelle Särge oft in einem Meer von Kränzen, Gestecken und Blumenschalen. Das Mitbringen eines solchen Blumenschmucks galt als Selbstverständlichkeit für alle Verwandten und für viele Freunde. Diese Sitte hat immer mehr abgenommen. Aber auch heute gibt es oft noch eine bunte Blumenvielfalt in der Kapelle. Auf einer Schleife am Kranz ist ein kurzer Gruß gedruckt und auf der anderen Schleife die Namen der Angehörigen, Verwandten oder Freunde. Blumengeschäfte fertigen die Kränze zeitnah vor der Trauerfeier und bringen sie dann zum Friedhof. Der Bestatter sorgt vor der Trauerfeier für die richtige Anordnung: Der Kranz des Ehepartners oder der Kinder wird direkt am Sarg aufgestellt, die Kränze, Gestecke oder Schalen der Verwandten, Freunde, Firmen und Vereine daneben.

Doch bei Urnenbestattungen, bei denen der Sarg nicht direkt in das Grab versenkt wird, sondern die Urne erst Wochen später bestattet wird, kann man diesen Blumenschmuck nicht nach der Trauerfeier auf das Grab legen. Die Kränze und Gestecke würden bis zur Bestattung unansehnlich werden. Zudem ist auf den kleinen Urnengräbern kein Platz für mehr als einen Kranz.

So werden Trauergäste bei Urnenbestattungen immer öfter statt um Blumen um eine Spende für eine gemeinnützige Institution gebeten, die dem Verstorbenen oder seiner Familie am Herzen lag. Inzwischen wird zum Leidwesen der Blumengeschäfte und Friedhofsgärtnereien dieser Wunsch in Traueranzeigen auch bei normalen Erdbestattungen immer öfter geäußert: Statt vergänglicher Blumen möchte man etwas Gutes im sozialen Bereich bewirken (➡ 4.11.5. und 7.7.2.).

Für den Moment des endgültigen Abschieds am Grab nehmen viele Trauergäste einen kleinen Blumenstrauß mit ein oder drei Blumen mit. Vielfach steht neben dem Grab außer der Schale mit Erde auch eine Schale mit Einzelblumen, kleinsten Sträußchen oder mit Blütenblättern, die man zum Abschied in das Grab auf den Sarg werfen kann: eine symbolische Handlung für das Begraben des Verstorbenen.

6.4.3. Lebensbild aufzeichnen

Ein guter Brauch sind die in vielen Gegenden üblichen kleinen Blättchen, die mit einigen Daten und Schwerpunkten das Leben des Verstorbenen Revue passieren lassen. Nicht alle Trauergäste sind so mit dem Leben des Verstorbenen vertraut, dass sie die Lebensgeschichte und gerade besondere Ereignisse der Vergangenheit kennen würden. Allerdings gilt auch hier: Übertreibungen wirken peinlich. Denn selbstverständlich hat jeder Mensch seine guten und seine schlechten Seiten. Ein Engel ist niemand.

6.4.4. Liederblätter drucken

Auch wenn in vielen Kapellen Liederbücher beider Konfessionen vorhanden sind: Ein gedrucktes Liedblatt ist ein gerne mitgenommenes (und dann für lange Zeit abgeheftetes) Andenken für die Trauergäste.

Durch Computer und Kopiertechniken ist heute die Herstellung solcher Liedblätter recht einfach.

6.4.5. Kondolenzliste auslegen lassen

Die engsten Angehörigen erleben eine Trauerfeier oft wie in einem Traum. Sie sind so in ihrer Trauer gefangen, dass sie alles um sie herum nur durch einen Schleier wahrnehmen können. Die psychische Belastung lässt ihnen für das Begrüßen oder auch nur das Wahrnehmen der Trauergäste keine Kraft. Zudem übersteigt die Zahl der Trauergäste oft auch das Gedächtnisvermögen der Trauernden. Nachher wird dann gerätselt, wer überhaupt anwesend war und sich vielleicht schon frühzeitig wieder verabschieden musste.

Deshalb hat es sich eingebürgert, dass bei vielen Bestattungen das Bestattungsinstitut vor der Kapelle ein oder zwei kleine Stehpulte mit Kondolenzlisten aufstellt, in die sich jeder Teilnehmer einträgt. Dadurch hat die Trauerfamilie später die Möglichkeit, sich für die Teilnahme an der Trauerfeier bei jedem zu bedanken.

Der Bestatter steht dann beim Pult für die Kondolenzlisten und kann auch Fragen der Besucher beantworten. Häufig wird die Frage gestellt, ob auf dem Friedhof eine Toilette vorhanden ist. Als aus der Ferne anreisender Gast sollte man sich aber darauf nicht verlassen.

6.4.6. Begrüßen der Trauergemeinde durch enge Angehörige

Manche der engsten Angehörigen möchte sich vor dem Gottesdienst gerne alleine auf diesen Abschied vorbereiten. Dann wird es sicher von allen Teilnehmenden akzeptiert, wenn sie ohne großes Händeschütteln nach vorn in die ersten Reihen der Trauerkapelle gehen und sich zehn Minuten oder eine Viertelstunde vor Beginn des Gottesdienstes in Ruhe darauf einstellen.

Es kann allerdings für den Ehepartner des Verstorbenen auch sinnvoll sein, die Ankommenden persönlich zu begrüßen und mit ihnen ein Wort zu wechseln, kurz zu sagen, wie es einem geht. Das nimmt den Trauergästen die Ungewissheit, und sie brauchen nicht während der Zeremonie auf Signale zu achten.

Das Kondolieren nach dem Akt der Bestattung ist normalerweise auf wenige Sekunden – und wenige allgemeine Floskeln – beschränkt und deshalb ungeeignet, lange nicht gesehene Verwandte oder Freunde zu begrüßen.

Wichtig ist, dass jeder der nahen Angehörigen sein Verhalten in der Trauerfeier seinen Gefühlen entsprechend gestaltet und die Entscheidung von den anderen respektiert wird.

6.4.7. Kleidung der Trauergäste

Schwarze Kleidung war noch vor fünfzig Jahren selbstverständlicher Standard aller Trauergäste: die Männer mit Zylinder, die Frauen mit schwarzem Hut und Schleier. Solcher Kleidungszwang besteht lange nicht mehr, doch das Schwarz überwiegt auch heute. Viele Jugendliche besitzen heute keinen Anzug, kein weißes Hemd und keine schwarze Krawatte mehr. So beschränken sie sich auf eine Kleidung in gedämpften Farben.

Sofern sich der Verstorbene nicht ausdrücklich eine andere Farbwahl gewünscht hat, kommen aus Respekt vor dem Anlass viele der Trauergäste noch ganz traditionell in Schwarz gekleidet zur Trauerfeier. Die schwarze und dunkle Kleidung entspricht den Gefühlen der Menschen: Sie möchten ihrer Trauer Ausdruck geben und sind mit eigenen dunklen Gedanken beschäftigt. Auch bleiben sie bei dieser Kleidungstradition, weil sie sich für den eigenen Abschied wünschen, dass ihnen dieser Respekt von den anderen entgegengebracht wird.

6.4.8. Verhalten in der Trauerfeier

Die Teilnehmerzahl bei Trauerfeiern hat in den letzten drei Jahrzehnten erheblich abgenommen. Die früher als selbstverständlich empfundene Pflicht, auch bei Nachbarn und ehemaligen Arbeitskollegen zur Beerdigung mitzugehen, gilt heute weitgehend nicht mehr. Oft ist die Familie unter sich. Weil es immer mehr Singles gibt, kaum jemand noch mehr als ein, zwei Geschwister hat und der Familienkreis immer kleiner wird, gehen heutzutage vor allem jüngere Menschen nur noch sehr selten auf Beerdigungen. Es kommt vor, dass Vierzigjährige bei der Beerdigung ihres Vaters sagen: „Das ist meine erste Beerdigung, die ich erlebe!"

Damit geht einher, dass Verhaltensunsicherheiten stark zugenommen haben, die Riten nicht mehr gekannt werden.

• Wenn nicht in der Einladungskarte bewusst vermerkt ist, dass der Verstorbene sich farbenfrohe Kleidung bei den Gästen gewünscht hat, ist dunkle (möglichst schwarze) Kleidung angemessen.

• Die ersten Reihen in der Kapelle sollte man für die Angehörigen freihalten, selbst wenn diese erst in der letzten Minute vor Beginn der Trauerfeier kommen. Danach, zum Beispiel beim ersten Lied, können auch Personen ohne Sitzplatz sich in die freien Reihen im vorderen Teil der Trauerhalle setzen.

• Die Trauerfamilie direkt vor der Trauerfeier in der Kapelle anzusprechen, wird als sehr störend für die innere Vorbereitung empfunden.

• In der Trauerhalle wirken Gespräche unangemessen. Alle Begrüßungen und das Austauschen von Erinnerungen sollte man auf einen anderen Zeitpunkt verschieben. Die vorbereitende Ruhe und innere Konzentration aller Anwesenden wird durch Gespräche gestört.

• Dass Handys ausgeschaltet werden, dürfte zu den bekannten Selbstverständlichkeiten gehören. Ebenso stört filmen oder fotografieren die innere Konzentration. Diese Stunde der Trauerfeier gehört dem Tod und dem Leben mit dem Tod. Jeder wird einmal sterben.

• Eine Trauerfeier soll kein Konzert sein. Es kommt nicht auf die Schönheit des Gesangs an. Auch wenn man nicht sehr gut singen kann oder die Lieder nicht so gut kennt, ist Mitsingen doch ein Signal, dass man sich mit zu den von Trauer Betroffenen zählt. Schweigen wirkt manchmal wie passive Distanz. Wer nicht singen möchte, kann im Gesangbuch mitlesen. Die engsten Angehörigen haben verständlicherweise in dieser Situation den „Kloß im Hals", der ihnen das Singen kaum ermöglicht.

• Unangenehm ist es, wenn beim Herausgehen aus der Kapelle sich Menschen ganz nach vorne vordrängen, um möglichst schnell nach der Beerdigung kondolieren zu können und dann den Friedhof zu verlassen.

6.4.9. Konflikte zwischen Trauergästen, Patchworkfamilien

Das Leben eines Menschen besteht vielfach nicht nur aus einem geregelten klaren Lebenslauf: Durch Scheidungen sind neue Patchworkfamilien entstanden, deren Verhältnis zueinander oft nicht durch Entgegenkommen geprägt ist. Der Verstorbene stand vielleicht im Mittelpunkt von Beziehungen mit Streit, Neid, Eifersucht und Enttäuschungen. Das ist mit dem Tod natürlich nicht vorbei. Auf der Trauerfeier prallen viele Gefühle aufeinander. Manche Menschen sehen sich zum ersten Male am Kapelleneingang.

Unwürdig ist es, in dieser Abschiedssituation um die wichtigsten Plätze in der Kapelle oder hinter dem Sarg zu rangeln. Unwürdig ist es auch, jetzt Lösungen lange ungeklärter Fragen zu erwarten oder alte Konflikte aufzuarbeiten. Um selbst in seinen Gefühlen nicht Schaden zu erleiden, kommt man mit der besonnenen Haltung „Der Klügere gibt nach!" am besten durch schwierige Momente. Wer sich als Betroffener (z.B. Geschiedener) in der Kapelle möglichst höflich, neutral und ruhig verhält, verbaut nicht die Chance, dass beim anschließenden Kaffeetrinken bislang betonierte Verhältnisse ins Wanken geraten. Streit und Auseinandersetzung können für andere Betroffene (z.B. Kinder) die Situation zu einer Katastrophe machen: Trauer und Streit vertragen sich nicht. Hier sollte jeder auch eingedenk des irgendwann bevorstehenden eigenen Todes zurückhaltend sein und die Ruhe bewahren.

Der Trauerredner ist in solchen Situationen in einer unglücklichen Lage. Zwar mag er grob die Familiensituation kennen, doch weiß er natürlich nicht, welche Stichworte in den zurückliegenden Auseinandersetzungen verbale Waffen waren. Der Pastor mag also in seiner Rede unbewusst in tiefe Fettnäpfchen treten. Ein guter Prediger wird in einer solchen Abschiedssituation sicher nicht versuchen, jahrelange Konflikte zu beurteilen, Schuldzuweisungen zu verteilen oder gar Lösungen herauszuposaunen. Wenn man als Trauernder so etwas heraushört, dann sollte man davon ausgehen, dass der Trauerredner Hintergründe nicht kennt: Sonst würde er sinnvollerweise bestimmte Thematiken umgehen.

Dass die Trauernden, die das Gespräch mit dem Pastor führen, alles aus ihrer Sicht darstellen, ist natürlich und nicht zu umgehen. Es muss kein Versuch dahinterstecken, den Trauerredner zu beeinflussen. Dennoch kann es so bei den anderen ankommen und Ärger hervorrufen. Hier kann der Gedanke hilfreich sein, dass kein Mensch in der Lage und dazu berufen ist, ein objektives Urteil über einen Verstorbenen zu fällen. Theologisch gesagt: Dieses Urteil steht Gott alleine zu. So sollte man auch Akzente in Trauerreden nicht als Versuch missverstehen, ein solches Urteil abzugeben.

Je entspannter und ohne Verärgerung man den Abschied von einem Menschen erlebt, der möglicherweise im Streit zwischen mehreren Parteien leben musste, desto größer sind die Chancen, dass nach der Trauerfeier beim Trauerkaffee oder beim Telefonat einige Tage später sich Möglichkeiten einer neuen Zukunft eröffnen: Das Händeschütteln beim Kondolieren am Grab hat nicht selten verfeindete Parteien in der Trauer vereint und einen neuen Anfang ermöglicht.

6.4.10. Kinder in der Trauerfeier

Kleine Kinder können laut sein und sie werden auch bei einer Beerdigung nicht eine halbe Stunde still auf ihrem Platz sitzen können. Das gehört zum Kindsein. Wenn der Tod und die Jüngsten so aufeinandertreffen, kann man das auch als gutes Signal nehmen: Das Leben geht weiter. Jede Generation nimmt irgendwann Abschied, neue Generationen wachsen heran.

Kinder können in jedem Lebensalter an einer Beerdigung teilnehmen. So lernen sie die Rituale kennen und sie erleben, dass Abschiednehmen und Bestatten Bestandteile jedes normalen Lebens sind. Den Tod fernzuhalten und zu verdrängen, ist für Kinder ebensowenig sinnvoll wie für Erwachsene. Je mehr Sterben und Tod als normale Bestandteile des Lebens empfunden werden, desto leichter ist der Umgang mit ihnen. Eltern helfen ihren Kindern, wenn sie diesen Umgang bei allen Todesfällen in der Familiengeschichte einüben. Hilfreich sind viele Gespräche, wobei Kinder selbst die ihnen altersmäßig angemessenen Fragen stellen. Lassen sich Eltern auf diesen Prozess mit ihren Kindern ein, können sie häufig erleben, dass die liebevolle Begleitung ihrer Kinder sich für sie selbst als hilfreich in ihrer eigenen Trauerbewältigung erweist.

Eltern müssen aus der Kenntnis ihrer Kinder selbst entscheiden, ob sie mit zur Beerdigung kommen sollen oder nicht. Oft signalisieren Kinder selbst sehr deutlich ihr eigenes Wollen.

Wenn die Eltern selbst stark betroffen sind, etwa bei der Beerdigung ihrer eigenen Eltern, dann ist es gut, wenn eine Vertrauensperson, die den Kindern nahesteht, diese während der Beerdigung begleitet.

6.4.11. Die Musik

Ein christlicher Trauergottesdienst ist ein Gottesdienst, für den es einen vorgeschriebenen Rahmen, die Liturgie, gibt. Je nach Konfession, Landeskirche oder Bistum und auch abhängig vom Geistlichen wird dieser liturgische Rahmen mehr oder minder streng eingehalten. Der Ritus eines Trauergottesdienstes hat sich dabei über eine sehr lange Zeit bewährt. Eine gewisse Vorsicht ist deshalb angebracht, wenn Angehörige Wünsche nach Änderungen äußern: Nicht alles, was machbar ist, kommt dem Sinn des Gottesdienstes entgegen.

Musikfragen sind Geschmacksfragen. Und damit sind sie leicht Anlass zu Streit und Auseinandersetzungen. So unterschiedlich die Abschied nehmenden Generationen sind, so unterschiedlich dürfte auch der Musikgeschmack sein.

Wenn der Verstorbene sich bestimmte (christliche) Musik gewünscht hat, dann sollte diesen Wünschen sofern möglich Respekt gezollt werden – unabhängig vom Musikgeschmack. Allerdings sind in christlichen Gottesdiensten normalerweise Lieder nicht gestattet, die keinen Bezug zum christlichen Glauben haben. Manchmal verbietet die vorgegebene Länge einer Trauerfeier das Singen aller Lieder oder das Abspielen aller gewünschten Musikstücke.

Bei Überlegungen zur Auswahl der Lieder oder der Musik helfen vielleicht folgende Gedanken:

• In einem Trauergottesdienst werden die Trauernden durch Reden, Gebete oder Lieder in ihren Gedanken geführt, damit sie den Weg zum Grab und den Abschied dort gut auf sich nehmen können. Worte des Trostes, Worte zur Erleichterung des Abschiedsschmerzes, Worte des Glaubens, Worte der Hoffnung: Alles soll der Stärkung der Trauernden in dieser Situation dienen. Hier ist es gut, sich auf seit Jahrhunderten bewährte Riten und Abläufe zu verlassen: Sie werden deshalb gepflegt, weil sie Generationen von Menschen in dieser schweren Situation geholfen haben. Gerade bei der Musik, wo sich in den letzten Jahrzehnten viele neue Möglichkeiten aufgetan haben, sollte man deshalb bedenken, welche Vor- und Nachteile andere Musikgestaltungen haben.

• Lieblingsmusik des Verstorbenen kann bei den Trauernden intensive Erinnerungen an gemeinsame Augenblicke oder Situationen wachrufen. Weil Musik so tief berührt, wird der unmittelbar bevorstehende endgültige Abschied sehr schwer – schwerer als er sein müsste. Die Lieblingsmusik des Verstorbenen ist beim anschließenden Beerdigungskaffee besser aufgehoben.

• Die Musikstücke sollten immer einen leichten Charakter mit einer deutlich hörbaren Melodie haben. Die Musik am Anfang und am Ende der Trauerfeier sollte besonders beruhigend wirken und den Gedanken und Gefühlen Raum geben zur Konzentration auf den nächsten Akt: die Trauerfeier beziehungsweise den Weg zum Grab.

• Konzertante Musik, egal ob von Kammermusikern oder vom Organisten mitten im Gottesdienst gespielt, lässt Menschen leicht in ihre eigenen Gedanken, Erinnerungen und Trauer fallen, möglicherweise sehr tief. Tränen gehören zum Abschied hinzu, zu sehr in tiefe Trauer zu versinken, ist in dieser Situation für den Trauernden aber nicht sehr hilfreich. Es nimmt ihm Kräfte, die er für den Abschied braucht.

• Bestimmte Lieder sind traditionell Trauerlieder, zum Beispiel „So nimm denn meine Hände …" oder „Befiehl du deine Wege …" Auch wenn es Lieder mit viel getrageneren Melodien gibt, rufen diese Lieder bei vielen Menschen Tränen hervor: Erinnerungen an andere Abschiede mögen dafür ein Grund sein.

• Ist es gut, wenn Verwandte, eventuell Kinder, im Trauergottesdienst musizieren? Die engsten Angehörigen werden dazu gar nicht in der Lage sein. Kinder sind sicher häufig emotional überfordert, weil ihnen Situation und Stimmung eines Trauergottesdienstes kaum vertraut sein können. Gegen halbprofessionell gespielte Musik wird wenig einzuwenden sein: Amateurhaftes Dilettieren ist einem Trauergottesdienst nicht angemessen. Berücksichtigen sollte man auch, dass Eifersüchteleien und Kränkungen provoziert werden könnten: Der eine Neffe darf spielen, aber die andere Nichte nicht?

6.4.11.1. Orgelmusik

Manche Organisten verfügen über ein so weitgefächertes Repertoire, dass sie besondere Wünsche erfüllen können. Andere Organisten haben sich auf Beerdigungen spezialisiert, ihr Repertoire ist eher auf diesen Zweck zugeschnitten. Auf jeden Fall müssen Wünsche rechtzeitig vorher abgesprochen werden. Nicht alle Orgelwerke sind auf den oft kleinen Friedhofsorgeln oder dem Harmonium so spielbar, dass sie gut anzuhören sind.

Da besondere Wünsche in der Regel für den Organisten oder Künstler einen Mehraufwand bedeuten (Noten kaufen, Musikstück einüben), der ihm von der Kirchengemeinde nicht vergütet wird, müssen solche Extrawünsche auch extra bezahlt werden.

6.4.11.2. Singen

Viele Friedhöfe haben konfessionelle Träger. Dann sind auf den Friedhöfen im Normalfall Gesangbücher vorhanden. Oft fragen Pastoren und Trauerredner beim Beerdigungsgespräch nach Liedwünschen und besprechen die Möglichkeiten. Im Folgenden sind eine Reihe von gebräuchlichen Liedern für den Trauergottesdienst aufgeführt.

Lieder, die in einem Trauergottesdienst gesungen werden, kann man in verschiedene Gruppen einteilen:

- Zum einen sind es Lieder, die sich über den festen Glauben freuen, der den irdischen Abschied erleichtert. Oft vermitteln sie ein starkes Vertrauen zu einem Leben in Gottes Ewigkeit.
- Manche Lieder stellen die Dankbarkeit für das Geschenk des vergangenen Lebens in den Mittelpunkt.
- Andere Lieder sind Klagelieder über die Zumutung des Todes und des Sterbens: An Gottes Nähe und Zuwendung wird gezweifelt und nach ihr wird gefragt: Eine Bitte um Stärkung in schwerer Zeit.
- Andere Lieder ermutigen zum Glauben, der auch solch schweres Abschiednehmen erträglich macht.
- Je nach der Jahreszeit des Kirchenjahres werden auch Lieder mit diesem thematischen Schwerpunkt ausgesucht.

Nicht passend ist die Auswahl frommer, glaubensstarker Lieder, wenn der Verstorbene ein recht distanziertes Verhältnis zur Kirche und zum Glauben gehabt hat. Dann empfehlen sich eher Lieder, die die Stärkung der Trauernden im Blick haben, oder Danklieder und Segenslieder.

6.4.11.3. Religiöse Lieder zur Bestattung

EG = Evangelisches Gesangbuch (ab Nr. 535 regional unterschiedliche Nummern)
GL = Römisch-katholisches Gotteslob 1975
NGL = Römisch-katholisches Gotteslob 2013/2014

○ Titel	Nummer
○ Ach bleib mit deiner Gnade	EG 347, NGL 436
○ Ach wie flüchtig, ach wie nichtig ist der Menschen Leben	EG 528, GL 657, NGL 921
○ Aus der Tiefe rufe ich zu dir	EG 655 (reg.), NGL 283
○ Aus tiefer Not schrei ich zu dir	EG 299, GL 163

○	Alles meinem Gott zu Ehren,	GL 615, NGL 455
○	Ave Maria	GL 580, GL 581, GL 583, NGL 527, NGL 529, NGL 894
○	Befiehl du deine Wege (Dieses Lied rührt viele zum Weinen)	EG 361, NGL 418
○	Bei dir, Jesu, will ich bleiben	EG 406
○	Bewahre uns, Gott, behüte uns, Gott	EG 171, NGL 453
○	Christ ist erstanden	EG 99, GL 213, NGL 318
○	Christus, der ist mein Leben	EG 516, GL 662, NGL 507
○	Danke für diesen guten Morgen (statt der ersten Strophe z.B.: „Danke für das gelebte Leben,/danke für die geschenkte Zeit./Danke, du hast uns viel gegeben:/Schönes, Freud' und Leid." © Manfred Alberti)	EG 334, NGL 828
○	Das ist der Tag, den Gott gemacht	GL 220, NGL 329
○	Das Weizenkorn muß sterben	GL 620, NGL 210
○	Der Herr ist mein Licht und mein Heil	GL 719, NGL 38
○	Der Mond ist aufgegangen	EG 482, NGL 93
○	Du meine Seele, singe	EG 302
○	Großer Gott, wir loben dich	EG 331, GL 257, NGL 380
○	Ich bete an die Macht der Liebe	EG 661,2 (reg.),
○	Ich bin ein Gast auf Erden	EG 529
○	Jesu, geh voran auf der Lebensbahn	EG 391, NGL 841
○	Jesu, meine Freude	EG 396
○	Jesus, meine Zuversicht	EG 526
○	Komm, Herr, segne uns	EG 170, NGL 451
○	Meinem Gott gehört die Welt	EG 408
○	Meine Zeit steht in deinen Händen	(Neuere Gesangbücher)
○	Mitten wir im Leben sind	EG 518, GL 654
○	Möge die Straße uns zusammenführen (Irisches Segenslied)	(Neuere Gesangbücher)
○	Nun danket alle Gott	EG 321, GL 266, NGL 405

O	Nun lasst und Gott, dem Herren, Dank sagen	EG 320
O	O Haupt voll Blut und Wunden	EG 85, GL 179, NGL 289
O	O Jesu, all mein Leben	GL 472, NGL 377
O	O Welt, ich muss dich lassen	EG 521, GL 659, NGL 510
O	Salve, Regina	GL 570, NGL 666
O	Sei gegrüßet, o Königin	GL 571,
O	So nimm denn meine Hände (Dieses Lied rührt viele zum Weinen)	EG 376, NGL 851
O	Stern, auf den ich schaue	EG 407
O	Von guten Mächten treu und still umgeben	EG 65 (andere Melodie EG 652 reg.), NGL 430
O	Was Gott tut, das ist wohlgetan	EG 372, GL 294, NGL 416
O	Weiß ich den Weg auch nicht	EG 650 (reg.)
O	Wer kann dich, Herr, verstehen	EG 649 (reg.)
O	Wer leben will wie Gott	GL 183, NGL 460
O	Wer nur den lieben Gott lässt walten	EG 369, GL 296, NGL 424
O	Wer unterm Schutz des Höchsten steht	GL 291, NGL 423
O	Wir sind nur Gast auf Erden und wandern ohne Ruh	GL 656, NGL 505

Wenn die Lieder nicht in einem auf dem Friedhof vorhandenen Gesangbuch abgedruckt sind, kann man von den oben genannten geistlichen Liedern Liedblätter herstellen. Für den gottesdienstlichen Gebrauch innerhalb der evangelischen und katholischen Kirche sind die GEMA-Gebühren durch einen Rahmenvertrag auch für Bestattungen abgedeckt. Liedtexte sind leicht im Internet zu finden, wenn man bei Google etc. die Anfangsworte eingibt.

O	Ich habe die von mir ausgesuchten Lieder hier angekreuzt und in Kapitel 12.10. aufgeschrieben.

6.4.11.4. Das Lieblingslied und Lieblingsmusik

Emotional sehr mitreißend und belastend kann es sein, wenn im Abschiedsgottesdienst das Lieblingslied des Verstorbenen gespielt wird. Eine Grundvoraussetzung ist, dass es in den Rahmen eines Gottesdienstes passt: Nicht alle Gesangbuchlieder und erst recht nicht alle Volkslieder oder Kunstlieder haben in einer Trauerfeier einen geeigneten Platz. Oft ist dazu der anschließende Leichenschmaus oder das Kaffeetrinken ein passenderer Ort.

Die meistgewünschte Lieder für eine nicht-christliche Trauerfeier:
- Andrea Bocelli: Time to Say Goodbye
- Trude Herr: Niemals geht man so ganz
- Elton John: Candle in the wind
- Frank Sinatra: My Way
- Eric Clapton: Tears in Heaven
- Whitney Houston: I Will Always Love You
- Robbie Williams: Angels
- Herbert Grönemeyer: Mensch
- Unheilig: Geboren, um zu leben
- Louis Armstrong: What a Wonderful World
- Mahalia Jackson: Amazing Grace
- Gospel: Swing low
- Gospel: We shall overcome
- Bolt: Sag beim Abschied leise Servus
- Nehmt Abschied, Brüder
- Hildegard Knef: Für mich soll's rote Rosen regnen

6.4.11.5. Konzertante Musik von CD

Normalerweise verfügen Bestattungsinstitute über eine ausreichend kräftige CD-Anlage für die Beschallung einer Trauerkapelle. Sie können den Trauernden auch Vorschläge für Musikstücke machen, wenn nicht die Trauerfamilie eigene Wünsche äußert oder der Verstorbene selbst Wünsche festgelegt hatte.
- Schubert: Ave Maria
- Beethoven: Mondscheinsonate
- Mozart: Requiem, Ave verum
- Vivaldi: Die vier Jahreszeiten
- Händel: Messias, Largo
- Bach: Toccata

6.4.11.6. Chor, Sänger, Musiker

In manchen Gemeinden ist es üblich, dass der Kirchenchor für verstorbene Gemeindeglieder singt. Eine Spende für die Chorkasse ist dann vermutlich gerne gesehen.

Angehörige können auch Chöre, Sänger und Musiker gegen Bezahlung engagieren, um der Trauerfeier einen würdigeren Rahmen zu geben.

Wenn der Verstorbene nicht schon vorher Musik ausgesucht hat, können die Angehörigen aus dem ihnen (eventuell schon vom Bestattungsinstitut) vorgelegten Repertoire der Sänger und Musiker die passenden Stücke aussuchen.

Dabei sollte aber immer deutlich sein, dass die Trauerfeier kein Konzert ist: Der Verstorbene in seinem Sarg und die Angehörigen mit ihrer Trauer sollten (auch optisch) im Mittelpunkt der Trauerfeier stehen: Musikalisches Gerät im Blickfeld der Trauergesellschaft aufzubauen und lange die Instrumente zu stimmen, wird als störendes Unterbrechen der Trauerfeier wahrgenommen. Im Hintergrund zum Beispiel von einer Orgelempore aus zu spielen ist angemessener.

6.4.12. Die Trauerpredigt oder Trauerrede

Je nach Konfession, nach ortsüblichen Gebräuchen und nach den Ansichten der Pfarrer oder Trauerredner können Trauerpredigten und Trauerreden ganz unterschiedliche Abläufe, Inhalte und Ziele haben:

- Der Rückblick auf das vergangene Leben und besondere Ereignisse oder Lebensschwerpunkte.
- Das Sterben und der Weg zum Tod.
- Die Trauer mit ihren Belastungen, Abschiedsschmerz.
- Der Dank für das, was der Verstorbene den Trauernden bedeutet hat.
- Der Glaube, der mit seinem Vertrauen auf Gott beim Abschiednehmen hilft.
- Die Vergebung von Sünden und Schuld durch die Liebe Gottes.
- Die Vergänglichkeit des Menschen und aller Natur.
- Das Jenseits als die unerklärliche und unvorstellbare Zukunft des Verstorbenen und aller Glaubenden.
- Die Ermutigung der Angehörigen zu ihrer Zukunft.

• Auch die Ermutigung zu einem offeneren Umgang mit dem Denken an den Tod zählt zu den häufig thematisierten Inhalten eines Trauergottesdienstes.

Zentral in einem christlichen Gottesdienst ist das Hören auf ein biblisches Wort. Mancher Pfarrer predigt bei Trauergottesdiensten über biblische Sprüche, die vom Verstorbenen oder den Angehörigen ausgesucht worden sind. Auch Tauf- oder Konfirmationsspruch des Verstorbenen oder die Tageslosung vom Todes- oder Beerdigungstag sind beliebte Grundlage. Die Bedeutung von Glaubenserfahrungen angesichts des Todes kann dann ein Schwerpunkt der Predigt sein.

6.4.12.1. Bibelsprüche für die Traueranzeige oder als Text der Trauerpredigt

Taufspruch, Konfirmationsspruch, gegebenenfalls Trauspruch oder Spruch der Herrnhuter Losungen für den Sterbe- oder Beerdigungstag, Wochenspruch, Monats- oder Jahreslosung, oder beispielhaft folgende Sprüche:

• Der Herr ist mein Hirte. (Psalm 23,1)
• Der Herr führet mich auf rechter Straße um seines Namens willen. (Psalm 23,2)
• Und ob ich schon wanderte im finstern Tal, fürchte ich kein Unglück; denn du bist bei mir, dein Stecken und Stab trösten mich. (Psalm 23,4)
• Gutes und Barmherzigkeit werden mir folgen mein Leben lang, und ich werde bleiben im Hause des Herrn immerdar. (Psalm 23,6)
• In deine Hände befehle ich meinen Geist, du hast mich erlöst, Herr, du treuer Gott. (Psalm 31,6)
• Ich aber, Herr, hoffe auf dich und spreche: Du bist mein Gott! Meine Zeit steht in deinen Händen. (Psalm 31,15f)
• Befiehl dem Herrn deine Wege und hoffe auf ihn, er wird's wohlmachen. (Psalm 37,5)
• Herr, lehre mich doch, dass es ein Ende mit mir haben muss und mein Leben ein Ziel hat und ich davon muss. (Psalm 39,5)
• Siehe, meine Tage sind eine Handbreit bei dir und mein Leben ist wie nichts vor dir. (Psalm 39,6)
• Gelobt sei der Herr täglich. Gott legt uns eine Last auf, aber er hilft uns auch. (Psalm 68,20)
• Unser Leben währet siebzig Jahre, und wenn's hoch kommt, so sind's achtzig Jahre, und was daran köstlich scheint, ist doch nur vergeb-

liche Mühe; denn es fähret schnell dahin, als flögen wir davon. (Psalm 90,10)

- Lehre uns bedenken, dass wir sterben müssen, auf dass wir klug werden. (Psalm 90,12)
- Lobe den Herrn, meine Seele, und vergiss nicht, was er dir Gutes getan hat.(Psalm 103,2)
- Ein Mensch ist in seinem Leben wie Gras, er blüht wie eine Blume auf dem Felde; wenn der Wind darüber geht, so ist sie nimmer da, und ihre Stätte kennet sie nicht mehr. (Psalm 103,15f)
- Danket dem Herrn, denn er ist freundlich, und seine Güte währet ewiglich.(Psalm 106,1)
- Dein Wort ist meines Fußes Leuchte und ein Licht auf meinem Wege. (Psalm 119,105)
- Rühme dich nicht des morgigen Tages; denn du weißt nicht, was der Tag bringt. (Sprüche 27,1)
- Es wird nicht dunkel bleiben über denen, die in Angst sind. (Jesaja 8,23)
- Fürchte dich nicht, denn ich habe dich erlöst; ich habe dich bei deinem Namen gerufen; du bist mein. (Jesaja 43,1)
- Es sollen wohl Berge weichen und Hügel hinfallen, aber meine Gnade soll nicht von dir weichen, und der Bund meines Friedens soll nicht hinfallen, spricht der Herr, dein Erbarmer. (Jesaja 54,10)
- Meine Gedanken sind nicht eure Gedanken, und eure Wege sind nicht meine Wege, spricht der Herr. (Jesaja 55,8)
- Selig sind, die da Leid tragen; denn sie sollen getröstet werden. (Matthäus 5,4)
- Dein Wille geschehe wie im Himmel so auf Erden. (Matthäus 6,10)
- Kommt her zu mir, alle die ihr mühselig und beladen seid; ich will euch erquicken. (Matthäus 11,28)
- Der Menschensohn ist gekommen, zu suchen und selig zu machen, was verloren ist. (Lukas 19,10)
- Ich bin das Licht der Welt. (Johannes 8,12)
- Denn ich bin gewiss, dass weder Tod noch Leben, weder Engel noch Mächte noch Gewalten, weder Gegenwärtiges noch Zukünftiges, weder Hohes noch Tiefes noch eine andere Kreatur uns scheiden kann von der Liebe Gottes, die in Christus Jesus ist, unserm Herrn. (Römer 8,38f.)

- Christus Jesus hat dem Tod die Macht genommen und das Leben und unvergängliches Wesen ans Licht gebracht durch das Evangelium. (2. Timotheus 1,10)
- Sei getreu bis an den Tod, so will ich dir die Krone des Lebens geben. (Offenbarung 2,10)

Alle verwendeten Bibelstellen sind entnommen aus: Lutherbibel, revidierter Text 1984, durchgesehene Ausgabe in neuer Rechtschreibung, © 1999 Deutsche Bibelgesellschaft, Stuttgart.

6.4.12.2. Weltliche Trauersprüche

- Es gibt im Leben für alles eine Zeit, eine Zeit der Freude, der Stille, der Trauer und eine Zeit der dankbaren Erinnerung.
- Auch wenn wir dir die Ruhe gönnen, ist voller Trauer unser Herz. Dich leiden sehen, ohne helfen zu können, war für uns der größte Schmerz.
- Das einzig Wichtige im Leben sind die Spuren der Liebe, die wir hinterlassen.
- Nur wer vergessen wird, ist tot. Du wirst leben.
- Eine Stimme, die vertraut war, schweigt. Ein Mensch, der immer da war, ist nicht mehr. Er fehlt uns. Was bleibt, sind dankbare Erinnerungen.
- Wir hatten noch so viel vor, doch du bist gegangen. Wir danken dir für die Zeit, die wir mit dir verbringen durften. Du fehlst.
- Das Schönste, was ein Mensch hinterlassen kann, ist ein Lächeln im Gesicht derjenigen, die an ihn denken.
- Verstehen kann man das Leben nur rückwärts, leben muss man es vorwärts.
- Als die Kraft zu Ende ging, war es kein Sterben, sondern Erlösung.
- Das schönste Denkmal, das ein Mensch bekommen kann, steht in den Herzen seiner Mitmenschen.
- Die Hoffnung ist der Regenbogen über dem herabstürzenden Bach des Lebens (Nietzsche).
- Das Sichtbare ist vergangen, es bleibt die Liebe und die Erinnerung.

Weitere Texte finden Sie unter www.bestattungsplanung.de

6.4.13. Selbstformulierte Reden von Angehörigen

Da jeder Anwesende ein anderes Bild vom Verstorbenen hat, ist es nicht ungefährlich, in den Rahmen des Trauergottesdienstes eigene Wortbeiträge von Angehörigen einbauen zu lassen.

* Zum einen kann es Neid geben, wenn nur ein Kind, Enkel oder eines derr Geschwister einen Redebeitrag geben darf. Verärgerung über die Selbstdarstellung eines Teils der Familie ist nicht selten Anlass zu künftiger familiärer Distanz.
* Gut verständlich ist der subjektive Wunsch, im Rahmen des Trauergottesdienstes durch einen eigenen Wortbeitrag etwas zurechtzurücken, sich zu entschuldigen oder eine Schuld vom Verstorbenen auf andere zu laden. Wer einen lange andauernden Zwist in seiner Familie und Verwandtschaft wünscht, der kann so etwas machen. Menschen mit anderer Meinung fühlen sich in der Situation der Trauerfeier leicht überfahren, da ihre Sicht keinen öffentlichen Platz hat.
* Angehörige sind zudem in der Trauerfeier in einer solch angespannten und ungewohnten Situation, dass ihnen vielfach bei einer Rede die Stimme versagt oder sie von ihren Emotionen und von Tränen übermannt werden.

Die öffentliche Trauerfeier sollte deshalb besser nach den Regeln eines geordneten Ritus von einem Geistlichen oder einem freien Trauerredner gestaltet werden. Diese gewisse Distanziertheit des professionellen Trauerredners erleichtert den Angehörigen das Abschiednehmen in einer von Emotionen geprägten Situation.

Beim Beerdigungskaffeetrinken kann dann durchaus Platz für Erinnerungen durch Reden oder Bilder (➡ 6.8.) sein.

6.4.14. Abkündigungen

Vor dem Segen wird in vielen Trauergottesdiensten abgekündigt, für welchen Zweck die Kollekte bestimmt ist. Auch lädt der Pfarrer oft im Namen der Angehörigen zum anschließenden Beerdigungskaffee ein.

6.4.15. Ende der Trauerfeier bei anschließender Kremation

Wenn der Leichnam des Verstorbenen nach der Trauerfeier zum Krematorium gefahren wird, um dort verbrannt zu werden, dann endet die Trauerfeier in der Kapelle.

Häufig wird der Sarg nach draußen getragen und in den bereitstehenden Wagen des Bestattungsinstitutes geladen. Der eigentliche Abschiedsmoment ist dann das Herunterschlagen der Heckklappe – ein technischer, lauter Vorgang, der dem Abschied seine Würde nimmt.

Anders als beim Abschied am Grab, wo man selbst (aktiv) vom Grab weggeht, ist hier der Fahrer des Leichenwagens der Aktive. Nicht selten bekommen viele Trauergäste diesen Abschiedsmoment auch gar nicht mit, weil sie noch in der Kapelle sind.

Eine angemessene und ruhigere Art des Abschiedes in der Kapelle wird den Trauernden dann ermöglicht, wenn der Sarg in der Kapelle stehen bleibt und die Angehörigen wie die Trauergäste am Sarg vorbeigehen und beim Abschiednehmen kurz innehalten. Die Verabschiedung ist dann ein eigener aktiver Akt. Außerhalb der Kapelle kann dann den Angehörigen das Beileid ausgesprochen werden. Erst wenn alle Trauergäste die Kapelle verlassen haben und Angehörige und Trauergäste auch nicht mehr im Blickfeld vor der Kapelle stehen, wird der Sarg nach draußen in den Leichenwagen getragen. Eine solche Form des Abschiednehmens kann vorher mit dem Bestattungsinstitut und dem Pfarrer bzw. Redner verabredet werden.

6.4.16 Die Belastungen der Trauerfeier mindern

Es ist sinnvoll, sich bei der Planung der Trauerfeier und des Tages zu überlegen, wie man die Belastungen möglichst so gestalten kann, dass sie auch der Trauernde am Ende seiner Kräfte gut bewältigen kann.

- Vor der Trauerfeier möglichst keine Hektik, sondern Ruhe bewahren: Ruhig frühstücken, möglichst keine Gäste zur Übernachtung, keine Besuche vor der Trauerfeier empfangen, frühzeitig in der Kirche oder auf dem Friedhof eintreffen.
- Manchmal ist es sinnvoll, sich vom Arzt ein leichtes Beruhigungsmittel verschreiben zu lassen.
- Gegebenenfalls Tabletten, Herzspray, Diabetesmittel o.ä. in Bereitschaft halten.

- Hilfreich ist es gerade im Sommer, wenn Wasser immer bereitgehalten wird, da viele Ältere nicht genug trinken und dann dieser Flüssigkeitsmangel sich in den sehr stressigen Stunden der Beerdigung bemerkbar machen kann.
- Für einen weiteren Weg zum Friedhof oder Grab kann man geschwächte Angehörige gut im Rollstuhl fahren: Sie sparen dann ihre Kräfte für Abschied, Trauerfeier und den Beerdigungskaffee.
- Gegebenenfalls kann man beim Friedhofsamt um die Genehmigung bitten, den schwachen Ehepartner oder die sehr alten Geschwister nach der Trauerfeier mit dem Auto in die Nähe des Grabes fahren zu dürfen.
- Um langes Stehen am Grab zu vermeiden, kann man dort von der Friedhofsverwaltung oder dem Bestatter einen Stuhl hinstellen lassen.
- Wenn bei praller Sonne im Sommer das Kondolieren am Grab für die Angehörigen kaum auszuhalten ist, werden alle Trauergäste dafür Verständnis haben, wenn der Pfarrer oder Trauerredner ansagt, dass das Beileid erst bei dem anschließenden Beerdigungskaffee ausgesprochen werden soll.
- Früher gehörte der Zylinder zur Pflichtausstattung jedes männlichen Beerdigungsgastes: Eine Kopfbedeckung ist bei starker Sonneneinstrahlung sicher hilfreich.
- Und ein Hinweis noch für Beerdigungsgäste: Die Angehörigen begrüßen beim Kondolieren im Sekundenabstand Verwandte, die sie oft jahrelang nicht gesehen haben: Das Sicherinnernmüssen an Namen und an ein oft sehr verändertes Aussehen wird für manche Angehörige zur peinlichen Tortur. Statt eines leicht vorwurfsvollen „Na, erinnerst du dich nicht, wer ich bin?", freuen sich die im starken Stress stehenden Angehörigen, wenn sich die Kondolierenden so ganz beiläufig selbst vorstellen.
- Bei einer Trauerfeier sind viele so mit ihren Gedanken und Erinnerungen beschäftigt, dass sie von Predigt und Gebeten nur wenig mitbekommen. Viele Theologen und Trauerredner sind gerne bereit, im Nachhinein eine Kopie der Predigt zur Verfügung zu stellen.

6.5. Am Grab

Ein kleiner Friedhofsknigge
Die Verunsicherung über das richtige Benehmen auf dem Friedhof ist oft mit Händen zu greifen.

Die ungemütliche Situation im Trauerzug überspielen manche mit lautstarken Gesprächen. Ein besonders peinliches Thema sind anstehende Erbschaftsangelegenheiten.

Friedhofsbesucher, denen ein Trauerzug entgegenkommt, verdrücken sich gern in den nächsten Seitenweg. Es sieht besser aus, wenn man Tod und Trauer Respekt bezeugt: Wenn der Sarg und die engsten Angehörigen vorbeiziehen, stehenbleiben, gegebenenfalls die Kopfbedeckung abnehmen und einen Moment lang in andächtiger Haltung verharren. Wer auf einer Bank am Weg sitzt, sollte nach Möglichkeit kurz aufstehen.

Es ist auch nicht eben pietätvoll, wenn Menschen während der Abschiedszeremonie am Nachbargrab in der Grabpflege weiterarbeiten oder sich ungeniert weiter unterhalten.

6.5.1. Der Weg zum Grab

Im Anschluss an die Trauerfeier bringt der Weg über den Friedhof zum Grab oder quer durch den Ort zum Friedhof einige Minuten der Ruhe. Man kann über den Verstorbenen nachdenken, über seine Erlebnisse mit ihm oder die Beziehung, man kann die Trauerrede noch einmal Revue passieren lassen oder in seinen Gedanken dem Tod und dem eigenen Weg zum Tod Raum geben. Auf dem Weg zum Grab kommt man vielleicht an Grabstellen von Verwandten und Bekannten vorbei und die Gedanken werden in die Vergangenheit gezogen.

Der Weg zum Grab sollte in Ruhe gegangen werden, da jeder in solcher Situation mit eigenen Gedanken beschäftigt ist. Diskussionen oder Gespräche stören dann andere.

Das Tragen des Sarges und die Träger

In Dörfern und kleineren Orten fungieren in der Regel Nachbarn, Freunde und Vereinskollegen als Sargträger. In Großstädten haben die Friedhöfe oder die Bestatter eigene Trägerkolonnen meist aus rüstigen Rentnern, die diese Aufgaben (gegen Bezahlung) übernehmen. Ausgerüstet mit schwarzer Kleidung und weißen Handschuhen unterstreichen sie die Würde dieses Momentes. Normalerweise bringen sechs Träger den Sarg auf einem Wagen in die Nähe des Grabes und

237

tragen ihn die letzten Meter. Der Sarg wird auf zwei Balken über dem Grab aufgesetzt. Vier Träger halten dann den Sarg mit Seilen. Nachdem die beiden Balken entfernt wurden, lassen die Träger den Sarg langsam in das Grab hinunter. Für das Herablassen gibt es auf einigen Friedhöfen inzwischen auch elektrisch betriebene Geräte.

Manche Friedhöfe, gerade in Großstädten, mussten das Tragen durch andere Personen verbieten, weil Angehörige für diese Arbeit preiswert „Kumpel" anheuerten, die sich vor der Bestattung Mut angetrunken haben: Die Würde des Abschiedes hat dann manchmal deutlich Schaden genommen. Außerdem sprechen berufsgenossenschaftliche Vorschriften gegen das Tragen durch Angehörige: Nur die offiziellen Träger sind bei Unfällen versichert.

In vielen Gegenden ist es üblich, dass den Trägern (übermittelt durch das Bestattungsinstitut) dezent ein Trinkgeld gegeben wird.

6.5.2. Die Verabschiedung am Grab durch den Pfarrer

Jede Konfession hat ihren eigenen Ritus für die Trauerfeier und für den Abschied am Grab. Oft wird am Grab das Vaterunser gebetet, und dann werden die Entlassworte gesprochen, mit dreimaligem Erdwurf: „Erde zu Erde, Asche zu Asche, Staub zu Staub." Gebet und Segen beschließen den Trauergottesdienst. Danach kondoliert der Pfarrer noch einmal den engsten Angehörigen.

6.5.3. Reden von Freunden, Arbeitgeber oder Verein, Jagdhornblasen etc.

Früher war es eine weitverbreitete Selbstverständlichkeit, dass Betriebe ihre (früheren) Mitarbeiter am Grab verabschiedeten und der Chef dazu eine kurze, wertschätzende Rede hielt. Auch Vereine, manche wie Schützenvereine mit Fahnen, begleiteten geschlossen ihr Vereinsmitglied zur letzten Ruhestätte. Jäger wurden mit dem „letzten Halali" der Jagdhornbläser verabschiedet. Chöre sangen in der Trauerkapelle oder am Grab. Viele Gruppen pflegten ihre eigenen Rituale.

Mit der Verschiebung der Bestattung aus dem öffentlichen Raum in die private Sphäre der Familie sind diese offiziellen Verabschiedungen im Rahmen städtischer Kultur sehr selten geworden.

6.5.4. Abschiednehmen vom Grab

Nach dem Ende des Gottesdienstes verabschieden sich erst die Angehörigen und dann die Trauergäste von dem Verstorbenen: mit einem kurzen Gebet, einer Verneigung, einem Blumengruß oder indem sie eine Handvoll bzw. eine Schaufel Erde ins Grab werfen. Symbolisch beteiligen sie sich so am Begraben des Verstorbenen. Früher haben Frauen Blumen auf den Sarg geworfen, Männer Erde. Kindern fällt das Abschiednehmen leichter, wenn sie noch ein selbstgemaltes Bild oder einen Brief an den Opa oder die Oma in das Grab werfen können.

6.5.5. Kondolieren am Grab – Stärkung oder Albtraum

Zum Schluss nehmen die engsten Angehörigen die Kondolenzbezeugungen der Trauergäste entgegen. Man dankt für die Anteilnahme, drückt seine Freude über die Teilnahme an der Trauerfeier aus, lädt noch einmal zum anschließenden Zusammensein ein oder verabredet sich zu einem baldigen Telefonat. Viele empfinden diesen Ausdruck persönlicher Anteilnahme durch die Trauergäste als persönliche Stärkung für die kommende Trauerzeit.

Manche Angehörige möchten aber auf keinen Fall am offenen Grab stehen bleiben. Sie empfinden diese Zeit als den belastendsten Teil der ganzen Trauerfeier. Dann kann man den Abschluss auch so gestalten, dass die Angehörigen direkt nach ihrem eigenen Abschiednehmen vom Grab weggehen und vielleicht am Friedhofseingang oder beim anschließenden Beisammensein Gelegenheit zum Kondolieren geben. Als brüskierend für Gäste kann es allerdings empfunden werden, wenn die engsten Angehörigen aufeinander warten und dann als Gruppe weggehen, während andere sich noch am Grab verabschieden.

Kondolieren dauert: Bei einhundert Besuchern kann man schon mit fünfzehn bis zwanzig Minuten rechnen. So lange stehen zu bleiben, fällt der oft sehr betagten Witwe oder dem Witwer schwer. Wenn man vorher darum bittet, dann stellen die Friedhofsverwaltungen einen oder zwei Stühle für die Angehörigen am Grab bereit.

Wenn die engsten Angehörigen bis zum letzten Kondolierenden am Grab stehenbleiben und dann zum Beerdigungskaffee gehen, sollten für sie Sitzplätze im Café reserviert sein. Das ist hilfreich für die früher ankommenden Gäste und garantiert, dass die Familie zusammensitzen kann. Eventuell sollte man besser einen Autotransfer für die Witwe organisieren, als sie einen langen Weg zu Fuß gehen zu lassen.

6.6. Statt Trauerfeier oder Gottesdienst nur „Abschiednehmen am Grab"

Wie sehr sich die Trauerkultur verändert hat, merken Bestatter, Pfarrer und Trauerredner daran, dass Angehörige sich manchmal nur ein paar Worte am Grab von ihnen wünschen – anstelle einer Trauerfeier in der Kapelle. Ob der Verstorbene diese Miniabschiedsform von sich aus gewünscht hat, bleibt dabei offen. Damit ständen am Ende eines Lebens nicht einmal ein kurzes Innehalten und ein Abschiedsritual von einer halben Stunde. Da dies außerdem kein Trauergottesdienst ist, können Geistliche einem solchen Wunsch kaum entsprechen: Die Wertschätzung für einen Menschen, an dessen Ende nicht einmal der Aufwand für einen Trauergottesdienst getrieben wird, kommt dann eher einer Abwertung gleich. Christen haben ein Recht auf einen würdigen Abschiedsgottesdienst.

6.7. Die Urnenbeisetzung nach vorangehender Trauerfeier

Wenn der Leichnam nach der Trauerfeier verbrannt ist, wird die Urne dem Friedhof zugesandt, auf dem sie beigesetzt werden soll. Diese Beisetzung kann in aller Stille ohne Angehörige durch den Friedhofsgärtner vorgenommen werden. Meist kommen die engsten Angehörigen mit dem Pfarrer oder Trauerredner an der Friedhofskapelle zusammen, um gemeinsam den letzten Weg zum Grab zu gehen. Zwei Bestattungsordner tragen die Urne. Am Grab wird nur eine kurze Andacht mit Lesung, Gebet, Vaterunser, den Abschiedsworten „Erde zu Erde, Asche zu Asche, Staub zu Staub" und den Segensworten gehalten. Eine zweite ausführliche Trauerfeier findet nicht mehr statt.

6.8. Beerdigungskaffee, Leichenschmaus: Der Wechsel zum neuen Lebensabschnitt

6.8.1. Die Traurigkeit und das Lachen

- Weil Gäste von weither gekommen sind …
- Weil man nach dem belastenden Abschied Essen und Trinken zur Erholung braucht …
- Weil Angehörige und Trauergäste sich lange nicht gesehen haben …
- Weil man den Angehörigen noch einmal ausführlicher sein Beileid aussprechen möchte …
- Weil Angehörige und Trauergäste miteinander reden möchten …
- Weil es seit alters her so üblich ist …
- Weil es eine gute Sitte ist, Gäste zu bewirten …

Es gibt eine Menge Gründe, nach der Trauerfeier noch zu einem Beerdigungskaffee, einem Leichenschmaus oder „zum Streuselkuchen" einzuladen. Schon die vielen unterschiedlichen Namen für das Beisammensein nach dem Trauergottesdienst machen deutlich, dass es sich dabei um eine alte, weitverbreitete Tradition handelt.

Dennoch gibt es vor allem jüngere Menschen, die einen solchen Beerdigungskaffee vehement ablehnen – erfahrungsgemäß bleibt die Stimmung bei diesem Kaffeetrinken nicht wie auf der Trauerfeier. Nach einiger Zeit wird auch gelacht und fröhlich geredet – nach dem ersten Gläschen entspricht die Stimmung bald nicht mehr dem Anlass. Für manche Menschen ist dieser fast naturgemäße Verlauf des Leichenschmauses in ihren Vorstellungen unerträglich.

Trotz des traurigen Anlasses Lachen und Fröhlichkeit? Um das zu verstehen, ist es sinnvoll, auf den Ablauf des Trauerprozesses seit dem Tod zu schauen. Die vergangenen Tage waren angefüllt mit Vorbereitungen, mit Einkaufen, mit Kondolenzbesuchen und mit Gesprächen. Die engsten Angehörigen sind kaum zur Ruhe, kaum zu Mahlzeiten gekommen. Jetzt, nach vier oder sechs oder acht Tagen ist die Trauerfeier vorbei. Und damit endet die erste, intensivste Trauerphase. Die Trauer um den Verstorbenen ist selbstverständlich nicht zu Ende, aber bei aller Trauer muss nun der Weg in ein normales Leben wieder gefunden werden. Der Leichenschmaus ist ein deutliches Zeichen für diesen neuen Abschnitt: Aus der Trauer muss neues Leben wachsen.

Die Gespräche drehen sich zuerst natürlich um die letzten Tage des Verstorbenen, um sein Leiden und sein Lebensende. Die Gäste möchten gerne diese Informationen haben und möchten auch ihre Anteilnahme dadurch bekunden, dass sie sich für diesen Weg des Sterbens interessieren. Aber bald werden auch andere Informationen wichtig: Man erinnert sich an gemeinsame Erlebnisse, die Trauergäste berichten aus ihrem eigenen Leben, man fragt nach gemeinsamen Bekannten und Angehörigen, man erkundigt sich nach dem Ergehen der Kinder. Sehr schnell steht das normale Leben im Raum, mit seinen dunklen Seiten von Krankheit und Tod, aber auch mit seinen Freuden, seinen komischen Erlebnissen und seinen humorvollen Geschichten. Das Leben mit all seinen Facetten rückt wieder in den Mittelpunkt, und damit kann auch die Frage gestellt werden: „Wie wird es weitergehen?" Tod und Leben müssen miteinander neu verknüpft werden. Die Zukunft wird und darf nicht nur vom Tod gestaltet werden. Natürlich und zu Recht wird die Trauer die nächste Zeit stark mitgestalten. Es wird vieles neu zu planen geben und der Abschiedsschmerz braucht seine Zeit zur Verarbeitung.

Dieser Leichenschmaus, dieser Beerdigungskaffee soll für die engsten Angehörigen ein deutliches, befreiendes Signal sein: „Das Leben muss weitergehen! Du darfst nicht in der Trauer versinken! Lebe dein Leben neu."

Dass die anderen Trauergäste ihr alltägliches vielseitiges Leben mit in den Beerdigungskaffee nehmen und nicht alles Fröhliche vor der Tür lassen können, dass Kinder spielen und lachen, dass der Alkohol die Zungen löst, ist nicht unangemessenes Verhalten, sondern ist wichtiges Zentrum des Leichenschmauses: Das alltägliche Leben „muss" trotz des Todes weitergehen! Oder aus Sicht der engsten Angehörigen: Das alltägliche Leben „darf" trotz des Todes weitergehen! Es ist kein Verrat am Verstorbenen und seinem Andenken, wenn jetzt das alltägliche Leben mit all seinen Seiten wieder neu geplant und gelebt werden muss.

Das Lachen beim Trauerkaffee ist kein Betriebsunfall, sondern wichtiges Signal der Normalität. Trauer und Freude, Weinen und Lachen, Schmerzen und Wohlbefinden, Abschiedstränen und Wiedersehensfreude, Leidensmiene und Kinderlachen, Sterben und Geborenwerden – alles gehört zum normalen, alltäglichen Leben hinzu: Der Trauerkaffee ist der Aufbruch zurück in die Normalität.

Dem engsten Angehörigen wird signalisiert, dass er aus seiner Trauer zeitweilig ausbrechen darf, um wieder am normalen Leben teilnehmen zu können: Deshalb sind planende Verabredungen beim Beerdigungskaffee so wichtig. Um nicht in seinem Schmerz zu versinken, braucht der Trauernde die Anderen.

6.8.2. Zuhause, im Lokal oder im Gemeindehaus?

Diese Frage wird meist nach den örtlichen Gegebenheiten und nach den familiären Möglichkeiten entschieden: Können und möchten Freunde und Bekannte die Bewirtung übernehmen? Ist die eigene Wohnung groß genug für die Gäste? Gibt der eigene Etat genügend Spielraum für eine Einladung in ein Café oder ein Restaurant? Nach dem Trubel der vergangenen Tage ist es sicher sinnvoll, wenn sich die engsten Angehörigen gut in Gesprächen um ihre Gäste kümmern können und nicht durch die Sorge um das leibliche Wohl in Atem gehalten werden.

6.8.3. Die Einladung zum Beerdigungskaffee

Einladen kann man zum Beerdigungskaffee durch ein kleines gedrucktes Kärtchen, das dem Trauerbrief beigelegt wird. Durch die frühzeitige Einladung können sich Gäste gut darauf einstellen.

Wenn am Eingang in die Kapelle jedem Besucher dieses Kärtchen oder ein kleiner Zettel mit der Einladung zum Beerdigungskaffee und eventuell der Anfahrtsbeschreibung gegeben wird, hat man die Sicherheit, dass kein Gast übersehen wird und nachher niemand verärgert ist.

Oft ist es üblich, dass die Einladung gegen Ende der Trauerfeier durch den Pfarrer oder Trauerredner im Namen der Angehörigen ausgesprochen wird. Auch so sind ausnahmslos alle Anwesenden eingeladen, und niemand wird übersehen.

Einladen kann man auch noch, wenn die Trauergäste am Grab kondolieren. Hier besteht allerdings die Gefahr, dass man zu aufgeregt ist und nicht mehr genau weiß, wer nun eine Traueranzeige mit Einladung bekommen hat und wer nicht. Auch werden nicht immer alle Gäste erkannt, zum Beispiel frühere Arbeitskollegen, die auf die Todesanzeige hin gekommen sind.

Vor einer Beerdigung wird oft überlegt, wen man einladen soll. Schnell stellt sich heraus, dass es äußerst schwierig ist, eine gute Grenze zu ziehen: Nahe Verwandte hatten sich vorher lange nicht gemeldet, Freunde haben den Sterbeprozess sehr intensiv begleitet: Soll man die Freunde einladen, die Verwandtschaft aber nicht berücksichtigen, einige Arbeitskollegen willkommen heißen, andere ausschließen? Das wäre eine schlechte Lösung.

Manchmal ist es nicht üblich und möglich, dass alle Teilnehmer der Beerdigung berücksichtigt werden. Doch wenn es finanziell machbar ist, sollten möglichst alle eingeladen werden.

Wer sich zu einer Beerdigung aufmacht, muss oft über seinen eigenen Schatten springen: Er mutet sich die Teilnahme zu, obwohl er eigentlich nicht mit dem Thema Tod konfrontiert sein möchte. Trauerfeiern sind keine vergnügungssteuerpflichtigen Ereignisse. Auch nehmen viele Gäste die Kosten einer weiten Anreise, von Urlaubstagen oder Babysittern auf sich, um dem Verstorbenen die letzte Ehre zu erweisen. Es ist deshalb nur recht und billig, wenn alle Trauergäste auch zu dem anschließenden Beerdigungskaffee eingeladen werden. Ihre Teilnahme an der Trauer, ihre Verbundenheit, ihr Engagement würden so von der Trauerfamilie angemessen gewürdigt.

Von der Trauerfeier mit dem Gefühl wegzugehen „Andere sind eingeladen und ich nicht", trübt mit Sicherheit die Erinnerung an die Beerdigung, an den Verstorbenen und trübt das Verhältnis des „Ausgestoßenen" zu der Trauerfamilie, bzw. zum Witwer oder zur Witwe.

Eine allgemeine Einladung ist auch sinnvoll, weil sich nach einem Todesfall manchmal Beziehungen und Freundschaften entwickeln, an die man vorher nicht im Traum gedacht hat. Mancher Teilnehmer wird sich besonders geehrt fühlen, zur anschließenden Feier mit eingeladen zu sein: Ein gutes Gefühl der Trauerfamilie gegenüber ist die Konsequenz. In den vielleicht bevorstehenden Phasen der Einsamkeit, der Trauer und Neuorientierung können sich solche vertieften Beziehungen als sehr wertvoll erweisen.

Ist der Ort des Beerdigungskaffees vom Friedhof aus schwer zu finden, sind selbstgestaltete Routenskizzen mit der genauen Adresse des Cafés sehr sinnvoll. In Kolonne zu fahren, ist gerade in Städten sehr problematisch.

Mitunter sind Wege während einer Bestattung für ältere Menschen sehr mühsam: Von der Kapelle zum Grab geht man selbstverständlich hinter dem Sarg her. Aber für den Gang zum Beerdigungskaffee und zurück zur Kirche, wo das eigene Auto steht, reichen die Kräfte dann vielleicht nicht mehr. Bei solchen Wegen kann es eine gute Geste der Gastgeber sein, einen kleinen Bus oder Mietwagen für den Rücktransport der Gäste bereitstehen zu haben. Vielleicht kann man jemanden im Familien- oder Freundeskreis darum bitten, sich schon im Vorfeld Gedanken über Mitfahrgelegenheiten zu machen und diese später beim Friedhof zu organisieren: „Ah, Tante Hilde! Du fährst nachher mit Familie Meier mit!"

6.8.4. Die Bewirtung

Wer professionell Beerdigungskaffees ausrichtet, kennt das Problem der nur schwer zu kalkulierenden Gästezahl – für ihn ist das Alltagsgeschäft, er ist darauf vorbereitet. Man sollte aber mit dem Gastwirt vorher deutlich vereinbaren, dass man nur für die wirklich Teilnehmenden bzw. nur für das bereitgestellte Essen bezahlen muss.

Wenn sie merken, dass die Kapazität des Raumes für den Beerdigungskaffee erschöpft ist, verabschieden sich Menschen, die nicht zu der engeren Gemeinschaft der Trauernden gehören, erfahrungsgemäß sehr schnell.

Für die Bewirtung gibt es regional sehr unterschiedliche Gepflogenheiten: Je nach Uhrzeit wird manchmal zu einem Mittagessen oder belegten Brötchen eingeladen, oder es gibt Kaffee/Tee und „Beerdigungskuchen", also Streusel- oder Butterkuchen.

6.8.5. Ort des Erinnerns

Bei einer Beerdigung treffen sich oft Angehörige, die sich nicht nur der Entfernung wegen lange nicht gesehen haben. Veränderungen hat man nur am Rande mitbekommen. Durch Heirat oder Geburt hinzugekommene Familienmitglieder sind noch nicht persönlich bekannt. Auch das Leben des Verstorbenen ist in den letzten Lebensjahren kaum wahrgenommen worden.

Sofern am Ort des Beerdigungskaffees möglich, ist eine kurze (!) Bildershow über den Verstorbenen, die Familie, wichtige Ereignisse für die Anwesenden interessant und gibt viel Gesprächsstoff. Erinnerungen werden aufgefrischt und Erlebnisse treten wieder neu ins Bewusstsein.

Jüngere Familienmitglieder mögen es als eine Herausforderung ansehen, in aller zeitlich gebotenen Kürze durch Scannen von Bildern, Aufbereiten auf dem Computer und Zeigen mit einem Beamer einen solchen Erinnerungsblock von wenigen Minuten herzustellen. Keinesfalls sollten dadurch Gespräche erstickt werden.

Eine Gefahr sollte man bei einem solchen Plan mit einbeziehen: Kann man alle Teile der engsten Familie angemessen abbilden? Eine Bildershow nur über einen Familienzweig kann der Grund zu tiefer Verärgerung sein. Dann sollte man sich nur auf einige Bilder des Verstorbenen (und seines Ehepartners) konzentrieren.

Damit alle Anwesenden Gelegenheit haben, mit den engsten Angehörigen zu sprechen, setzen sich die Witwe oder der Witwer, sofern dazu in der Lage, oder andere Familienangehörige immer mal wieder an einen anderen Tisch.

6.8.6. Die Zukunft hat begonnen

Diese Ansage ist der wichtigste Akzent des Beerdigungskaffees: Mit dem erholenden gemeinsamen Essen und Trinken beginnt ein neuer Abschnitt – die Zukunft. Für den engsten Angehörigen eine Zeit voller neu zu gehender Wege, auch eine Zeit voller Ängste. Da ist es hilfreich, wenn er beim Beerdigungskaffee Hilfsangebote bekommt:
• Unterstützung bei Aufgaben, die der verstorbene Mann oder die verstorbene Frau immer gemacht haben,
• Einladungen zu Besuchen oder zu Reisen, da oft die vergangene Sterbenszeit die Angehörigen in die Nähe des Krankenbettes gefesselt hat,
• Unterstützung bei Aufgaben, oft Behördengängen, die die Hinterbliebenen überfordern,
• Gesprächsangebote zu regelmäßigem Gedankenaustausch, da die kommende Trauerzeit viele Gespräche erfordert,
• aber auch Einladungen zu Vereinen oder Sportangeboten, da die Hinterbliebenen für sich oft neue Kreise aufbauen müssen.

Wer alleinstehenden Hinterbliebenen etwas Gutes tun will, sollte auch die Sonntagnachmittage im Auge haben, da diese für Alleinstehende meist besonders schwer zu gestaltende Zeiten sind: Viele Angehörige und Freunde sind in dieser Zeit an ihre eigenen Familien gebunden.

6.8.7. Der Weg zum fertigen Grab

Nach dem Beerdigungskaffee sucht die engere Familie noch einmal gemeinsam das Grab auf, das inzwischen zugeschüttet ist und mit den Kränzen dekoriert wurde. Damit wird auch verhindert, dass bei den engsten Hinterbliebenen Angst vor einem ersten, einsamen Besuch am Grab entstehen kann: Jetzt ist man dagewesen, weiß, wie es aussieht, und kann am nächsten Tag wieder hingehen. Für eine gelingende Trauerarbeit ist dieser Anfang sehr wichtig. Viele gehen anfangs täglich zum Grab, dann zweimal wöchentlich und nachher immer seltener, je nach den eigenen Erfordernissen ihrer Trauer. Diese selbst verantwortete und gesteuerte Beziehung zum Grab ermöglicht im Rhythmus des eigenen Trauerprozesses ein gesundes Abschiednehmen. Und damit auch ein gutes neues Gestalten der Zukunft.

6.9. Danksagung, Abkündigung, Sechswochenamt

6.9.1. Danksagung in der Zeitung

Eine Danksagung in der regionalen Zeitung erinnert die Öffentlichkeit noch einmal an den Verstorbenen. Ob man dadurch im Verbreitungsgebiet der Zeitung auf die persönlichen Danksagungskarten verzichten kann, muss jeder selbst wissen. Ein persönlicher Gruß stärkt die Kontakte.

6.9.2. Danksagungskarten

Für Auswärtige braucht man sinnvollerweise Danksagungskarten, wenn man nicht alle Beileidsbezeugungen telefonisch oder mit einem persönlichen Brief beantworten will. Persönlicher werden die Karten dann noch, wenn man handschriftlich einen Gruß und gegebenenfalls einen Dank hinzufügt.

6.9.3. Einladung von Nachbarn und Pflegern

In manchen Regionen gibt es den guten Brauch, einige Tage nach der Beerdigung die Nachbarschaft zu einem Kaffeetrinken einzuladen. Diese Einladung soll ein Dank sein für Hilfe und Beistand in den letzten Tagen und manchmal auch für die vorhergehende Zeit des Leidens und Sterbens. Als Mittel zur Kontaktpflege sollte man diese Einladung nicht unterschätzen.

In den stressigen und nervenaufreibenden Zeiten vor dem Tod und vor der Beerdigung passieren viele Fehler und Ungeschicklichkeiten: Menschen sind überfordert und wissen oft auch nicht genau, was für sie richtiges Verhalten ist. Eine Einladung kann Wogen glätten, Missverständnisse ausräumen und zu einem guten Nachbarschaftsklima beitragen. Oft ist ein solches Klima in der nächsten Zeit bitter nötig, denn die Hilfe von Nachbarn wird wahrscheinlich in der Zukunft sehr gebraucht.

Vielleicht kann man sich auch durch ein Kaffeetrinken oder durch eine Spende beim Pflegepersonal des Seniorenheimes oder des Pflegedienstes bedanken. Mit ein bisschen Abstand zur Leidenszeit vor dem Tod erfahren hier die Angehörigen bisweilen manche ihnen unbekannten Details des letzten Lebensabschnittes des Verstorbenen.

6.9.4. Abkündigung im evangelischen Gottesdienst

In evangelischen Gottesdiensten wird am Sonntag nach der Beerdigung, manchmal auch schon nach dem Todestag der Verstorbenen gedacht. Sie werden mit der Angabe des Alters namentlich genannt, und sie und ihre Angehörigen werden in das sich anschließende Fürbittengebet mit aufgenommen. In vielen Gemeinden werden am Totensonntag, am Sonntag vor dem ersten Advent, also am letzten Sonntag des Kirchenjahres, die Namen der im vergangenen Jahr Verstorbenen verlesen. Viele Gemeinden nennen die Verstorbenen auch in ihrem Gemeindebrief.

6.9.5. Das römisch-katholische Sechswochenamt

Das Sechswochenamt ist ein alter Brauch der römisch-katholischen Kirche. Ca. 40 Tage – sechs Wochen – nach der Beerdigung wird eine heilige Messe für den Verstorbenen gefeiert. Sie könnte auch 40 Tage nach dem Todestag gefeiert werden.

Gott schenkt diese Einheit, für die die Messfeier, die Liturgie, ein sakramentales Zeichen ist. Zudem wird in dieser Messe in besonderer Weise für die Verstorbenen gebetet, dass sie Gottes ewigen Frieden und sein ewiges Heil erfahren dürfen.

Dieses Sechswochenamt kann in jeder beliebigen Kirche gefeiert werden und wird entsprechend von der Familie oder Hinterbliebenen vorher in dem betreffenden Pfarrbüro bestellt. In der Regel wird das die Wohnortkirche des Verstorbenen sein, von der aus er oder sie beerdigt wurde.

Für dieses Sechswochenamt fällt eine Gebühr von € 5 (regional unterschiedlich) an.

Das gleiche gilt für das sogenannte Jahrgedächtnis, das ein Jahr nach Tod oder Beerdigung und folgend alle weiteren Jahre zu diesem Datum gefeiert werden kann. Dieses Datum kann aber auch beweglich sein.

6.10. Meine eigenen Wünsche zur Trauerfeier

○ Meine eigenen Wünsche zur Trauerfeier und zum Rahmen (Anzeige, Einladung, Kapellengestaltung etc.) habe ich im Kapitel 12.10. aufgeschrieben.

7. AUFGABEN NACH DER BESTATTUNG

7.1. Die Wohnung abschließen und andere dringende Aufgaben nach einem Todesfall (Checkliste 8)

Im Kapitel 2.21. wird aufgezählt, was alles bei einer endgültigen Wohnungsauflösung hilfreich ist und beachtet werden sollte. Unmittelbar nach dem Todesfall muss eine Wohnung, in der niemand mehr lebt, so hergerichtet werden, dass nichts passieren kann.

Eine Checkliste soll dabei helfen – kreuzen Sie an, was zu tun ist, und haken Sie ab, was erledigt ist:

○ □ Wohnungseigentümer benachrichtigen (⟶ 11.5.2.)

○ □ Wohnungsschlüssel für Notfälle bei Nachbarn deponieren

○ □ Nachsendeauftrag einrichten, Grund „Sterbefall" angeben

○ □ Zeitung(en), Illustrierte u. Ä. abbestellen (⟶ 11.6.10. und 11.6.11.)

○ □ Hinweis *Bitte keine Werbung und kostenlose Zeitungen* am Briefkasten anbringen (damit der Briefkasten nicht überquillt)

○ □ Pflegedienst benachrichtigen und abbestellen (⟶ 11.4.20.)

○ □ Pflegebetten und Pflegehilfsmittel bei Sanitätshaus kündigen (⟶ 11.4.21.)

○ □ Pflegebetten und Pflegehilfsmittel zur Abholung bereitstellen (⟶ 11.4.21.)

○ □ Vertrag mit Seniorenheimen kündigen (⟶ 11.8.4.)

○ □ Vorverträge mit Seniorenheimen auflösen (⟶ 11.8.4.)

○ □ Haushaltshilfe abbestellen (⟶ 11.5.7.)

○ □ Fensterputzer abbestellen (⟶ 11.5.8.)

○ □ Friseurtermine absagen (⟶ 11.4.27.)

○ □ Pediküre und Maniküre absagen (⟶ 11.4.28.)

○ □ Arzttermine absagen (⟶ 11.4.)

○ ☐ „Essen auf Rädern" abbestellen (⟶ 11.5.9.)

○ ☐ Brötchenlieferungen abbestellen (⟶ 11.5.13.)

○ ☐ Tiefkühlservice abbestellen (⟶ 11.5.10.)

○ ☐ Eierlieferungen abbestellen (⟶ 11.5.12.)

○ ☐ Getränkelieferungen abbestellen (⟶ 11.5.11.)

○ ☐ Kühlschrank leeren und abstellen

○ ☐ Tiefkühltruhe ausräumen und abstellen

○ ☐ Lebensmittel entsorgen

○ ☐ Gas abstellen

○ ☐ Stecker herausziehen

○ ☐ Wasser abstellen

○ ☐ Heizung auf kleine Stufe/niedrige Raumtemperatur stellen

○ ☐ Lüften

○ ☐ Telefon abstellen (⟶ 11.6.1.)

○ ☐ Anrufbeantworter abstellen oder neu besprechen (⟶ 11.6.1.)

○ ☐ E-Mails, Facebook usw. kontrollieren/Accounts löschen (⟶ 11.6.8. und 12.3.5.)

○ ☐ Computer abstellen (⟶ 11.6.6.)

○ ☐ Handy ausschalten (⟶ 11.6.2.)

○ ☐ Haustiere unterbringen (⟶ 12.13.6.)

○ ☐ Müll entsorgen

○ ☐ Termine für Heizungs-, Strom- oder Wasserablesung absagen oder zur Wohnungskündigung neu vereinbaren (⟶ 11.5.)

○ ☐ Treppenhausreinigung, Kellerreinigung und Speicherreinigung regeln

○ ☐ Schneeräumen regeln (Räumpflicht gilt gegebenenfalls trotz Tod weiter)

○ ☐ Schnittblumen entsorgen

○ ☐ Topfblumen mitnehmen

○ ☐ Garten versorgen, gegebenenfalls Nachbarn um das Blumengießen bitten

○ ☐ Wecker abstellen

○ ☐ Gebrauchte Wäsche reinigen

○ ☐ Eine Lampe mit Schaltuhr programmieren (zur Einbruchssicherung)

○ ☐ Schuhe vom Schuster, Mangelwäsche aus der Heißmangel, Reparaturen vom Schneider holen

Die Checkliste 2 zur endgültigen Haushaltsauflösung finden Sie in Kapitel 2.21.13.

7.2. Vorsicht vor Betrugsversuchen

Manche Betrüger haben sich auf eine sehr unschöne Betrugsmasche spezialisiert: Sie schicken an die Adresse des Verstorbenen, von dessen Tod sie aus der Zeitung oder anderen Quellen erfahren haben, Rechnungen über angeblich gelieferte oder bestellte Waren oder Dienstleistungen. Sie vertrauen darauf, dass eine Witwe die Rechnung über angeblich an ihren Mann gelieferte Pornografie aus Schamgefühl lieber stillschweigend bezahlt, als sich gegen diese betrügerische Rechnung zu wehren und sie so an die große Glocke zu hängen. Da solche Betrugsversuche öffentlich bekannt sind und immer wieder in den Medien angeprangert werden, sollte man, statt zu bezahlen, die Polizei informieren. War der Mann schon längere Zeit zum Beispiel wegen Bettlägerigkeit geschäftsunfähig, sodass beweisbar hier ein Betrugsversuch vorliegt, sollte man auf jeden Fall Anzeige erstatten.

Auch Rechnungen wegen Aufnahme in ein „Sterberegister" oder in ein „Sterbeanzeigen-Jahrbuch" sind keine Rechnungen, sondern Angebote, die man erst durch die Bezahlung annimmt. Da hier der Bezahlung keine sinnvolle Gegenleistung entspricht, sollte man solche Angebote, auch wenn sie in der Form vermeintlicher Rechnungen vorgelegt werden, schlichtweg ignorieren.

Vor dem Umschreiben eines Telefonanschlusses nach dem Tod des Ehemannes sollte man überlegen, ob man als Schutz vor Belästigungen durch unangenehme Anrufe nicht besser doch den Namen des Ehemannes im Telefonbuch stehen lässt: Aus weiblichen Vornamen oder aus Abkürzungen wird leicht geschlossen, dass hier eine alleinstehende Frau wohnt.

7.3. Testament und Erbschaft

Nach einem Todesfall muss derjenige, der im Besitz eines Testamentes des Verstorbenen ist, das Original umgehend beim zuständigen Nachlassgericht – dem Amtsgericht am Wohnsitz des Erblassers – abliefern (⟶ 12.7., 11.8.1., 11.8.12.).

Diese Ablieferungspflicht betrifft alle Schriftstücke, die den Charakter eines Testaments haben. Enthalten sind in dieser Verpflichtung auch Erbverträge.

Wer ein solches Schriftstück unterschlägt, macht sich eventuell strafbar und ist vielleicht sogar schadenersatzpflichtig.

Das Nachlassgericht setzt den Termin für die Eröffnung des Testamentes fest. Das bedeutet, dass u.a. alle im Testament genannten Erben zu einem bestimmten Termin eingeladen werden und ihnen gemeinsam der Inhalt des Testamentes vorgelesen, also eröffnet wird. Eröffnung ist nicht zu verwechseln mit Öffnung: Wegen der Einladung ist dem Gericht der Inhalt des Testamentes vorher bekannt. Eventuell setzt das Gericht einen Nachlassverwalter ein.

Sollte eine Überschuldung des Nachlasses in Betracht kommen, sollte man als möglicher Erbe *umgehend* nach Beratung durch einen Rechtsanwalt beim Amtsgericht das Erbe ausschlagen oder die Einsetzung eines Nachlassverwalters beantragen (➠ 2.6., 4.16., 11.8.1.). Ein Nachlassverwalter haftet nur mit der Erbmasse. Ein Erbe würde auch mit seinem persönlichen Vermögen für die Schulden des Erblassers haften. Für die Ausschlagung eines Erbes sind sehr kurze Fristen bindend vorgeschrieben. Nur innerhalb von sechs Wochen nach Kenntniserlangung von einer (zu erwartenden) Erbschaft kann eine Erbschaft abgelehnt werden. Eventuell beginnt diese Sechs-Wochen-Frist schon mit dem Todestag, nicht erst mit der Testamentseröffnung.

Sobald er die Erbschaft angetreten hat, ist der Erbe ist dann dafür verantwortlich, dass noch ausstehende Rechnungen von Ärzten, Krankenhäusern und Rechnungen im Zusammenhang mit dem Sterbefall beglichen werden und gegebenenfalls zur Abrechnung an Krankenversicherungen, Versorgungskassen und Beihilfestellen weitergeleitet werden.

7.4. Sterbefall melden bei Lebens- und Unfallversicherungen, Rentenkassen, Sparkassen, Banken

Ein Sterbefall muss umgehend bei Lebensversicherungen (➠ 11.3.10.), Sterbekassen (➠ 11.3.13.) und ggf. Unfallversicherungen (➠ 11.3.11.) gemeldet werden. Auch Sparkassen und Banken (➠ 11.2.1. und 11.2.2.)

sind wegen der Feststellung des Kontobestandes bezüglich der Erbschaftsregelungen und wegen der Kontosperrung sehr zeitnah zu benachrichtigen. Zu den weiter zu kündigenden Verträgen siehe die Checkliste 9 in Kapitel 7.6.2.

7.5. Hinterbliebenenrenten beantragen

Um einen Verzug bei der Auszahlung von Hinterbliebenenrenten für Witwen, Witwer oder Waisen zu vermeiden, müssen die Betroffenen innerhalb von sechs Wochen persönlich bei ihrer Rentenstelle vorsprechen und die Rente oder Umstellung der Rente beantragen. Während die meisten Formalitäten in Verbindung mit einem Todesfall die Bestatter erledigen können, muss dieser Antrag persönlich gestellt werden.

Die Nummern für die Benachrichtigung der Rentenstelle bzw. Versorgungskasse sind im Kapitel 11.1.9. zu finden. Gegebenenfalls müssen Anträge für Witwen- oder Waisenrenten oder Erziehungsrenten für Geschiedene gestellt werden.

Nähere Informationen bei verstorbenen Rentenbeziehern über eventuell mögliche Vorauszahlungen der nach dem Todesfall zustehenden drei Monatsrenten siehe *www.rentenservice.com*

Bei Pensionären muss der hinterbliebene Partner dem ehemaligen Dienstherrn vom Tod Kenntnis geben und über ihn die Änderung der Versorgungsbezüge beantragen.

7.6. Kündigungen und Haushaltsauflösung

7.6.1. Aufgaben

Mit dem Tod enden Betreuung und Vollmacht. Die Erben sind für alles weitere verantwortlich. Eventuell ist die Bestellung eines Nachlasspflegers durch das Betreuungsgericht notwendig. Betreuer, Bevollmächtigte oder die für die Bestattung verantwortlichen Personen dürfen im Rahmen einer Notgeschäftsführung bis zur Ausstellung des Erbscheins nur die dringendst notwendigen der im Folgenden genannten Aufgaben ausführen. In Zweifelsfällen sollte man sich durch rechtlichen Rat absichern.

Fundstellen für Testament und Kopie des Testamentes	⇒ 12.7.
Wünsche und Entscheidungen des Verstorbenen zu Vermächtnissen und zur Haushaltsauflösung (maßgebend sind allerdings die Vorgaben, welche der oder die Verstorbene in einem Testament gemacht hat).	⇒ 12.13.
Im Kapitel „Die Wohnung abschließen" gibt es die Checkliste 8 mit dem, was Angehörige nach einem Todesfall beim Verlassen der Wohnung beachten sollten.	⇒ 7.1.
Im Kapitel „Haushaltsauflösung vorbereiten" sind alle notwendigen Schritte beschrieben, die nach einem Umzug in ein Seniorenheim oder nach einer Bestattung zur Auflösung eines Haushaltes bewältigt werden müssen.	⇒ 2.21.
Dort finden Sie auch die Checkliste 2 zur „Haushaltsauflösung", die die zusätzlich zur Checkliste 8 im Kapitel „Die Wohnung abschließen" zu erledigenden Aufgaben enthält.	⇒ 2.21., 7.1.
In Checkliste 9 finden Sie alle notwendigen Kündigungen von Versicherungen und Verträgen aufgelistet. Vorher sollten die noch eingehenden Rechnungen beglichen und den Versicherungen und Beihilfestellen zugeleitet werden. In diesem Kapitel sind auch Hinweise zu finden, welche Ärzte oder Institutionen über den Todesfall informiert werden sollten.	⇒ 7.6.2.
Aus dem Kapitel „Daten und Dokumentenliste" kann man die vorhandenen Verträge von der Krankenversicherung bis zum Abonnement der Fernsehzeitschrift ersehen, die gekündigt werden müssen. Zusätzlich kann man die Kontoauszüge der letzten beiden Jahre durchsehen, ob weitere Abbuchungsermächtigungen erteilt worden sind oder Daueraufträge laufen.	⇒ 11.

7.6.2. Versicherungen und Verträge kündigen, Ärzte etc. informieren (Checkliste 9)

Kreuzen Sie an, was zu tun ist, und haken Sie ab, was erledigt ist:

○ ☐ Vereinsmitgliedschaften (➠ 11.1.18)

○ ☐ Berufsverbände, Gewerkschaft (➠ 11.1.19.)

○ ☐ Eingehende Rechnungen begleichen (➠ 7.3.)

○ ☐ Rechnungen an Versicherungen, Beihilfestellen etc. zur Begleichung oder Erstattung weiterleiten (➠ 7.3. und 11.3.)

○ ☐ Sparkassen- und Bankkonten kündigen (➠ 11.2.1.)

○ ☐ Kreditkartenverträge kündigen (➠ 11.2.2.)

○ ☐ Abbuchungserlaubnisse (➠ 11.2.3.) soweit sinnvoll widerrufen

○ ☐ Daueraufträge (11.2.4.) soweit sinnvoll kündigen

○ ☐ Bausparverträge kündigen (➠ 11.2.5.)

○ ☐ Rechtsanwälte informieren (➠ 11.2.9.)

○ ☐ Steuerberater informieren (➠ 11.2.8.)

○ ☐ Finanzamt informieren (➠ 11.2.7.)

○ ☐ Krankenversicherung kündigen (➠ 11.3.1.)

○ ☐ Zusatzversicherungen kündigen (➠ 11.3.2.)

○ ☐ Beihilfestellen informieren (➠ 11.3.3.)

○ ☐ Auslandskrankenversicherung kündigen (➠ 11.3.4.)

○ ☐ Pflegeversicherung kündigen (➠ 11.3.5.)

○ ☐ Haftpflichtversicherung (nach Wohnungsauflösung) kündigen (➠ 11.3.6.)

○ ☐ Rechtsschutzversicherung kündigen (➠ 11.3.7.)

○ ☐ Hausratversicherung (nach Wohnungsauflösung) kündigen (➠ 11.3.8.)

○ ☐ Glasversicherung (nach Wohnungsauflösung) kündigen (➠ 11.3.9.)

○ ☐ Berufsunfähigkeitsversicherung kündigen (➠ 11.3.12.)

○ ☐ Weitere Versicherungen kündigen (➠ 11.3.14.)

○ ☐ Information Hausarzt (➠ 11.4.4.)

○ ☐ Information HNO-Arzt (➠ 11.4.11.)

○ ☐ Information Augenarzt (➠ 11.4.8.)

○ ☐ Information Gynäkologe/Urologe (➟ 11.4.14.)

○ ☐ Information Orthopäde (➟ 11.4.15.)

○ ☐ Information Internist (➟ 11.4.17.)

○ ☐ Information weiterer Fachärzte (➟ 11.4.18.)

○ ☐ Information Apotheke (➟ 11.4.19.)

○ ☐ Handyverträge kündigen (➟ 11.6.2.)

○ ☐ Fernsehverträge kündigen (➟ 11.6.3.)

○ ☐ Kabelanschluss kündigen (➟ 11.6.4.)

○ ☐ Pay-TV kündigen (➟ 11.6.5.)

○ ☐ Internet kündigen (➟ 11.6.6. und 12.13.5.)

○ ☐ Homepage kündigen (➟ 11.6.7. und 12.13.5.)

○ ☐ Soziale Netzwerke (➟ 11.6.8. und 12.13.5.)

○ ☐ Nachlassregelungen für digitale Daten (➟ 11.6.9. und 12.13.5.)

○ ☐ Tageszeitungen kündigen (➟ 11.6.10.)

○ ☐ Zeitschriftenabonnement kündigen (➟ 11.6.11.)

○ ☐ Buchclubs, Videotheken kündigen (➟ 11.6.12.)

○ ☐ Auto abmelden (➟ 11.7.1.)

○ ☐ Prüfen, ob Übertragung von Schadenfreiheitsrabatten auf Familienmitglieder möglich und sinnvoll

○ ☐ Autoversicherungen abmelden (➟ 11.7.2 bis 11.7.4.)

○ ☐ ADAC/Verkehrsclub kündigen (➟ 11.7.5.)

○ ☐ BahnCard kündigen (➟ 11.7.7.)

○ ☐ Monatskarte für Bus und Bahn kündigen (➟ 11.7.8.)

○ ☐ Neuen Verantwortlichen für andere Grabstätten suchen (➟ 11.8.10.)

○ ☐ Friedhöfe mit anderen Grabstätten informieren (➟ 11.8.10.)

○ ☐ Gebuchte Reise stornieren

○ ☐ Weitere Informationen an:

○ ☐ Weitere Informationen an:

○ ☐ Weitere Kündigung:

○ ☐ Weitere Kündigung:

○ ☐ Weitere Kündigung:

7.7. Beerdigung und Steuern

7.7.1. Die Steuerpflicht des Verstorbenen

Die Steuerpflicht des Verstorbenen endet nicht mit dem Tode. Die Verpflichtung zur steuerlichen Abwicklung bis zum Todestag (z.B. Einkommenssteuer) geht auf die Erben bzw. die Erbengemeinschaft über.

○ Die Fundstellen für steuerliche Unterlagen und Namen und Adresse des Steuerberaters sind in den Kapiteln 11.2.7. und 11.2.8. notiert.

7.7.2. Beerdigungskosten von der Steuer absetzen

In manchen Fällen können Beerdigungskosten als außergewöhnliche Belastungen von der Steuer abgesetzt werden, z.B. wenn die Belastungen durch die Bestattung höher sind als der Wert des Nachlasses. Deshalb sollten auf jeden Fall alle Belege, Quittungen und Zahlungsnachweise gesammelt werden.

Diese Absetzmöglichkeiten gelten nicht, wenn z.B. beim Tod eines Ehepartners die Beerdigungskosten vom gemeinsamen Vermögen der Ehepartner getragen werden. Bei Kindern kann eventuell ein zumutbarer Eigenbetrag angerechnet werden.

Es ist im konkreten Einzelfall sinnvoll, den Rat eines Steuerberaters einzuholen.

Auch Spenden an gemeinnützige Institutionen (anstelle von Kränzen) anlässlich einer Beerdigung können steuerliche Berücksichtigung finden. Bis € 200 erkennt dabei das Finanzamt die Einzahlungsquittung bei der Bank als Beleg an.

7.7.3. Neue Steuerpflicht des Hinterbliebenen

Wenn eine eigene Rente oder Pension und Witwenrente zusammenkommen, kann das Einkommen möglicherweise so stark steigen, dass eine Steuerpflicht entsteht. Auch die stetig steigende Besteuerung von

Renten macht ein Gespräch mit dem Steuerberater oder dem Finanzamt notwendig.

7.7.4. Erbschaftssteuer

Bei Erbschaften fällt Erbschaftsteuer an, wobei es z. B. für Ehegatten Freibeträge in Höhe von € 500 000 und für Kinder in Höhe von jeweils € 400 000 gibt. Eine Erbschaft ist innerhalb von drei Monaten beim zuständigen Finanzamt anzuzeigen (➡ 2.5.).

7.8. Zur Ruhe kommen

Nach den aufregenden Tagen zwischen Tod und Bestattung, denen ja oft Wochen und Monate oder gar Jahre der Krankheit und Pflege vorausgingen, ist Ruhe und Entspannung angesagt: Mancher fühlt sich so, als fiele er in ein tiefes Loch. Stabile Lebensgrundlagen sind weggebrochen, Pflegeaufgaben rund um die Uhr hören von einer Minute auf die andere auf.

Ein neues Fundament für das zukünftige Leben muss man sich langsam erst erarbeiten. Dazu braucht man aber auch erst einmal neue Kräfte.

Deshalb sollte man sich nicht unter Druck setzen lassen: Das neue Leben braucht Zeit, innere Ruhe. Die Verarbeitung der Vergangenheit geschieht in der Trauer nicht von einem auf den anderen Tag. Möglicherweise sind Monate nötig, bis langsam Bausteine für das Fundament einer neuen Zukunft gefunden werden. Zur Ruhe kommen bedeutet auch, zu sich selbst zu finden. Und das kann ein langer Prozess sein, wenn Jahrzehnte Gemeinsamkeit das bisherige Leben geprägt haben.

7.9. Die engsten Trauernden nicht alleine lassen

In der Zeit zwischen Todesfall und Beerdigung kümmern sich viele intensiv um die Witwe oder den Witwer. Kinder laden sie ein und Geschwister nehmen sie mit in ihre Wohnung. Diese Trauerphase ist eine Phase intensiver Anstrengung für alle Beteiligten. Es ist verständlich, dass anschließend Erholung und Ruhe angesagt sind.

Doch die engsten Trauernden haben vielleicht trotzdem das Bedürfnis nach vielen Gesprächen, nach Friedhofsbesuchen, nach Verwandtenbesuchen und Abwechslung. Alleine halten sie es in der Wohnung kaum aus. Auch das Zur-Ruhe-Kommen braucht Zeit.

Die Enttäuschung über die Kinder, die nun natürlich wieder ihre eigene Familie in den Mittelpunkt stellen (müssen), ist vorprogrammiert. Gerade an Wochenenden, am Sonntagnachmittag, tut sich dann das Gefühl unendlicher Leere auf.

Wer nach dem Verlust des Partners nun darauf vertraut, dass seine Kinder diese Lücke gerade am Wochenende füllen, der wird wahrscheinlich bald herbe Enttäuschungen erleben müssen: Der Partner kann nicht durch die Kinder ersetzt werden.

Besser ist es, selbst für eine Gestaltung seiner Zeit zu sorgen: Mit Menschen, die die gleichen Probleme haben, Kontakte suchen, eigene Ausflüge bewusst planen, neue Hobbys ausprobieren.

Sonntags sind Kunstmuseen gerne angesteuerte Ausflugsziele. Auch die Regelmäßigkeit von Besuchen in einem Café oder von Spaziergängen hilft, eigene Einsamkeit zu überwinden. Vielleicht trifft sich eine Runde von Freunden oder Freundinnen jeden Sonntag zur gleichen Zeit, um gemeinsam etwas zu unternehmen: Die Kaffeerunde oder der Wanderkreis.

Möglicherweise ist eine Kirchengemeinde froh, wenn einige Engagierte sonntagnachmittags in den Gemeinderäumen ein Kirchencafé mit selbstgebackenem Kuchen anbieten.

Ob sich jemand einen Hund oder ein anderes Haustier wünscht, ist eine eigene Entscheidung. Überraschungsgeschenke sind da fehl am Platze.

Auch wenn im Grunde jeder, auch der Trauernde, für sich selbst und seine eigene Zeit verantwortlich ist, kann es eine schöne Aufgabe für andere sein, die die gleichen Schwierigkeiten selbst schon gemeistert haben, der neuen Witwe oder dem neuen Witwer die Schritte in die neu zu gestaltende Zukunft mit Rat und Tat zu erleichtern. Vielleicht sind solche Angebote kurz nach der Beerdigung noch nicht an der Zeit für den Trauernden, aber irgendwann wird er gerne bereit sein, über solche Angebote nachzudenken.

7.10. Die Trauerarbeit

Mit der Bestattung beginnt für den oder die Hinterbliebenen eine neue Zeit und ein neues Lebenskapitel. Wenn am Ende des Beerdigungstages das fertige Grab gemeinsam mit der Familie besucht wurde, ist ein guter Anfang der Trauerarbeit gemacht: Den Verlust und die Trauer als wichtigen Teil des eigenen kommenden Lebens zu akzeptieren.

Viele Hinterbliebene gehen anfangs täglich zum Grab, dann zweimal wöchentlich und nachher immer seltener, je nach den eigenen Erfordernissen ihrer Trauer. Diese selbst verantwortete und gesteuerte Beziehung zum Grab ermöglicht im Rhythmus des eigenen Trauerprozesses ein gesundes Abschiednehmen. Und damit auch ein gutes neues Gestalten der eigenen Zukunft.

Leider gelingt nicht allen Menschen diese Trauerarbeit. Manche verdrängen die Schmerzen der Trauer oder bleiben in einer Phase stecken und finden keinen Ausweg. Nicht geleistete Trauerarbeit kann sich später sehr problematisch bemerkbar machen.

In vielen Kirchengemeinden und Hospizgruppen gibt es Trauergruppen, in denen man mit anderen Betroffenen über seine Gefühle und Probleme reden kann. Teilweise existieren sogar spezielle Gruppen, zum Beispiel für die Begleitung nach dem Tod von Kindern oder nach Totgeburten. In allen größeren Städten bieten auch freiberufliche Trauerberater und Trauerberaterinnen mit Einzelgesprächen oder Trauergruppen ihre Hilfe an (vorher Kosten erfragen!).

Lit.: Anne Schneider / Nikolaus Schneider: *Wenn das Leid, das wir tragen, den Weg uns weist. Leben und Glauben mit dem Tod eines geliebten Menschen*, Neukirchen 2007.

8. DIE GRABGESTALTUNG

8.1. Der Sinn von Gestaltungsvorschriften

Kennen Sie einen „schönen" Friedhof? Gefällt Ihnen ein Friedhof besonders gut? Viele Friedhöfe werden heute wie Parkanlagen gestaltet und sind kleine Oasen der Ruhe und Besinnung. Besonders in Großstädten gehören solche Friedhöfe zur Lebensqualität hinzu: Orte der Erholung, der Entspannung, Orte um nachzudenken oder zur Ruhe zu kommen. Orte, die viele Menschen gerne aufsuchen, auch wenn sie eng mit Tod und Trauer verbunden sind.

Solche „schönen" Friedhöfe entstehen nicht von selbst: Ihre Gestaltung erfordert oft jahrzehntelange Planung und deren Durchsetzung. Das Instrument für eine solche Gestaltung sind die „Gestaltungsvorschriften": Sie schränken ein, was auf diesem Friedhof oder auf jenem Grabfeld erlaubt ist. Aus gärtnerischen und ästhetischen Überlegungen heraus legt der Friedhofsträger fest, wie ein Friedhof zu gestalten ist. Im Hintergrund steht die Erfahrung, dass ein Durcheinander unterschiedlicher Grabarten, Bepflanzungen und Grabsteine keinen schönen Eindruck hinterlässt. Früher charakterisierte insbesondere die engen großstädtischen Friedhöfe ein starres Raster aus Grabfeldern mit Steinumrandungen. Seit inzwischen über hundert Jahren wird vermehrt Wert auf den optischen Eindruck für die Besucher gelegt: Geschwungene Wege, schattige Waldfriedhöfe mit hohem Baumbestand, großzügige Grabfelder, bei denen der Eindruck eines Parks die Gräber fast vergessen macht.

Damit solche Eindrücke entstehen können, unterliegen die Grabstätten Gestaltungsvorschriften unterschiedlichster Art: Kleine Hecken um die Gräber oder Steineinfassungen können den Eindruck einer Parklandschaft zerstören, Grabkreuze aus Stahl passen nicht zu Findlingen als Grabstein, kleine Einzelurnengräber fügen sich optisch nicht ein in eine Reihe großer Grabanlagen am Hauptweg, Grabsteine aus Naturstein oder Kunststeinen passen nicht nebeneinander, und Gräber mit riesengroßen Grabmalen erdrücken andere kleine Gräber neben sich. Pflanzen, die aus anderen Erdteilen stammen, können den Gesamteindruck eines Friedhofes erheblich beeinträchtigen.

Man könnte jetzt seitenlang das Für und Wider der unterschiedlichen Gestaltungsvorschriften erörtern, wobei die Geschmäcker nie auf einen Nenner zu bringen sind.

Friedhofsträger haben das Recht und die Pflicht, Gestaltungsvorschriften zu erlassen. Dieses Recht ist nicht selten Anlass zu Streitigkeiten zwischen Grabbesitzern und Friedhofsträgern: Während der Friedhofsträger den Gesamteindruck eines Friedhofes oder eines Grabfeldes in den Vordergrund stellt, möchte mancher Angehörige gerne die Individualität des Verstorbenen zum Ausdruck bringen:

- Die von einer Weltreise mitgebrachte Palme soll das Andenken an diesen Verstorbenen prägen,
- die über das ganze Grab gelegte Steinplatte soll den Aufwand für die Grabpflege auf ein Minimum reduzieren,
- der überbreite Grabstein wird benötigt, um alle Titel des Verstorbenen aufzuführen,
- ein vergoldetes Grabkreuz soll an den Reichtum des Verstorbenen erinnern, usw.

Der Gesetzgeber hat hier dem Willen des Friedhofsträgers nach einem stimmigen Gesamteindruck den Vorrang gegeben vor den Wünschen der Verstorbenen oder Angehörigen nach individueller Gestaltungsfreiheit. Allerdings gibt es eine Ausnahme: Wenn ein Friedhof de facto den Status eines Monopolfriedhofes hat, weil andere Friedhöfe weit entfernt sind, muss der Friedhofsträger mindestens ein Grabfeld vorhalten, auf dem keine engen Gestaltungsvorschriften gelten.

Vor einem Grabkauf sollte man sich deshalb genau erkundigen, welche Möglichkeiten der Grabgestaltung auf der in Aussicht genommenen Grabstätte bestehen. Normalerweise werden bei einem Grabkauf die Gestaltungsvorschriften mit ausgehändigt.

8.2. Die erste Aufmachung

Unmittelbar nach einer Beerdigung füllen Friedhofsmitarbeiter das Grab wieder mit Erde auf. Weil im Laufe der nächsten Tage oder Wochen diese Erde zusammensackt, erhöhen sie das Grab mit einem kleinen ca. 20 cm hohen Wall. Anschließend decken sie das Grab mit eventuell vorhandenen Kränzen ab. Meistens können die Angehörigen schon einige Stunden nach der Beerdigung – also im Anschluss an den Leichenschmaus – die Grabstelle besuchen und werden ein ordentliches Grab vorfinden.

Im Laufe der nächsten Tage und Wochen setzt sich die Erde im Grab. Die Kränze vertrocknen und sehen nach einigen Tagen nicht mehr schön aus.

Üblicherweise räumt die Friedhofsverwaltung die Kränze nach einigen Wochen ab und gestaltet das Grab: Die eingesunkenen Flächen werden mit Erde aufgefüllt, die Oberfläche des Grabes wird mit Mutterboden bedeckt und eventuell vorher auf dem Grab vorhandene Pflanzen werden nach Absprache mit den Angehörigen wieder eingepflanzt. Diese „erste Aufmachung" des Grabes ist oft in den Friedhofsgebühren enthalten und muss nicht von den Angehörigen extra in Auftrag gegeben werden.

Dass das Grab zusammensackt, weil der Sargdeckel einbricht, dauert je nach Holzart des Sarges ein halbes bis zu mehreren Jahren. Auch deshalb muss der Steinmetz eine bestimmte Zeit warten, bis er einen vor dem Begräbnis aus Sicherheitsgründen abgebauten Grabstein wieder aufstellen oder das Fundament für einen neuen Stein gießen kann.

8.3. Die gärtnerische Gestaltung

Damit der Gesamteindruck eines Friedhofs stimmig bleibt, unterliegt die gärtnerische Gestaltung eines Grabes bestimmten Vorschriften durch die Friedhofssatzung. So dürfen nicht alle Pflanzen verwendet werden, etwa Gewächse, die normalerweise hier nicht heimisch sind. Auch Hecken, Steinumrandungen oder -abdeckungen sind oft nur eingeschränkt oder gar nicht zulässig, weil sie den Parkeindruck stören würden. Unkrautvliese und -folien sind normalerweise ebenfalls nicht gestattet. Nicht zuletzt muss der Einfluss der Pflanzengröße auf die Nachbargräber berücksichtigt werden.

8.4. Die Grabpflege

Siehe Kap. 2.30. zu den Möglichkeiten, Grabpflege durch ein sogenanntes „Grablegat" im Vorhinein in Auftrag zu geben, und Kap. 5.2.2. zu den Vorschriften, wer gewerbsmäßig eine Grabpflege durchführen kann.

Oft endet ein menschliches Leben nach langer Pflege durch die engste Familie. Mit dem Tod fällt diese Aufgabe von einem auf den anderen

Tag weg, man kann nicht mehr für den leidenden Angehörigen da sein. So werden die Gestaltung eines Grabes und seine Pflege oft zu einer Art Fortsetzung dieser häuslichen Pflege, um dem Verstorbenen doch noch weiter Gutes zu tun.

Grabpflege ist Hobby und Last: Für die einen ist es eine selbstauferlegte Aufgabe, dass die Grabstelle so sauber und ordentlich gepflegt aussieht wie die eigene Wohnung. Andere sehen in der Grabpflege eine Herausforderung, dem geschätzten Verstorbenen eine würdige, schön aussehende letzte Ruhestätte zu gestalten. Das Image eines Friedhofes prägt dabei auch die Grabpflege.

Mit zunehmendem Alter wird die regelmäßige Pflege des Grabes oder der Gräber zu einer körperlichen Belastung: Das Bücken beim Unkrautziehen, die volle Gießkanne tragen, Blumen einpflanzen. Manches kann man bei der Friedhofsverwaltung in Auftrag geben: Die regelmäßige Grundpflege, das Gießen im Hochsommer oder die Bepflanzung. Im Gartenmarkt kann man Geräte erwerben, mit denen man das Unkrautziehen auch ohne Bücken bewerkstelligen kann.

Kinder sind in der Hektik von Beruf und Familie oft nicht begeistert, wenn sie bei der Grabpflege um Hilfe gebeten werden. Manche Enkel empfinden es dagegen als eine spannende Herausforderung, wenn die Oma sie um ihre Mithilfe bittet. Gräber, Tod und die Geschichte der eigenen Vorfahren sind für sie Gedanken, die sie immer wieder beschäftigen. So sind manche Großeltern überrascht, dass ihre Enkel die „ehrenvolle" Verantwortung für das regelmäßige Gießen mit oder ohne kleine Belohnung erstaunlich gerne übernehmen.

In Dörfern und Kleinstädten hängt anders als in anonymeren Städten das Ansehen einer Familie nicht unwesentlich vom Zustand des Grabes ab: Niemand wagt es, sein Grab verkommen zu lassen. Das ist in Großstädten anders: Schon kurz nach der Beerdigung werden viele Gräber nicht mehr gepflegt und verkommen zu Wildnissen. Nach vergeblicher Aufforderung an die Grabbesitzer zur ordentlichen Grabpflege können solche Gräber von der Friedhofsverwaltung eingeebnet werden.

Gerade weil die Grabpflege in den Sommermonaten erhebliche Arbeit erfordert, empfinden nicht wenige Menschen sie auch als Last. Leider ist dann oft das Geld nicht da, die Friedhofsverwaltung mit der Grabpflege zu beauftragen, sodass Gräber schnell verwildern. Eine ordentliche Grabpflege, wie sie von der Friedhofsverwaltung angeboten wird, erfordert normalerweise schon für das Unkrautjäten acht bis zehn Pflegedurchgänge im Jahr.

266

Viele Friedhofsverwaltungen oder Gärtnereien bieten auch eine „Gießpflege" an, die das regelmäßige Begießen der Pflanzen auch in heißesten Sommern garantiert.

Wer einen Grabpflegeauftrag, eventuell für die ganze Ruhezeit von 20 oder 25 Jahren in Auftrag gibt und im Vorhinein bezahlt, sollte sich absichern, dass bei einer Insolvenz der Gärtnerei die Gelder nicht in die Konkursmasse einfließen. In jedem Bundesland gibt es Treuhandstellen für Dauergrabpflegen oder Genossenschaften der Gärtnereien, die das Geld verwalten, ortsansässige Gärtnereien mit der Grabpflege beauftragen und die Ausführung der Grabpflege überwachen. Das Anlegen der Gelder bei kircheneigenen Friedhofsgärtnereien durch sogenannte Grablegate ist unproblematisch, da Kirchengemeinden als Körperschaften des öffentlichen Rechts nicht in Konkurs gehen können (➟ 2.30).

8.5. Der Grabstein

Ein markantes Kennzeichen vieler Gräber ist der Grabstein: Mal als flacher Liegestein nur mit Namen und Daten der hier liegenden Verstorbenen versehen, auf anderen Gräbern eine hochstehende Steinplatte verziert mit Symbolen, manchmal ein schlichter Findling nur mit dem Familiennamen, anderswo ein aufwendig gestaltetes Kunstwerk. Der Fantasie sind hier Grenzen nur innerhalb der Gestaltungsregeln des Friedhofs und des speziellen Grabfeldes gesetzt – und durch den Geldbeutel. Steinmetze bieten eine riesige Auswahl an Möglichkeiten an, ein Gang über Friedhöfe kann die eigene Vorstellung über den passenden eigenen Grabstein anregen, und auf Landes- und Bundesgartenschauen findet man die neuesten Kreationen.

Der Grabstein als Familienselbstdarstellung
Dem Grabfeld und besonders dem Grabstein kam früher eine andere Bedeutung zu als heute. Hier profilierten sich Familien durch die Größe und Gestaltung ihrer Grabstätte. Anders als durch die oft versteckt liegenden Villen konnte man auf dem öffentlich zugänglichen Friedhof seine eigene Wichtigkeit und das Ansehen seiner Familie oder seiner Firma zeigen. Friedhöfe waren in Großstädten früher ein beliebtes Ziel für sonntägliche Ausflüge. Heute gibt es durch allen zugängliche

Medien (Werbung etc.) andere Möglichkeiten zu dieser Selbstdarstellung.

Manche alten Friedhöfe haben eine sogenannte „Millio-
nenallee", einen Weg mit den teuersten Grabstätten des Friedhofes. Der Besuch eines solchen Friedhofes ist ein empfeh-
lenswerter Ausflug in die Kunst und Kultur des vorigen oder
vorvorigen Jahrhunderts (z.B. Melatenfriedhof in Köln, *www.
melatenfriedhof.de*).

8.5.1. Gestaltung

Die Friedhofssatzungen legen den Rahmen der Steingestaltung und des
Materials fest. Auf den meisten Grabfeldern mit Wahl- oder Reihen-
grabstätten gibt es keine Pflicht, einen Grabstein aufzustellen. Bei Fel-
dern mit Rasenurnengräbern können gleichartige Grabsteine vorgeschrieben sein, möglicherweise auch deren Beschriftung: Name,
Geburts- und Sterbedatum.

In der Friedhofssatzung sind normalerweise die maximalen Maße
eines Grabsteins festgelegt. Sie müssen in einem angemessenen Verhältnis zur Grabstättengröße stehen. Manche Felder erlauben nur liegende
Steine.

Das Material, aus dem ein Grabstein besteht, wird ebenfalls oft für
bestimmte Grabfelder festgelegt: nur Natursteine, nur Findlinge oder
auch künstlich hergestellte Steine.

Wenn der Friedhof ein Monopolfriedhof ist, also die Anwohner nicht
in zumutbarer Entfernung einen anderen Friedhof auswählen können,
dann müssen Friedhöfe normalerweise ein Grabfeld ohne Gestaltungsvorschriften ausweisen.

8.5.2. Grabmalgenehmigung

Grabsteine müssen vor dem Aufstellen durch die Friedhofsverwaltung
genehmigt werden. Dabei müssen sowohl Skizzen als auch Ausmaße,
Gestalt und Material des Grabsteines angegeben werden. Normalerweise beantragt der Steinmetz die notwendige Genehmigung, bevor er
einen Grabstein baut. Bei der Genehmigung wird eine Genehmigungs-
gebühr fällig. Der juristischen Klarheit wegen sollte beim Grabmalkauf

schriftlich festgehalten werden, dass der Steinmetz für das Einholen der notwendigen Genehmigungen verantwortlich ist.

8.5.3. Signale

Grabsteine senden Signale aus: Sie können schlicht und informativ sein, groß und protzig wirken oder durch ihre Gestaltung zum Nachdenken anregen. Manche Grabsteine bringen etwas von dem zum Ausdruck, was dem Verstorbenen in seinem Leben wichtig war. Riesige Grabsteine mit langen Titeln können da den Friedhofsbesucher zum Spott verleiten: „Jetzt ist aus ihm auch nur ein Häuflein Asche geworden!"

Manche Friedhofsträger haben für ihre Friedhöfe gleichartige Steine und gleichartige Grabgestaltung vorgeschrieben: z.B. ein liegender Stein und ein einziger Rosenstock. Die Gleichheit aller Menschen im Tod soll so sinnfällig ausgedrückt werden.

Immer häufiger werden auf dem Grabstein symbolisch Dinge dargestellt, die für den Verstorbenen wichtig waren, vielleicht sogar sein Leben geprägt haben: Symbole für den Beruf (Blume für den Gärtner) oder für das Hobby (Fussballvereinswappen). Auch kurze Sprüche, die die Lebenseinstellung des Verstorbenen charakterisieren sollen, oder ihm wichtige Bibelverse finden Platz auf dem Grabstein.

Ein Friedhof sollte ein Ort des Friedens sein. Mit diesem Ziel verträgt es sich nicht, wenn Grabsteine politische oder andere Inschriften oder Symbole zeigen, die andere Menschen provozieren sollen.

Regional ganz unterschiedlich wird die Sitte gehandhabt, Bilder des Verstorbenen auf den Grabstein zu kleben: Eine Hilfe für die Erinnerung der Vorbeigehenden.

Neuerdings können sogar auf Grabsteinen QR-Codes aufgeklebt werden: Eine quadratische Anordnung aus schwarzen und weißen Punkten, die man mit einem Smartphone aufnehmen kann. So kann man durch das Internet weitere Informationen über den Verstorbenen bekommen.

8.5.4. Kitsch und Kunst

Der Übergang zwischen Kunst und Kitsch ist schmal und er ist regional und zeitlich sehr verschieden. Was in der einen Gegend als kitschig gilt,

269

wird in der anderen als Kunst gelobt. Vor einhundert Jahren war es schick, riesige Engelsfiguren oder gar eine Sphinx als Grabmal aufzustellen. Heute würde das nicht nur der Kosten wegen niemand mehr tun.

Allerdings gibt es auch nach heutigem Kunstempfinden manche Grabstätten, die künstlerisch hervorragende erhaltenswerte Grabsteine besitzen. Wenn die Besitzer der Grabstätte diese aufgeben, sind Friedhofsträger oft froh, wenn neue Besitzer die unter Denkmalschutz stehenden Steine oder Kunstwerke weiter pflegen und sie in dezenter Weise mit neuen Namen versehen. Berühmte Friedhöfe, wie Melaten in Köln, haben auf diese Weise viele alte Grabmale retten können (⟶ 5.2.1.).

Immer wieder gibt es Initiativen vonseiten der Steinmetze, neue Geschäftsideen auszuprobieren, z.B. Grabmale mit Anklängen an das Leben des Verstorbenen. Auch Steinkombinationen aus Stelen etc. zählen zu den moderneren Grabsteinformen.

8.5.5. Symbolik

Auf christlichen Friedhöfen beschränkt die Friedhofssatzung die künstlerische Gestaltung häufig auf christliche Symbolik:
- das Kreuz, als Zeichen des Leidens und der christlichen Hoffnung von der Auferstehung,
- die Taube als Symbol für den Heiligen Geist,
- der Fisch als Symbol für Christus,
- Engelsfiguren, Madonnen mit Kind, betende Hände und anderes mehr.

Als Christusmonogramm findet man auf Grabsteinen die ineinander verschlungenen Buchstaben P und X (die griechischen Buchstaben Chi und Rho als Abkürzung für „Christus"), oder IHS (die griechischen Buchstaben Jota, Eta und Sigma als erster, zweiter und letzter Buchstabe von griechisch „Jesus").

R.I.P. ist die Abkürzung für *requiescat in pace,* „ruhe in Frieden".

8.5.6. Grabsteine aus Kinderarbeit

Die meisten Grabsteine werden nicht in Deutschland hergestellt, sondern kommen aus Indien, China und anderen asiatischen Ländern. Dort sind vielfach auch Kinder mit der Herstellung von Grabsteinen beschäftigt. In Indien müssen schätzungsweise mindestens 150.000 Kinder in Steinbrüchen schuften. Dort arbeiten sie meist unter brütender Hitze und führen auch schwerste Arbeiten durch. Durch den Steinstaub sterben viele von ihnen noch im jungen Alter an Lungenerkrankungen.

Eine Initiative „Keine Grabsteine aus Kinderhand" versucht, die Einfuhr solcher Grabsteine zu verhindern. Inzwischen gibt es in Zusammenarbeit mit der UNESCO mindestens drei Siegel (xertifix, Fair Stone, IGEP), die garantieren, dass Grabsteine aus Indien, China oder der Türkei ohne Kinderarbeit hergestellt worden sind. In den Bestattungsgesetzen einzelner Länder (z. B. NRW) sind Grabsteine aus Kinderhand ausdrücklich verboten.

www.aktiv-gegen-kinderarbeit.de

8.5.7. Standsicherheit

Der Besitzer eines Grabsteins ist für dessen Standsicherheit verantwortlich. Sie wird einmal im Jahr durch die Friedhofsverwaltung geprüft, damit bei Grabpflegearbeiten oder spielenden Kindern kein Unfall geschehen kann. Vielfach nutzen gerade ältere Menschen den Grabstein als Stütze, wenn sie sich nach Grabpflegearbeiten aufrichten. Es gibt Prüfgeräte, die objektiv überprüfen können, ob ein Grabstein den erforderlichen Druck von 300 Newton oder 500 Newton aushält. Ist die Standsicherheit gefährdet, muss der Verfügungsberechtigte der Grabstelle umgehend einen Steinmetz mit der Wiederherstellung der Standsicherheit beauftragen.

Wenn auf einer Grabstelle bestattet wird, auf der bereits ein Stein steht, muss dieser gegebenenfalls vor dem Ausschachten vom Steinmetz entfernt werden, damit nicht die Friedhofsarbeiter und Trauernden gefährdet werden.

8.5.8. Entsorgung eines Grabsteines

Wenn die Nutzungszeit eines Grabes abgelaufen ist, müssen die Nutzungsberechtigten dafür sorgen, dass der Grabstein entfernt wird, und die Kosten für die Entsorgung tragen. Auf manchen Friedhöfen wird mit der Grabmalgenehmigungsgebühr auch eine Gebühr für die Entsorgung erhoben, da erfahrungsgemäß nach Ablauf der Nutzungsfrist oft keine zuständigen Angehörigen mehr erreichbar sind. Die Hoffnung mancher Angehöriger, den früher teuer erworbenen Grabstein verkaufen zu können, damit er nach einer Aufarbeitung wieder ein anderes Grab zieren kann, ist oft trügerisch: Die Bearbeitung ist sehr aufwendig und teuer. Lediglich sehr große Findlinge oder künstlerisch gestaltete Steine finden manchmal einen Interessenten.

8.6. Virtuelle Grabsteine: Trauerportale im Internet

Vor allem regionale Zeitungen bieten im Internet Trauerportale an. Die in der Tageszeitung gedruckten Anzeigen können so auch weltweit im Internet eingesehen und ausgedruckt werden. Traueranzeigen und Danksagungen werden zusammen angezeigt. Meist kostenlos können Besucher dieser Seiten Kondolenzgrüße, Erinnerungen und Ähnliches einstellen und eine virtuelle Kerze anzünden. Wenn die Angehörigen zusätzliche Fotoalben, Texte oder sogar Filme zeigen möchten, können sie das durch den kostenpflichtigen Erwerb einer Jahresmitgliedschaft ermöglichen.

Andere Seiten, z.B. www.gedenkseiten.de, bieten die Möglichkeiten, ohne die Bindung an Anzeigen Erinnerungstexte für Verstorbene einzustellen.

8.7. Grabpflege und Trauer

Friedhöfe bieten Frieden, inneren Frieden. Auch wenn das Wort Friedhof ursprünglich den „eingefriedeten" Bereich um das Kirchengebäude meinte, dürfte dieser Begräbnisplatz als „Ort des Friedens" vielen Angehörigen gute Dienste leisten. Als ruhiger Park inmitten einer Stadt oder am Rande eines Dorfes bietet er Menschen die Möglichkeit, ungestört ihren Gedanken nachzuhängen, sich Vergangenes noch einmal zu vergegenwärtigen und Frieden mit dieser Vergangenheit und mit dem verstorbenen Angehörigen zu schließen. Die Ruhe des Friedhofes ist ein Gegenpol zur unruhigen Außenwelt.

Mit zunehmender zeitlicher Entfernung von der Beerdigung und fern von der häuslichen Umgebung fällt Trauerarbeit leichter. Angesichts des auf dem Friedhof ganz offensichtlich allen Menschen bevorstehenden Todes verblassen Konflikte der Vergangenheit immer mehr. Innere, stumme Zwiesprache mit dem Verstorbenen kann helfen, die eigenen Gedanken und Gefühle zu ordnen. Dankbarkeit kann beim Blick zurück einen immer größeren Raum einnehmen und helfen, wirklich Abschied zu nehmen, die Vergangenheit beruhigt abzuschließen und neue Wege für die Zukunft zu öffnen. Grabgestaltung und Grabpflege können das Gefühl vermitteln, dem Verstorbenen noch etwas Gutes tun zu können. Damit kann die Gegenwart besser bewältigt werden.

So dient die Friedhofskultur dem Menschen zum Frieden. Enge Angehörige müssen ihr Leben neu gestalten und für sich ein neues Bild ihrer eigenen Zukunft entwerfen. Trauer spielt dabei sicher eine wichtige Rolle, ihr sollte aber auf Dauer nicht die bestimmende Rolle zukommen. Deshalb werden Grab und Friedhof auch in immer größer werdenden Abständen besucht werden: Dem neuen eigenen Leben gebührt ein immer größerer Platz. Das ist gelingende Trauerarbeit.

Die Erinnerung an den Verstorbenen bleibt auf dem Friedhof lebendig: Grabpflege, Geburtstag, Todestag und die Zeiten des Totengedenkens im Jahreslauf bewahren das Andenken an den Verstorbenen. Doch auch das Ablaufen der Ruhezeit nach fünfzehn, zwanzig oder dreißig Jahren kann man als Hinweis verstehen: Auf Erden lebt niemand für die Ewigkeit, jeder Körper ist sterblich und endlich. Der Glaube des Menschen, seine Religion prägen in ganz unterschiedlicher Weise seine Hoffnung auf ein ewiges Leben. Der Friedhof verweist so in vielen Religionen auf den ewigen Frieden.

9. SCHLUSS

Der Tod ist eine Herausforderung, die ausnahmslos alle Menschen trifft. Trotzdem zählt die Beschäftigung mit Sterben, Tod, Trauer und Abschiednehmen für sehr viele Menschen zu den unangenehmen Aufgaben, die sie gerne beiseiteschieben. Schon über das Älterwerden denken viele Menschen nur ungerne nach. Dabei kann die rechtzeitige Beschäftigung mit diesen Fragen dabei helfen, die dritte Lebensphase gut zu gestalten. Herausgeschobene oder ausgeblendete Fragen kommen zu unangenehmster Zeit immer wieder hoch. Es erfordert Mut, sich mit diesen Fragen zu beschäftigen, aber dieser Mut wird dadurch reichlich belohnt.

Sie haben dieses Buch ganz oder teilweise gelesen. Sie haben vermutlich viele Überlegungen über Ihr eigenes Leben und Ihre eigene Zukunft angestellt. Das sind nicht immer nur angenehme Gedanken, aber ich hoffe, dass dieses Buch Ihnen eine Hilfestellung und Ermutigung war, Schritte zu Lösungen ungeklärter Fragen zu gehen. Geklärte Probleme und getroffene Entscheidungen entlasten die Gedanken. Älterwerden, Tod, Trauer und Abschiednehmen können so einiges von ihrer schweren Last verlieren.

Dieses Buch ist in der Hoffnung geschrieben worden, dass Sie als Leser Anregungen und Hilfen erhalten. Über Reaktionen, Anregungen und Verbesserungsvorschläge würde ich mich sehr freuen. Was hätten Sie noch gerne gelesen und fehlt in diesem Buch? Auch kritische Anmerkungen können der Weiterentwicklung dieses Buches nicht schaden: Schreiben Sie an *manfredalberti@hotmail.com*
oder an
Neukirchener Verlagsgesellschaft mbH, Andreas-Bräm-Str. 18/20, 47506 Neukirchen-Vluyn

Vielen Dank.

10. LINKS UND LITERATUR

www.trauernetz.de
www.trauerspruch.de
www.bestatter.de (Bundesverband Deutscher Bestatter e.V.)
www.vdb-berlin.de (Verband Deutscher Bestattungsunternehmen e.V.)
www.bestattungsplanung.de (Bestattungsgesetze der Länder, Friedhöfe, Bestatter, Vorsorgeformulare u.a.m.)
www.sepulkralmuseum.de (Kassel)
www.bestattungsmuseum.at (Wien)
www.grabpflege.de
www.organspende-info.de
www.dhpv.de (Deutscher Hospiz- und Palliativverband e.V. Berlin)
www.veid.de (Bundesverband verwaiste Eltern)
www.schmetterlingskinder.de (Vor der Geburt verstorbene Kinder)
www.verwitwet.de (Verein für verwitwete Menschen)
www.passail.eu/krankenpflege/
www.aeternitas.de (Verbraucherinitiative Bestattungskultur)
www.vorsorgeregister.de und www.testamentsregister.de (Bundesnotarkammer)
www.ruheinfrieden.de (Traueranzeigen verfassen)

Muster für Vollmacht, Betreuungsverfügung und Patientenverfügung sind in diesem Buch nur in kurzer Form enthalten. Tiefergehende Informationen und Erklärungen bieten folgende Broschüren:

*   *Vorsorge für Unfall, Krankheit, Alter durch Vollmacht, Betreuungsverfügung, Patientenverfügung.* Herausgegeben vom Bayerischen Staatsministerium der Justiz und für Verbraucherschutz, Verlag C.H.Beck, 15. Auflage 2014. Im Buchhandel erhältlich, sowie als PDF-Datei kostenlos im Publikationsshop der Bayerischen Staatsregierung unter www.bestellen.bayern.de (nach „Vorsorge für Unfall" suchen).
*   *Patientenverfügung und Betreuungsrecht.* Zwei Broschüren des Bundesministeriums für Justiz und Verbraucherrecht, erhältlich nur als kostenloser Download unter www.bmjv.de in der Rubrik „Publikationen".

- *Christliche Patientenvorsorge.* Herausgegeben von der Deutschen Bischofskonferenz und dem Rat der Evangelischen Kirche in Deutschland in Verbindung mit weiteren Mitglieds- und Gastkirchen der Arbeitsgemeinschaft Christlicher Kirchen in Deutschland. Erhältlich zum Preis von 0,27 € zzgl. Porto und Versandkosten beim Kirchenamt der EKD, Herrenhäuser Str. 12, 30419 Hannover sowie kostenlos zum Download unter www.ekd.de/patientenvorsorge/

Weitere Literaturhinweise:
- *Wegweiser im Sterbefall, Bestattung, Behördengänge, Vorsorge,* herausgegeben vom Bundesverband deutscher Bestatter e.V. und Rolf Lichtner, Verlag C.H. Beck 2012.
- *Was tun, wenn jemand stirbt? Ein Ratgeber in Bestattungsfragen,* Verbraucherzentrale Bundesverband e.V., Berlin 20. Auflage 2013.
- *Der Friedhofswegweiser. Diesseits und Jenseits,* Broschürenreihe zu örtlichen Friedhöfen verschiedener Großstädte, hrsg. vom MAMMUT-VERLAG, Leipzig.

11. MEINE PERSÖNLICHE DATEN- UND DOKUMENTENLISTE

Dieses Kapitel ist gleichzeitig Inhaltsverzeichnis des Dokumentenordners.

Wenn Sie eine Kopie in Ihren Dokumentenordner einfügen möchten oder für Ihren Partner eigene Seiten benötigen, können Sie dieses Kapitel auch von der Website des Verlages herunterladen – die Adresse finden Sie am Anfang des Buches auf Seite 5.

In einem Dokumentenordner sollten alle wichtigen Daten und Dokumente oder deren Kopien gesammelt werden. Nicht erst bei der Haushaltsauflösung nach dem Tode wird diese Datensammlung hilfreich sein, sondern schon dann, wenn jemand im Alter leicht vergesslich oder gar dement wird, wenn er ins Seniorenheim umzieht oder eine Vertrauensperson, ein Betreuer oder Bevollmächtigter die alltäglichen Geschäfte übernehmen muss.

Für einen Dokumentenordner ist ein normaler DIN-A4-Ordner mit ca. 15 Trennblättern und 50 oder 100 Dokumentenhüllen ausreichend. Im Schreibwarenhandel gibt es auch in Leder gebundene Dokumentenordner.

Vorhandene Ordner zu bestimmten Themen sollten normalerweise nicht aufgelöst werden. Es ist völlig ausreichend, in diesem Buch zu vermerken, wo und in welchem Ordner die Dokumente zu finden sind.

Trennblätter erleichtern das Auffinden der einzelnen Unterkapitel 11.1. bis 11.11. Auf die Dokumentenhüllen können mit einem nicht abwaschbaren Filzstift rechts oben die Nummerierungskennziffern geschrieben werden. Durch die Dokumentenhüllen muss man Dokumente nicht lochen und nicht beschriften.

Lassen Sie sich nicht abschrecken durch die große Anzahl möglicher Dokumente. Vieles kommt nur für wenige in Frage und niemand wird mit einem Male alle Dokumente so ordnen können. Aber bedenken

Sie, dass im Falle des Todes diejenigen, die Ihre Unterlagen brauchen, für jede kleine Hilfe dankbar sind.

An den Anfang Ihres Dokumentenordners können Sie sinnvollerweise zwei kopierte Listen einheften:
- Das Inhaltsverzeichnis für Kapitel 11 auf Seite 372 dieses Buches ist gleichzeitig auch Inhaltsverzeichnis des Ordners.
- Nachdem Sie die Seiten in Kapitel 12 ausgefüllt haben, können Sie sie zusätzlich kopieren und einheften.

> **Benötigtes Material aus dem Schreibwarenhandel:**
> - 1 DIN-A4-Ordner
> - 15 Trennblätter oder Trennstreifen
> - 25, 50 oder 100 Klarsichthüllen (je nach Bedarf)
> - Einige stärkere Dokumentenhüllen für mehrseitige Dokumente (je nach Bedarf)
> - 1 dunkler Filzstift (nicht abwaschbar)

11.1. Lebensdaten

11.1.1. Personaldokumente

☐ Personalausweis Nr. _____

    ausgestellt am _____ in _____ gültig bis _____

    Aufbewahrungsort: _____

☐ Pass Nr. _____

    ausgestellt am _____ in _____ gültig bis _____

    Aufbewahrungsort _____

(Versicherungskarten ➡ 11.3.1. und 11.3.2.; Gesundheitspässe, Allergieausweise ➡ 11.4.3.)

11.1.2. Stammbuch und Geburtsurkunde

☐ Stammbuch _____

    Aufbewahrungsort _____

☐ Geburtsurkunde _____

    Aufbewahrungsort _____

11.1.3. Geburt, Taufe, Konfirmation, Kommunion, Firmung

Name und (alle) Vornamen _____

Geburtsdatum _____ Geburtsort _____

Standesamt Ort und Nummer _____

Taufe:

Datum _____ Gemeinde _____

Kirche _____ Pfarrer/Pfarrerin _____

Paten _____

Paten _____

Taufspruch _____

Konfirmation – Kommunion – Firmung:

Datum _____ Gemeinde _____

Kirche _____ Pfarrer/Pfarrerin _____

Paten _____

Paten _____

Spruch _____

11.1.4. Schulausbildung

Schuleintritt _____ Schule _____

Schulwechsel _____ Schule _____

Schulwechsel _____ Schule _____

Schulwechsel _____ Schule _____

Schulwechsel _____ Schule _____

☐ Zeugnisse sind in diesem Ordner ☐,

　im Ordner ☐ _____ , im Banktresor ☐,

　bei Notar _____ ☐, bei _____ ☐

　Höchster Abschluss _____

11.1.5. Bundeswehr, Ersatzdienst, Soziales Jahr etc.

Von _____ bis _____ in _____ Tätigkeit _____

Von _____ bis _____ in _____ Tätigkeit _____

☐ Zeugnisse und Bescheinigungen sind in diesem Ordner ☐,

　im Ordner ☐ _____ , im Banktresor ☐,

　bei Notar _____ ☐, bei _____ ☐

11.1.6. Studium

Von _____ bis _____ in _____ Fach _____

Von _____ bis _____ in _____ Fach _____

Von _____ bis _____ in _____ Fach _____

Von _____ bis _____ in _____ Fach _____

Abschlüsse _____

Abschlüsse _____

☐ Zeugnisse und Bescheinigungen sind in diesem Ordner ☐,

   im Ordner ☐ _____ , im Banktresor ☐,

   bei Notar _____ ☐, bei _____ ☐

11.1.7. Berufsausbildung und Fortbildungen

Von _____ bis _____ in _____ Abschluss _____

Von _____ bis _____ in _____ Abschluss _____

Von _____ bis _____ in _____ Abschluss _____

Von _____ bis _____ in _____ Abschluss _____

Von _____ bis _____ in _____ Abschluss _____

☐ Zeugnisse und Bescheinigungen sind in diesem Ordner ☐,

   im Ordner ☐ _____ , im Banktresor ☐,

   bei Notar _____ ☐, bei _____ ☐

283

11.1.8. Berufsstationen

Von _____ bis _____ in _____

Beruf und Firma _____

Von _____ bis _____ in _____

Beruf und Firma _____

Von _____ bis _____ in _____

Beruf und Firma _____

Von _____ bis _____ in _____

Beruf und Firma _____

Von _____ bis _____ in _____

Beruf und Firma _____

Von _____ bis _____ in _____

Beruf und Firma _____

Von _____ bis _____ in _____

Beruf und Firma _____

☐ Zeugnisse und Bescheinigungen sind in diesem Ordner ☐,

   im Ordner ☐ _____ , im Banktresor ☐,

   bei Notar _____ ☐, bei _____ ☐

11.1.9. Rente/Pension

seit _____ bei _____

Rentenstelle _____ Nr. _____

Zusatzrente _____ Nr. _____

Zusatzrente _____ Nr. _____

Riesterrente _____ Nr. _____

Pension _____ Nr. _____

☐ Dokumente in diesem Ordner ☐, im Ordner _____

11.1.10. Wohnadressen

Von _____ bis _____ Adresse _____

Von _____ bis _____ Adresse _____

Von _____ bis _____ Adresse _____

Von _____ bis _____ Adresse _____

Von _____ bis _____ Adresse _____

☐ Dokumente in diesem Ordner ☐, im Ordner _____

11.1.11. Heirat

1. Heirat mit

Geburtsname _____ Vorname _____

Geburtstag _____ Geburtsort _____

Standesamt in _____

am _____ um _____ Uhr _____

Standesbeamter/-beamtin _____

Standesamt Nr. _____

Trauzeugen _____

Scheidung am _____ in _____ Nr _____

☐ Dokumente in diesem Ordner ☐, im Ordner _____

2. Heirat mit

Geburtsname _____ Vorname _____

Geburtstag _____ Geburtsort _____

Standesamt in _____

am _____ um _____ Uhr _____

Standesbeamter/-beamtin _____

Standesamt Nr. _____

Trauzeugen _____

Scheidung am _____ in _____ Nr _____

☐ Dokumente in diesem Ordner ☐, im Ordner _____

11.1.12. Trauung kirchlich

Konfession _____ Gemeinde _____

Kirche _____ in _____

Datum _____

Pfarrer/-in _____

Trauzeugen _____

Trauspruch _____

Lieder _____

☐ Dokumente in diesem Ordner ☐, im Ordner _____

11.1.13. Meine Nachfahren, also Kinder, Enkel und Urenkel (Erben 1. Ordnung)

sowie deren Ehe- und Lebenspartner. Adoptierte Kinder sind wie leibliche anzusehen.

Name, Geburtsdatum und Geburtsort, Adresse und Telefonnummer

_____

_____

_____

_____

_____

_____

_____

_____

_____

_____

_____

_____

_____

_____

_____

_____

_____

_____

_____

_____

_____

_____

_____

○ Weitere Verwandte als mögliche Erben 1. Ordnung im Ordner unter 11.1.13.

11.1.14. Eltern und ihre Nachfahren (Erben 2. Ordnung)

Eltern, Geschwister sowie deren Kinder (Neffen, Nichten) und Enkel (Großneffen, Großnichten) usw. sind Erben 2. Ordnung. Sie kommen als Erben in Betracht, wenn keine Erben 1. Ordnung leben. Adoptierte Kinder sind wie leibliche anzusehen.

Name, Geburtsdatum und Geburtsort, Ehe- und Lebenspartner mit Adresse und Telefonnummer

---

○ Weitere Verwandte als mögliche Erben 2. Ordnung im Ordner unter 11.1.14.

11.1.15. Großeltern und ihre Nachfahren (Erben 3. Ordnung)

Großeltern, Brüder und Schwestern der Eltern (Onkel und Tanten) und deren Kinder (Cousin, Cousine) usw. sind Erben 3. Ordnung. Sie kommen als Erben in Betracht, wenn keine Erben 1. und 2. Ordnung leben. Adoptierte Kinder sind wie leibliche anzusehen.

Name, Geburtsdatum und Geburtsort, Ehe- und Lebenspartner mit Adresse und Telefonnummer

_____

_____

_____

_____

_____

_____

_____

_____

_____

_____

_____

_____

○ Weitere Verwandte als mögliche Erben 3. Ordnung im Ordner unter 11.1.15.

11.1.16. Ahnentafel

☐ gezeichnete Ahnentafel in diesem Ordner ☐, im Ordner _____

_____

☐ Dieser Verwandte ist im Besitz einer Ahnentafel väterlicherseits

_____

☐ Dieser Verwandte ist im Besitz einer Ahnentafel mütterlicherseits

_____

11.1.17. Liste von wichtigen Verwandten, Freunden, Bekannten, Nachbarn

☐ aktuelles Adressenverzeichnis ➡ 11.10.

Verwandte _____

_____

_____

_____

Freunde _____

_____

_____

_____

_____

Bekannte _____

_____

_____

_____

Nachbarn _____

_____

_____

11.1.18. Vereinsmitgliedschaften

_____

_____

_____

_____

☐ Dokumente in diesem Ordner ☐, im Ordner _____

11.1.19. Mitgliedschaften in Berufsverbänden und Gewerkschaften

_____

_____

_____

☐ Dokumente in diesem Ordner ☐, im Ordner _____

11.1.20. Lebensbeschreibung mit wichtigen Ereignissen

☐ Siehe 11.9. Lebensbeschreibung

11.2. Finanzen, Steuern, Recht

11.2.1. Sparkassen- und Bankunterlagen

Kontonr. _____

bei _____ BLZ _____

Kontonr. _____

bei _____ BLZ _____

Kontonr. _____

bei _____ BLZ _____

Kontonr. _____

bei _____ BLZ _____

Aktiendepot _____ Nr. _____

Aktiendepot _____ Nr. _____

Sachbearbeiter (Name, Tel., E-Mail) _____

_____

Sachbearbeiter (Name, Tel., E-Mail) _____

_____

_____

☐ Zugangsdaten und Passwörter für Online-Banking befinden sich

im verschlossenen Umschlag in diesem Ordner ☐, im Tresor ☐,

bei Notar _____ ☐,

bei _____

☐ Safeschlüssel für das Schließfach _____

befinden sich im verschlossenen Umschlag in diesem Ordner ☐,

im Tresor ☐, bei Notar _____

☐, bei _____

☐ Bankvollmacht im Todesfall ist mit Formular der Sparkasse/Bank

_____

erteilt an _____

☐ Dokumente in diesem Ordner ☐, im Ordner _____

☐ Das Formular ist bei der Sparkasse _____ hinterlegt

☐ Sparkassenbücher in diesem Ordner ☐, im Ordner _____

in Safe _____ in _____

☐ Kontoauszüge in eigenem Sparkassenordner

☐ Weiteres in Kapitel 11.8.2. und 12.2.

11.2.2. Kreditkarten

Gesellschaft _____ Nr. _____

Gesellschaft _____ Nr. _____

Gesellschaft _____ Nr. _____

Gesellschaft _____ Nr. _____

☐ Bankvollmacht im Todesfall ist mit Formular der Bank erteilt an

_____

_____

☐ Dokumente in diesem Ordner ☐, im Ordner _____

☐ Das Formular ist bei der Bank hinterlegt

11.2.3. Einzugsermächtigungen:

Von Kontonr. _____

Von _____ Zeitintervall _____ Betrag _____

Von _____ Zeitintervall _____ Betrag _____

Von _____ Zeitintervall _____ Betrag _____

Von _____ Zeitintervall _____ Betrag _____

Von _____ Zeitintervall _____ Betrag _____

☐ Dokumente in diesem Ordner ☐, im Ordner _____

11.2.4. Daueraufträge

Von Kontonr. _____

Für _____ bei _____

Zeitintervall _____ Betrag _____

Für _____ bei _____

Zeitintervall _____ Betrag _____

Für _____ bei _____

Zeitintervall _____ Betrag _____

Für _____ bei _____

Zeitintervall _____ Betrag _____

☐ Dokumente in diesem Ordner ☐, im Ordner _____

11.2.5. Bausparvertrag

Institut _____

Vertragsnummer _____

Sachbearbeiter (Name, Tel. / E-Mail) _____

_____

☐ Dokumente in diesem Ordner ☐, im Ordner _____

11.2.6. Eigentum (Wohnungen, Gebäude, Auto)

☐ Dokumente in diesem Ordner ☐, im Ordner _____

11.2.7. Steuerunterlagen

Finanzamt _____ Nr. _____

Steueridentifikationsnummer _____

Sachbearbeiter (Name, Tel. / E-Mail) _____

_____

☐ Dokumente in diesem Ordner ☐, im Ordner _____

11.2.8. Steuerberater

Name, Adresse, Tel., E-Mail _____

_____

☐ Dokumente in diesem Ordner ☐, im Ordner _____

11.2.9. Rechtsanwälte

Anwalt für _____

Name, Adresse, Tel., E-Mail _____

_____

☐ Dokumente in diesem Ordner ☐, im Ordner _____

Anwalt für _____

Name, Adresse, Tel., E-Mail _____

_____

☐ Dokumente in diesem Ordner ☐, im Ordner _____

11.2.10. Bestellter Betreuer

☐ Durch Beschluss des Amts/Familiengerichtes in _____

ist mit Aktenzeichen _____ ein amtlicher

Betreuer für mich bestellt worden _____

_____

☐ Nach meinem Tod sollte er umgehend benachrichtigt werden.

☐ Er hat alle notwendigen Vollmachten für die Organisation meiner

Bestattung _____ (ja/nein)

Dokumente in diesem Ordner ☐, im Ordner _____
Siehe auch unter 12.3.

11.2.11. Renten, Pensionen

Siehe unter 11.1.9.

11.2.12. Unterhaltsverpflichtungen

☐ Dokumente in diesem Ordner ☐, im Ordner _____

_____

11.2.13. Darlehen (aufgenommen/ausgegeben)

Darlehen gegeben am _____ an _____

in Höhe von _____ Grund _____

Darlehen gegeben am _____ an _____

in Höhe von _____ Grund _____

Darlehen gegeben am _____ an _____

in Höhe von _____ Grund _____

Darlehen gegeben am _____ an _____

in Höhe von _____ Grund _____

Kredit abbezahlen bei _____

wegen _____

in Höhe von € _____ monatlich/vierteljährlich/jährlich

Kredit abbezahlen bei _____

wegen _____

in Höhe von € _____ monatlich/vierteljährlich/jährlich

☐ Dokumente in diesem Ordner ☐, im Ordner _____

_____

11.2.14. Ratenkredite

☐ Dokumente in diesem Ordner ☐, im Ordner _____

_____

11.2.15. Bürgschaften

☐ Dokumente in diesem Ordner ☐, im Ordner _____

_____

11.3. Versicherungen

Im Todesfall können die meisten Versicherungen unter Vorlage der Sterbeurkunde sofort aufgelöst werden.

11.3.1. Krankenversicherung

Gesellschaft _____ Nr. _____

Vertreter (Name, Adresse, Tel., E-Mail) _____

_____

☐ Dokumente in diesem Ordner ☐, im Ordner _____

11.3.2. Zusatzkrankenversicherungen

Zusatzkrankenversicherung für _____

Gesellschaft _____ Nr. _____

Vertreter (Name, Adresse, Tel., E-Mail) _____

_____

☐ Dokumente in diesem Ordner ☐, im Ordner _____

Zusatzkrankenversicherung für _____

Gesellschaft _____ Nr. _____

Vertreter (Name, Adresse, Tel., E-Mail) _____

_____

☐ Dokumente in diesem Ordner ☐, im Ordner _____

11.3.3. Beihilfe

Beihilfestelle _____

Nr. _____

☐ Dokumente in diesem Ordner ☐, im Ordner _____

11.3.4. Auslandskrankenversicherung

Gesellschaft _____ Nr. _____

Vertreter (Name, Adresse, Tel., E-Mail) _____

_____

Abgedeckt durch (evtl. Kreditkarten etc.) _____

☐ Dokumente in diesem Ordner ☐, im Ordner _____

11.3.5. Pflegeversicherung

Gesellschaft _____ Nr. _____

Vertreter (Name, Adresse, Tel., E-Mail) _____

_____

☐ Dokumente in diesem Ordner ☐, im Ordner _____

11.3.6. Haftpflichtversicherung

Gesellschaft _____ Nr. _____

Vertreter (Name, Adresse, Tel., E-Mail) _____

☐ Dokumente in diesem Ordner ☐, im Ordner _____

11.3.7. Rechtsschutzversicherung

Gesellschaft _____ Nr. _____

Vertreter (Name, Adresse, Tel., E-Mail) _____

_____

☐ Dokumente in diesem Ordner ☐, im Ordner _____

11.3.8. Hausratversicherung

Gesellschaft _____ Nr. _____

Vertreter (Name, Adresse, Tel., E-Mail) _____

_____

☐ Dokumente in diesem Ordner ☐, im Ordner _____

11.3.9. Glasversicherung

Gesellschaft _____ Nr. _____

Vertreter (Name, Adresse, Tel., E-Mail) _____

_____

☐ Dokumente in diesem Ordner ☐, im Ordner _____

11.3.10. Lebensversicherung

Gesellschaft _____ Nr. _____

Vertreter (Name, Adresse, Tel., E-Mail) _____

_____

Laufzeit _____

☐ Dokumente in diesem Ordner ☐, im Ordner _____

11.3.11. Unfallversicherung

Gesellschaft _____ Nr. _____

Vertreter (Name, Adresse, Tel., E-Mail) _____

_____

☐ Dokumente in diesem Ordner ☐, im Ordner _____

11.3.12. Berufsunfähigkeitsversicherung

Gesellschaft _____ Nr. _____

Vertreter (Name, Adresse, Tel., E-Mail) _____

_____

☐ Dokumente in diesem Ordner ☐, im Ordner _____

11.3.13. Sterbegeldversicherung

Gesellschaft _____ Nr. _____

Vertreter (Name, Adresse, Tel., E-Mail) _____

_____

☐ Dokumente in diesem Ordner ☐, im Ordner _____

11.3.14. Weitere Versicherungen

Zum Beispiel Sachversicherungen für Mediengeräte wie Fernseher, für Brillen, für Zahnersatz, aber auch verlängerte Garantien u.ä.

Versicherung für _____

Gesellschaft _____ Nr. _____

Vertreter (Name, Adresse, Tel., E-Mail) _____

_____

☐ Dokumente in diesem Ordner ☐, im Ordner _____

Versicherung für _____

Gesellschaft _____ Nr. _____

Vertreter (Name, Adresse, Tel., E-Mail) _____

☐ Dokumente in diesem Ordner ☐, im Ordner _____

Versicherung für _____

Gesellschaft _____ Nr. _____

Vertreter (Name, Adresse, Tel., E-Mail) _____

☐ Dokumente in diesem Ordner ☐, im Ordner _____

Versicherung für _____

Gesellschaft _____ Nr. _____

Vertreter (Name, Adresse, Tel., E-Mail) _____

_____

☐ Dokumente in diesem Ordner ☐, im Ordner _____

11.4. Gesundheit

11.4.1. Persönliche Gesundheitsdaten

Größe _____ Gewicht _____ Blutgruppe _____

Besondere Kennzeichen (Narben u.ä.) _____

☐ Dokumente in diesem Ordner ☐, im Ordner _____

Krankengeschichte und Allergien ➝ 11.4.23. und 11.4.24.

11.4.2. Regelmäßige Medikamente

Medikamentenliste mit Grund, Menge und Zeitintervall der Einnahme,
jeweils Name des verschreibenden Arztes:

_____

_____

_____

_____

☐ Dokumente in diesem Ordner ☐, im Ordner _____

11.4.3. Pässe, Ausweise

☐ Impfpass

☐ Allergieausweis

☐ Medikamentenpass

☐ Dokumente in diesem Ordner ☐, im Ordner _____

☐ Dokumente in Portemonnaie/Brieftasche

11.4.4. Hausarzt

Name, Adresse, Tel., E-Mail _____

_____

11.4.5. Hausarztvertretung

Name, Adresse, Tel., E-Mail _____

_____

11.4.6. Zahnarzt

Name, Adresse, Tel., E-Mail _____

_____

11.4.7. Zahnersatz

_____

_____

_____

☐ Dokumente in diesem Ordner ☐, im Ordner _____

11.4.8. Augenarzt

Name, Adresse, Tel., E-Mail _____

_____

11.4.9. Brillen, Kontaktlinsen

_____

_____

☐ Dokumente in diesem Ordner ☐, im Ordner _____

11.4.10. Optiker

Name, Adresse, Tel., E-Mail _____

_____

11.4.11. Hals-Nasen-Ohrenarzt (HNO)

Name, Adresse, Tel., E-Mail _____

_____

11.4.12. Hörgeräteversorgung

_____

_____

☐ Dokumente in diesem Ordner ☐, im Ordner _____

11.4.13. Hörgeräteakustiker

Name, Adresse, Tel., E-Mail _____

_____

11.4.14. Gynäkologe / Urologe

Name, Adresse, Tel., E-Mail _____

_____

11.4.15. Orthopäde

Name, Adresse, Tel., E-Mail _____

_____

11.4.16. Künstliche Gelenke etc.

_____

_____

☐ Dokumente in diesem Ordner ☐, im Ordner _____

11.4.17. Internist

Name, Adresse, Tel., E-Mail _____

_____

11.4.18. Weitere Fachärzte

Arzt für _____

Name, Adresse, Tel., E-Mail _____

_____

Arzt für _____

Name, Adresse, Tel., E-Mail _____

_____

Arzt für _____

Name, Adresse, Tel., E-Mail _____

_____

11.4.19. Apotheke

Name, Adresse, Tel., E-Mail _____

_____

11.4.20. Ambulanter Pflegedienst

Name, Adresse, Tel., E-Mail _____

_____

☐ Dokumente in diesem Ordner ☐, im Ordner _____

11.4.21. Sanitätshaus

Name, Adresse, Tel., E-Mail _____

_____

☐ Dokumente in diesem Ordner ☐, im Ordner _____

11.4.22. Klinikaufenthalte

Aufenthalt wegen _____

In Klinik _____ Zeitraum _____

☐ Dokumente in diesem Ordner ☐, im Ordner _____

Aufenthalt wegen _____

In Klinik _____ Zeitraum _____

☐ Dokumente in diesem Ordner ☐, im Ordner _____

Aufenthalt wegen _____

In Klinik _____ Zeitraum _____

☐ Dokumente in diesem Ordner ☐, im Ordner _____

11.4.23. Wichtige Krankheiten

_____

_____

312

_____

_____

_____

_____

_____

☐ Dokumente in diesem Ordner ☐, im Ordner _____

Dokumente, wie Impfpass, Allergieausweis, Blutgruppenpass ➡ 11.4.3.

11.4.24. Allergien

_____

_____

_____

☐ Dokumente in diesem Ordner ☐, im Ordner _____

Dokumente, wie Impfpass, Allergieausweis, Blutgruppenpass ➡ 11.4.3.

11.4.25. Weitere Medizinische Hilfsmittel

Zum Beispiel Herzschrittmacher, Gelenkprothesen, u. Ä. Jeweils betreuende Hilfsmittelfirma oder Praxis angeben:

_____

_____

_____

_____

313

_____

_____

☐ Dokumente in diesem Ordner ☐, im Ordner _____

11.4.26. Krankheitsgeschichte der Familie

Erbkrankheiten, Genanomalien, Krankheitshäufungen etc.

_____

_____

_____

☐ Dokumente in diesem Ordner ☐, im Ordner _____

11.4.27. Friseur

Name, Adresse, Tel., E-Mail _____

_____

11.4.28. Maniküre, Pediküre

Name, Adresse, Tel., E-Mail _____

_____

11.4.29. Tierarzt

Name, Adresse, Tel., E-Mail _____

_____

11.5. Wohnen

11.5.1. Immobiliendokumente

☐ Dokumente in diesem Ordner ☐, im Ordner _____

11.5.2. Mietdokumente und Heim(vor)vertrag

Vermieter (Name, Adresse, Tel., E-Mail) _____

_____

Kündigung möglich zum _____

☐ Mietvertrag in diesem Ordner ☐, im Ordner _____

11.5.3. Stromanbieter

Name, Adresse, Tel., E-Mail _____

_____

Zählernummer _____

☐ Dokumente in diesem Ordner ☐, im Ordner _____

11.5.4. Gasversorger

Name, Adresse, Tel., E-Mail _____

_____

Zählernummer _____

☐ Dokumente in diesem Ordner ☐, im Ordner _____

11.5.5. Wasserversorger

Name, Adresse, Tel., E-Mail _____

_____

Zählernummer _____

☐ Dokumente in diesem Ordner ☐, im Ordner _____

11.5.6. Öllieferant

Name, Adresse, Tel., E-Mail _____

_____

☐ Dokumente in diesem Ordner ☐, im Ordner _____

11.5.7. Reinigungshilfe

Name, Adresse, Tel., E-Mail _____

_____

☐ Dokumente in diesem Ordner ☐, im Ordner _____

11.5.8. Fensterputzer

Name, Adresse, Tel., E-Mail _____

_____

☐ Dokumente in diesem Ordner ☐, im Ordner _____

11.5.9. Essen auf Rädern

Name, Adresse, Tel., E-Mail _____

_____

☐ Dokumente in diesem Ordner ☐, im Ordner _____

11.5.10. Tiefkühlservice

Name, Adresse, Tel., E-Mail _____

_____

☐ Dokumente in diesem Ordner ☐, im Ordner _____

11.5.11. Getränkelieferant

Name, Adresse, Tel., E-Mail _____

_____

☐ Dokumente in diesem Ordner ☐, im Ordner _____

11.5.12. Eierlieferant/Biokiste

Name, Adresse, Tel., E-Mail _____

_____

☐ Dokumente in diesem Ordner ☐, im Ordner _____

11.5.13. Brötchenlieferant

Name, Adresse, Tel., E-Mail _____

☐ Dokumente in diesem Ordner ☐, im Ordner _____

11.6. Telefon, Medien

11.6.1. Telefon Festnetz

Nummer mit Vorwahl _____

Gesellschaft _____ Nr. _____

Kundenbetreuung (Name, Adresse, Tel., E-Mail) _____

_____

Kündigung möglich zum _____

☐ Dokumente in diesem Ordner ☐, im Ordner _____

11.6.2. Handy

Nummer _____

Gesellschaft _____ Nr. _____

Kundenbetreuung (Name, Adresse, Tel., E-Mail) _____

_____

Kündigung möglich zum _____

☐ Dokumente in diesem Ordner ☐, im Ordner _____

Nummer _____

Gesellschaft _____ Nr. _____

Kundenbetreuung (Name, Adresse, Tel., E-Mail) _____

_____

Kündigung möglich zum _____

☐ Dokumente in diesem Ordner ☐, im Ordner _____

11.6.3. Fernsehen

Anbieter _____ Nr. _____

Kundenbetreuung (Name, Adresse, Tel., E-Mail) _____

_____

Kündigung möglich zum _____

☐ Dokumente in diesem Ordner ☐, im Ordner _____

11.6.4. Kabelanschluss

Anbieter _____ Nr. _____

Kundenbetreuung (Name, Adresse, Tel., E-Mail) _____

_____

Kündigung möglich zum _____

☐ Dokumente in diesem Ordner ☐, im Ordner _____

11.6.5. PAY-TV

Anbieter _____ Nr. _____

Kundenbetreuung (Name, Adresse, Tel., E-Mail) _____

_____

Kündigung möglich zum _____

☐ Dokumente in diesem Ordner ☐, im Ordner _____

11.6.6. Internet

Anbieter _____ Nr. _____

Kundenbetreuung (Name, Adresse, Tel., E-Mail) _____

_____

Kündigung möglich zum _____

☐ Dokumente in diesem Ordner ☐, im Ordner _____

11.6.7. Homepage

Adresse _____ Nr. _____

Kundenbetreuung (Name, Adresse, Tel., E-Mail) _____

_____

Kündigung möglich zum _____

☐ Dokumente in diesem Ordner ☐, im Ordner _____

11.6.8. Soziale Netzwerke (Facebook u. Ä.)

Name _____

Webadresse _____

Benutzername _____ Passwort _____

☐ Dokumente in diesem Ordner ☐, im Ordner _____

Name _____

Webadresse _____

Benutzername _____ Passwort _____

☐ Dokumente in diesem Ordner ☐, im Ordner _____

Name _____

Webadresse _____

Benutzername _____ Passwort _____

☐ Dokumente in diesem Ordner ☐, im Ordner _____

11.6.9. Nachlassregelung für digitale Daten und Nutzungen

zu finden unter _____

_____

☐ Zugangscode und Passwörter für Internet sind im verschlossenen

    Umschlag in diesem Ordner ☐, im Banktresor ☐,

    bei Notar _____ ☐, bei _____

☐ Dokumente in diesem Ordner ☐, im Ordner _____

☐ siehe 12.13.5.

11.6.10. Zeitungsabonnement für Tageszeitung

Anbieter _____ Nr. _____

Kundenbetreuung (Name, Adresse, Tel., E-Mail) _____

_____

Kündigung möglich zum _____

☐ Dokumente in diesem Ordner ☐, im Ordner _____

11.6.11. Andere Zeitungs-/Zeitschriftenabonnements

Titel _____

Anbieter _____ Nr. _____

Kundenbetreuung (Name, Adresse, Tel., E-Mail) _____

_____

Kündigung möglich zum _____

☐ Dokumente in diesem Ordner ☐, im Ordner _____

Titel _____

Anbieter _____ Nr. _____

Kundenbetreuung (Name, Adresse, Tel., E-Mail) _____

Kündigung möglich zum _____

☐ Dokumente in diesem Ordner ☐, im Ordner _____

Titel _____

Anbieter _____ Nr. _____

Kundenbetreuung (Name, Adresse, Tel., E-Mail) _____

Kündigung möglich zum _____

☐ Dokumente in diesem Ordner ☐, im Ordner _____

11.6.12. Buchclubs, Videotheken

Name _____

Anbieter _____ Nr. _____

Kundenbetreuung (Name, Adresse, Tel., E-Mail) _____

Kündigung möglich zum _____

☐ Dokumente in diesem Ordner ☐, im Ordner _____

Anbieter _____ Nr. _____

Kundenbetreuung (Name, Adresse, Tel., E-Mail) _____

Kündigung möglich zum _____

☐ Dokumente in diesem Ordner ☐, im Ordner _____

11.7. Mobilität

11.7.1. Auto

Kennzeichen _____

Fahrzeugscheinnummer _____

Marke _____ Zulassungsdatum _____

Gekauft bei/von _____

Steuer Nr. _____

Nächste Hauptuntersuchung (TÜV) _____

☐ Dokumente in diesem Ordner ☐, im Ordner _____

11.7.2. KFZ-Haftpflichtversicherung

Gesellschaft _____ Nr. _____

Kundenbetreuung (Name, Adresse, Tel., E-Mail) _____

_____

Die Versicherung erlischt bei Verkauf, Ab- oder Ummeldung des Fahrzeuges. Vor Kündigung prüfen, ob hohe Schadensfreiheitsrabatte auf Partner, Kinder oder Enkel übertragen werden können.

☐ Dokumente in diesem Ordner ☐, im Ordner _____

11.7.3. (Voll- oder Teil-) Kaskoversicherung

Gesellschaft _____ Nr. _____

Kundenbetreuung (Name, Adresse, Tel., E-Mail) _____

_____

Die Versicherung erlischt bei Verkauf, Ab- oder Ummeldung des Fahrzeuges. Vor Kündigung prüfen, ob hohe Schadensfreiheitsrabatte auf Partner, Kinder oder Enkel übertragen werden können.

☐ Dokumente in diesem Ordner ☐, im Ordner _____

11.7.4. Weitere Autoversicherung

Gesellschaft _____ Nr. _____

Kundenbetreuung (Name, Adresse, Tel., E-Mail) _____

_____

Die Versicherung erlischt bei Verkauf, Ab- oder Ummeldung des Fahrzeuges.

☐ Dokumente in diesem Ordner ☐, im Ordner _____

11.7.5. Automobilclub

Gesellschaft _____ Nr. _____

Besondere Versicherungen etc. _____

Kündigung möglich zum _____

☐ Dokumente in diesem Ordner ☐, im Ordner _____

11.7.6. Autowerkstatt

Name, Adresse, Tel., E-Mail _____

_____

11.7.7. Bahncard

Kündigung möglich zum _____

☐ Dokumente in diesem Ordner ☐, im Ordner _____

11.7.8. Monatskarte Bus & Bahn

Gesellschaft _____ Nr. _____

Kundenbetreuung (Name, Adresse, Tel., E-Mail) _____

_____

Kündigung möglich zum _____

☐ Dokumente in diesem Ordner ☐, im Ordner _____

11.7.9. Vielfliegerprogramme

Kündigung möglich zum _____

☐ Dokumente in diesem Ordner ☐, im Ordner _____

11.8 Vorsorgeverträge und Verfügungen

11.8.1. Testament oder Erbvertrag

☐ siehe 12.7.

☐ Das Testament bzw. der Erbvertrag befindet sich im _____

☐ Eine Kopie von Testament bzw. Erbvertrag befindet sich
im Dokumentenordner 11.8.1.

11.8.2. Vollmacht

☐ siehe 12.1. und 12.2.

☐ Die Vollmacht befindet sich im _____

☐ Die Bankvollmacht befindet sich im Besitz des Bankinstitutes.

☐ Eine Kopie der Vollmacht befindet sich im Dokumentenordner
11.8.2.

☐ Kopien der Bankvollmacht befinden sich im Dokumentenordner
11.2.1. und 11.8.2.

11.8.3. Betreuungsverfügung

☐ siehe 12.3.

☐ Die Betreuungsverfügung befindet sich im _____

☐ Eine Kopie der Betreuungsverfügung befindet sich im
Dokumentenordner 11.8.3.

11.8.4. Heim(vor)vertrag für Seniorenheim

☐ siehe 12.4.

☐ Der Heim(vor)vertrag befindet sich im _____

☐ Eine Kopie des Heim(vor)vertrages befindet sich im
Dokumentenordner 11.8.4. oder 11.5.2.

11.8.5. Patientenverfügung

☐ siehe 12.5.

☐ Die Patientenverfügung befindet sich im _____

☐ Eine Kopie der Patientenverfügung befindet sich im
Dokumentenordner 11.8.5.

11.8.6. Organspendeverfügung

☐ siehe 12.6.

☐ Die Verfügung zur Organentnahme befindet sich im _____

☐ Eine Kopie der Verfügung zur Organentnahme befindet sich im
Dokumentenordner 11.8.6.

11.8.7. (Teil-) Testament zur Bestattung

☐ siehe 12.8.

☐ Das (Teil-)Testament zur Bestattung befindet sich im _____

☐ Eine Kopie des (Teil-)Testamentes zur Bestattung befindet sich im Dokumentenordner 11.8.7.

11.8.8. Bestattungsvorsorgevertrag/Totenfürsorgerecht

☐ siehe 12.8.

☐ Der Bestattungsvorsorgevertrag befindet sich im _____

☐ Eine Kopie des Bestattungsvorsorgevertrages befindet sich im Dokumentenordner 11.8.8.

☐ Ich habe das Totenfürsorgerecht (siehe 2.29.) übertragen an _____

☐ Dokumente in diesem Ordner, im Ordner _____

11.8.9. Bestattungsvorsorgevertrag Finanzen Treuhand

☐ siehe 12.8.

☐ Der Bestattungsvorsorgevertrag (Finanzen Treuhand) befindet sich

im _____

☐ Eine Kopie des Bestattungsvorsorgevertrags (Finanzen Treuhand)

befindet sich im Dokumentenordner 11.8.9

11.8.10. Friedhofsunterlagen, auch für weitere Grabstätten

☐ Grabscheine bzw. Kopien befinden sich in diesem Ordner ☐, im

Ordner _____ ☐,

bei Bestattungsinstitut _____

Siehe 12.9.2.; siehe 12.13.7.

Friedhof _____ in _____

Grabstätte Nr. _____ für _____

☐ Nach meinem Tod soll das Nutzungsrecht übergehen an _____

_____

☐ Er/Sie hat diesem Übergang zugestimmt

☐ Der Friedhof muss darüber benachrichtigt werden

Ablauf der Ruhezeit _____

Pflegevertrag Nr. _____ bei _____

☐ Dokumente in diesem Ordner ☐, im Ordner _____

Friedhof _____ in _____

Grabstätte Nr. _____ für _____

☐ Nach meinem Tod soll das Nutzungsrecht übergehen an _____

_____

☐ Er/Sie hat diesem Übergang zugestimmt

☐ Der Friedhof muss darüber benachrichtigt werden

Ablauf der Ruhezeit _____

Pflegevertrag Nr. _____ bei _____

☐ Dokumente in diesem Ordner ☐, im Ordner _____

Friedhof _____ in _____

Grabstätte Nr. _____ für _____

☐ Nach meinem Tod soll das Nutzungsrecht übergehen an _____

_____

☐ Er/Sie hat diesem Übergang zugestimmt

☐ Der Friedhof muss darüber benachrichtigt werden.

Ablauf der Ruhezeit _____

Pflegevertrag Nr. _____ bei _____

☐ Dokumente in diesem Ordner ☐, im Ordner _____

11.8.11. Grabpflegevertrag

☐ Siehe Kapitel 12.12.

☐ Für mein zukünftiges Grab ist ein Grabpflegevertrag

abgeschlossen mit _____

_____ Nr. _____

☐ Dokumente in diesem Ordner ☐, im Ordner _____

11.8.12. Verfügungen über Eigentum

☐ Verfügungen über meinen Nachlass siehe Kapitel 12.13. und 12.7.

11.9. Lebensbeschreibung

Ein Lebenslauf enthält meist nur nüchterne Zahlen und Daten. Das Leben besteht aber aus vielen Erlebnissen, Erkenntnissen, Hoffnungen und Enttäuschungen, Erfolgen und Niederlagen. Vielleicht möchten und können Sie nicht gleich ein umfangreiches Erinnerungsbuch erstellen (➡ 2.9.) – aber auch nur einige wenige Seiten, auf denen Sie berichten, was Ihnen im Leben wirklich wichtig war, können für Kinder und Enkel von großem Interesse sein.

☐ Meine Lebensbeschreibung befindet sich im Dokumentenordner Kapitel 11.9.

☐ Meine Lebensbeschreibung befindet sich _____

☐ Siehe auch 12.10. und 12.13.8.

11.10. Adressenverzeichnis

Die Adressen sollten möglichst jährlich überprüft, aktualisiert und ergänzt werden: Name, Vorname, Straße mit Nummer, Postleitzahl, Ort, Telefon, Handy, E-Mail, Geburtsdatum

☐ Mein Adressenverzeichnis befindet sich in meinem Adressbuch.

☐ Meine Adressenliste befindet sich im Dokumentenordner 11.10.

☐ Ich habe die Adressen zuletzt am _____ aktualisiert.

☐ Ich habe im Adressbuch ☐ bzw. in der Liste im Dokumentenordner ☐ angekreuzt, wer im Todesfall benachrichtigt werden soll.

11.11. Weitere wichtige Daten oder Dokumente

☐ Dokumente in diesem Ordner ☐, im Ordner _____

☐ Dokumente in diesem Ordner ☐, im Ordner _____

☐ Dokumente in diesem Ordner ☐, im Ordner _____

☐ Dokumente in diesem Ordner ☐, im Ordner _____

☐ Dokumente in diesem Ordner ☐, im Ordner _____

12. MEINE EIGENEN WÜNSCHE UND ENTSCHEIDUNGEN

Wenn Sie eine Kopie in Ihren Dokumentenordner einfügen möchten oder Entscheidungen neu festlegen möchten, können Sie dieses Kapitel auch von der Website des Verlages herunterladen – die Adresse finden Sie am Anfang des Buches auf Seite 5. Ausgedruckte Seiten sollten Sie unbedingt einzeln unterschreiben, damit niemand unberechtigt Blätter austauschen kann.

Bitte alle Wünsche bzw. Verfügungen einzeln mit Ort und Datum unterschreiben.

Bei Zweifeln oder Unsicherheiten sollten Sie unbedingt den Rat eines Rechtsanwaltes oder Notars in Anspruch nehmen.

12.1. Vollmacht (hier nur Zweitschrift, nicht Original) (➠ 2.24)

12.1.1. Vorhandene Vollmacht

☐ Ich habe eine Vollmacht ausgestellt auf (Vorname, Name, Straße, Hausnummer, Wohnort, Telefon, Handy, E-Mail)

_____

_____

☐ Eine Kopie dieser Vollmacht ist zu finden im Dokumentenordner 11.8.2.

☐ Die Vollmachtsurkunde verwaltet (Vorname, Name, Straße, Hausnummer, Wohnort, Telefon, Handy, E-Mail)

_____

_____

Diese Person ist berechtigt, die Vollmachtsurkunde nach Absprache bzw. in ihrer eigenen Verantwortung an den Vollmachtnehmer herauszugeben, sofern die mit ihr vereinbarten Voraussetzungen vorliegen.

zu 12.1.1.: Ort, Datum, Unterschrift _____

_____

12.1.2. Neue Vollmacht (hier nur Zweitschrift, nicht Original)

Dieses Buch enthält ein sehr einfaches und leicht verständliches Formular, um einen Bevollmächtigten zu benennen, der anstelle der nicht mehr geschäftsfähigen Person alle Vollmachten hat, für und im Namen dieser Person zu handeln. Da die Vielfalt der Lebensverhältnisse in einem einfachen Formular nicht annähernd berücksichtigt werden kann, ist die Verwendung eines ausführlicheren Vordrucks mit Anleitungen und Erklärungen, wie z.B. in dem Heft „Vorsorge für Unfall, Krankheit, Alter" (➡ 10.), oder die Erstellung einer Vollmacht durch einen Rechtsanwalt und einen Notar sehr angeraten.

Ich (Name, Vorname) _____

(Geburtsdatum) _____ erteile hiermit als Vollmachtgeber folgender Person (Vorname, Name, Adresse, Telefon, Handy, E-Mail)

_____

_____

als Bevollmächtigter eine umfassende Vollmacht, mich in allen Angelegenheiten zu vertreten. Durch diese Vollmachterteilung soll eine vom Gericht angeordnete Betreuung vermieden werden. Die Vollmacht bleibt daher in Kraft, wenn ich geschäftsunfähig werden sollte. Die bevollmächtigte Person muss im Besitz der Originalvollmacht sein, damit diese wirksam ist. Sie muss bei Vornahme eines Rechtsgeschäftes diese Urkunde im Original vorlegen.

☐ Falls trotz dieser Vollmacht eine gesetzliche Vertretung („rechtliche Betreuung") erforderlich sein sollte, bitte ich, die oben bezeichnete Vertrauensperson als Betreuer zu bestellen.

Diese Vollmacht umfasst

☐ a) alle Fragen meiner Gesundheitssorge und Pflege, insbesondere die Umsetzung meines in meiner Patientenverfügung festgelegten Willens, die Zustimmung oder Verweigerung zu sämtlichen Untersuchungsmaßnahmen, Heilbehandlungen und ärztlichen Eingriffen, auch wenn diese mit Lebensgefahr oder möglichen gesundheitlichen Schäden verbunden sein könnten;

☐ b) die Entscheidung über meine Unterbringung mit freiheitsentziehender Wirkung und über freiheitsentziehende Maßnahmen (Bettgitter etc.);

☐ c) alle Fragen meines Aufenthaltes und meiner Wohnungsangelegenheiten, insbesondere Kündigung und Neuabschluss eines Miet- oder Heimvertrages sowie die Haushaltsauflösung;

☐ d) alle Fragen der Vermögenssorge, insbesondere die Vermögensverwaltung, die Verfügung über Vermögensgegenstände, das Eingehen von Verbindlichkeiten, den Geschäftsverkehr mit Bankinstituten, die Erlaubnis zu Schenkungen in dem einem Betreuer zustehenden Rahmen. Diesbezügliche Formulare habe ich bei meinen Bankinstituten unterschrieben und hinterlegt;

☐ e) alle Fragen des Post- und Fernmeldeverkehrs.

☐ f) alle Fragen des Umgangs mit Behörden, Versicherungen, Renten- und Sozialleistungsträgern und die Vertretung bei Gerichten;

☐ g) die Erteilung von Untervollmachten;

☐ Diese Vollmacht soll über den Tod hinaus bis zum Widerruf durch die Erben gelten.

☐ Die bevollmächtigte Person soll meine Bestattung nach meinen Wünschen regeln.

Ort, Datum _____

(Unterschrift der Vollmachtgeberin/des Vollmachtgebers)

Ort, Datum _____

(Unterschrift der/des Bevollmachtigten)

☐ Die Vollmachtsurkunde verwaltet (Vorname, Name, Straße, Hausnummer, Wohnort, Telefon, Handy, E-Mail)

Diese Person ist berechtigt, die Vollmachtsurkunde nach Absprache bzw. in ihrer eigenen Verantwortung an den Vollmachtnehmer herauszugeben, sofern die mit ihr vereinbarten Voraussetzungen vorliegen.

zu 12.1.2.: Ort, Datum, Unterschrift _____

12.2. Bankvollmacht

☐ Ich habe bei meiner Bank _____
auf einem Bankformular eine Bankvollmacht ausgestellt, die über
meinen Tod hinaus gültig ist

☐ Das Original meiner Bankvollmacht (➟ 2.24.) befindet sich bei der
Bank

☐ Eine Kopie meiner Bankvollmacht befindet sich im Dokumentenordner 11.2.1. oder 11.8.2.

☐ Eine Kopie meiner Bankvollmacht befindet sich bei

_____

12.3. Betreuer bei schwerer Krankheit (➟ 2.25)

12.3.1. Amtlich bestellter Betreuer

☐ Durch Beschluss des Amtsgerichtes/Familiengerichtes in

_____

ist mit Aktenzeichen _____ am _____ ein

amtlicher Betreuer für mich bestellt worden:

Name, Adresse, Tel. _____

- ☐ Kopie des Gerichtsbeschlusses im Dokumentenordner ➟ 11.2.10. bzw. 11.8.3.

- ☐ Nach meinem Tod sollte er umgehend benachrichtigt werden

- ☐ Der Betreuer hat alle notwendigen Vollmachten für die Organisation meiner Bestattung

- ☐ Der Betreuer soll alle Angelegenheiten in Bezug auf meine Bestattung, Trauerfeier, Grabpflege etc. so ausführen, wie ich es in

  dem Bestattungsvorsorgevertrag vom _____ mit dem Bestattungsinstitut festgelegt habe (➟ 11.8.8.)

12.3.2. Vorhandene Betreuungsverfügung (➟ 2.25.)

☐ Ich habe bereits eine Betreuungsverfügung ausgestellt

Diese befindet sich _____

☐ Eine Kopie dieser Betreuungsverfügung befindet sich im Dokumentenordner (➟ 11.8.3.)

12.3.3. Meine Betreuungsverfügung (➡ 2.25.)

☐ Ich lege hiermit für den Fall, dass ich infolge Krankheit, Unfall oder Behinderung meine Angelegenheiten teilweise oder ganz nicht mehr selbst besorgen kann und deshalb ein Betreuer als gesetzlicher Vertreter für mich bestellt werden muss, Folgendes fest:

Als Person, die mich betreuen soll, schlage ich vor (Vorname, Name,

Adresse, Telefon, Handy, E-Mail) _____

_____

☐ Sie/Er ist über diesen Wunsch von mir informiert und hat zugestimmt, diese Aufgabe ggf. zu übernehmen

Falls diese Person nicht zum Betreuer bestellt werden kann, schlage ich vor (Vorname, Name, Adresse, Telefon, Handy, E-Mail)

_____

☐ Sie/Er ist über diesen Wunsch von mir informiert und hat zugestimmt, diese Aufgabe ggf. zu übernehmen

Damit sie/er im Falle einer schweren Krankheit von mir oder im Falle meines Todes handlungsfähig ist, habe ich für sie/ihn ausgestellt:

☐ Vollmacht (➡ 12.1.)

☐ Bankvollmacht (➡ 12.2.)

Keinesfalls zum Betreuer bestellt werden soll _____

_____

☐ Eine Kopie meiner Betreuungsverfügung befindet sich im Dokumentenordner (➡ 11.8.3.)

☐ Eine Kopie meiner Betreuungsverfügung befindet sich bei _____

_____

Zu 12.3. Ort, Datum, Unterschrift _____

_____

12.4. Heimunterbringung

☐ Wenn ich in ein Seniorenheim umziehen muss (➡ 2.16.), dann

möchte ich in das Heim _____

oder das Heim _____ ziehen

☐ Ich bin im Heim _____

seit dem _____ vorangemeldet. (➡ 2.16.4.)
(Dokumentenordner 11.5.2.)

☐ Ich bin im Heim _____

seit dem _____ vorangemeldet. (➡ 2.16.4.)
(Dokumentenordner 11.5.2.)

☐ Sollte ich aufgrund dringender Pflegebedürftigkeit in ein anderes Heim eingewiesen werden müssen, möchte ich so bald wie möglich in mein Wunschheim umziehen.

Zu 12.4.: Ort, Datum, Unterschrift _____

_____

12.5. Patientenverfügung (➟ 2.22)

12.5.1. Vorhandene Patientenverfügung

☐ Ich habe eine Patientenverfügung unterschrieben

☐ Das Original befindet sich _____

12.5.2. Kurzgefasste Patientenverfügung für alte, lebenssatte Menschen (➟ 2.22.1.)

Für den Fall, dass ich (Name, Vorname) _____

geboren am _____

wohnhaft _____
meinen Willen nicht mehr bilden oder verständlich äußern kann, bestimme ich Folgendes:

Wenn ich infolge von Krankheit oder Unfall eine stationäre Behandlung in einem Krankenhaus o.ä. benötigen würde,
- oder wenn mir eine lange mehrmonatige Bettlägerigkeit bevorstünde,
- oder wenn ich auch mit ausdauernder Hilfestellung nicht mehr in der Lage bin, Nahrung und Flüssigkeit auf natürliche Weise zu mir zu nehmen,
- oder wenn mein Leben auf ähnliche Weise massiv beeinträchtigt wird, verlange ich die Unterlassung von Wiederbelebungsmaßnahmen und lebenserhaltenden Maßnahmen.
Ich verweigere mein Einverständnis zu jedweder Operation oder schwerwiegenden und belastenden ärztlichen Untersuchungen und Behandlungen und verlange, dass ich keine künstliche Ernährung und keine Flüssigkeitsgabe (außer zur Beschwerdelinderung) bekomme.
Auch wenn der Tod nicht unmittelbar bevorsteht, wünsche ich, sterben zu dürfen.
Ich wünsche lindernde ärztliche und pflegerische Maßnahmen, insbesondere Mundpflege zur Vermeidung des Durstgefühls und medika-

mentöse Behandlung zur Bekämpfung von Schmerzen, Luftnot, Angst, Unruhe, Erbrechen und anderen Krankheitserscheinungen.

☐ Ich wünsche eine Begleitung durch (z.B. Hospizdienst, Seelsorge oder bestimmte Personen etc.)

_____

☐ Ich habe eine Vorsorgevollmacht (➡ 12.1.) erteilt.

☐ Ich habe anstelle einer Vorsorgevollmacht ausschließlich eine Betreuungsverfügung (➡ 12.3.) erteilt.

zu 12.5.2. Ort _____

Datum _____

Unterschrift _____

(Diese Patientenverfügung sollte alle ein bis zwei Jahre durch Unterschrift bestätigt werden.)

Ort/Datum _____ Unterschrift _____

Ort/Datum _____ Unterschrift _____

Ort/Datum _____ Unterschrift _____

12.5.3. Aufbewahrung der Patientenverfügung

Kopien dieser Patientenverfügung befinden sich

☐ in meinem Dokumentenordner ⇒ 11.8.5.

☐ in meinem Notfallkoffer in _____

☐ bei meinem Hausarzt _____

☐ in meinem Auto

☐ bei _____

☐ bei _____

12.6. Organspendeverfügung (⇒ 2.23)

Für den Fall, dass nach meinem Tod eine Spende von Organen/Geweben zur Transplantation in Frage kommt, erkläre ich:

☐ JA, ich gestatte, dass nach der ärztlichen Feststellung meines Todes meinem Körper Organe und Gewebe entnommen werden; oder

☐ JA, ich gestatte dies, mit Ausnahme folgender Organe/Gewebe

_____

oder
☐ JA, ich gestatte dies, jedoch nur für folgende Organe/Gewebe

_____

oder
☐ NEIN, ich widerspreche einer Entnahme von Organen oder Geweben.
oder
☐ Über JA oder NEIN soll dann folgende Person entscheiden

_____

Zu 12.6.: Ort, Datum Unterschrift _____

☐ Eine Kopie meiner Organspendeverfügung befindet sich im Doku-
mentenordner 11.8.6.
☐ Kopien meiner Organspendeverfügung befinden sich in meinem
Portemonnaie, bei

12.7. Testament oder Erbvertrag

☐ Ich habe weder Testament noch Erbvertrag (➠ 2.6.) aufgesetzt.

☐ Mein Testament oder Erbvertrag (➠ 2.6.) befindet sich

☐ Eine Kopie meines Testamentes oder Erbvertrages befindet sich im
Dokumentenordner 11.8.1.

☐ Eine Kopie meines Testamentes oder Erbvertrages befindet sich bei

12.8. Bestatter, Bestattungsvorsorgevertrag, (Teil-) Testament zur Bestattung, Totenfürsorgerecht

☐ Ich möchte, dass folgendes Bestattungsinstitut beauftragt wird:

(Name, Adresse, Tel.) _____

☐ Ich habe mit diesem Institut einen Bestattungsvorsorgevertrag (➡ 2.26.) abgeschlossen, der im Dokumentenordner 11.8.8. zu finden ist.

☐ Ich habe die Kosten für meine Bestattung durch einen Treuhandvertrag (➡ 2.26.2.) weitgehend im Voraus bezahlt. Kopie im Dokumentenordner 11.8.9.

☐ (Teil-)Testament Bestattung (➡ 2.6.) im Dokumentenordner

11.8.7. ☐, im Ordner _____

☐ Ich habe das Totenfürsorgerecht (siehe 2.29.) übertragen an

_____

☐ Dokumente im Dokumentenordner 11.8.8.

Zu 12.8.: Ort, Datum Unterschrift _____

_____

12.9. Friedhof und Grab

Wenn ein Bestattungsvorsorgevertrag oder ein (Teil-)Testament Bestattung vorliegt, müssen die folgenden Punkte so weit nicht ausgefüllt werden, wie sie in diesen Dokumenten geregelt sind.

12.9.1. Bestattungsart

☐ Ich möchte gerne eine Bestattung im Sarg.

☐ Ich möchte gerne verbrannt werden und eine Bestattung in der Urne.

Zu 12.9.1.: Ort, Datum, Unterschrift _____

_____

In manchen Bundesländern ist diese Unterschrift Voraussetzung für die Genehmigung einer Urnenbestattung (⟶ 5.1.). Bei einer Sozialamtsbestattung (⟶ 2.28.) ist diese Unterschrift wichtig, wenn eine (teurere) Sargbestattung gewünscht wird.

12.9.2. Ort der Bestattung: Familiengrab

☐ Ich möchte eine Bestattung in dem Familiengrab (⟶ 5.2.1.)

auf dem Friedhof _____ in _____

Das Grab hat die Bezeichnung Nr. _____

☐ Mein Grabschein befindet sich _____

☐ Eine Kopie meines Grabscheins befindet sich im Dokumentenordner 11.8.10.

☐ Nutzungsberechtigter für diese Grabstelle (Inhaber des Grabscheins) ist

_____

☐ Er kennt meinen Wunsch, dort beigesetzt zu werden, und hat am

_____ seine Einwilligung dazu gegeben.

☐ Nach meinem Tod soll das Nutzungsrecht übergehen an

_____

☐ Er hat diesem Übergang zugestimmt (ja/noch nicht).

☐ Der Friedhof muss darüber benachrichtigt werden.

Ablauf der Ruhezeit _____

Zu 12.9.2.: Ort, Datum, Unterschrift _____

_____

12.9.3. Ort der Bestattung

☐ Ich möchte gerne eine Bestattung (➡ 5.2.) auf dem Friedhof

in _____

☐ in einem Wahlgrab   ☐ in einem vom Friedhof
☐ in einem Reihengrab   gepflegten Grab
☐ in einem Rasenreihengrab   ☐ im Kolumbarium

☐ in _____

Zu 12.9.3.: Ort, Datum, Unterschrift _____

_____

12.10. Trauerfeier

Wenn ein Bestattungsvorsorgevertrag oder ein (Teil-)Testament Bestattung vorliegt, müssen die folgenden Punkte so weit nicht ausgefüllt werden, wie sie in diesen Dokumenten geregelt sind.

☐ Nach meinem Tod soll eine Traueranzeige (➠ 4.11.3.) in folgender Zeitung erscheinen:

_____

_____

☐ Für Text und Gestaltung habe ich folgende Wünsche

_____

_____

☐ Nach meinem Tod sollen Trauerkarten (➠ 4.11.4.) mit der Einladung zur Trauerfeier versandt werden. Für Text und Gestaltung habe ich folgende Wünsche:

_____

_____

_____

☐ Eine Liste der Empfänger befindet sich
   ☐ im Dokumentenordner (➠ 11.10.)

   ☐ in _____

☐ Diese Traueranzeigen sollen Einladungen für das anschließende Kaffeetrinken (➠ 6.8.3.) enthalten.

☐ In Anzeigen und Trauerkarten soll gebeten werden, statt Blumen

oder Kränzen eine Spende zu überweisen an _____

_____ (➠ 4.11.5.)

☐ soll eine Trauerfeier in der Kapelle (➠ 5.2.) stattfinden:
☐ mit Sarg und anschließender Beisetzung

☐ mit Sarg ohne direkte anschließende Beisetzung

☐ Nach der Trauerfeier bleibt der Sarg zum Verabschieden in der Kapelle stehen und wird dann zum Krematorium gefahren. Die Beisetzung der Urne erfolgt nach der Verbrennung im engsten Familienkreis.

☐ nach der Verbrennung mit der Urne und anschließender Beisetzung

☐ _____

☐ Die Trauerfeier soll möglichst von Pfarrer/Pfarrerin/Trauerredner/

Trauerrednerin _____

Tel. _____ gestaltet werden.

☐ Ich wünsche mir dazu folgenden Spruch/Text (➠ 6.4.12.):

_____

_____

☐ Der Pfarrer/Trauerredner darf meine Lebensbeschreibung verwenden. Sie liegt im Dokumentenordner 11.9. ☐,

in _____

☐ Musikalisch wünsche ich mir folgende Lieder/Orgelstücke/
Musiker/CD:

_____

_____

☐ Die Lieder habe ich in diesem Buch in Kapitel 6.4.11.3. angekreuzt.

☐ Für die Gestaltung der Kapelle und des Blumenschmucks
(➡ 6.4.1.) habe ich folgende Wünsche:

_____

_____

_____

☐ Nach der Trauerfeier soll ein Kaffeetrinken/Leichenschmaus

(➡ 6.8.) im _____

Tel. _____ stattfinden.

Gereicht werden sollen dabei _____
Die Einladung (➡ 6.8.3.) dazu soll geschehen

   ☐ durch Kärtchen im Trauerbrief

   ☐ durch Verteilung von Kärtchen unmittelbar vor der Trauerfeier

   ☐ durch Einladung während der Trauerfeier durch den Pfarrer/
Trauerredner

   ☐ Es sollen möglichst alle Trauergäste eingeladen werden.

   ☐ Es sollen nur eine Auswahl von Trauergästen eingeladen werden.

☐ Ich habe in meiner Adressenliste (➡ 11.10.) diejenigen angekreuzt, die auf jeden Fall zum Kaffeetrinken eingeladen werden
sollen.

Zu 12.10.: Ort, Datum, Unterschrift _____

_____

12.11. Grabstein

*Wenn ein Bestattungsvorsorgevertrag oder ein (Teil-)Testament Bestattung vorliegt,
müssen die folgenden Punkte so weit nicht ausgefüllt werden, wie sie in diesen Dokumenten geregelt sind.*

☐ Für meinen Grabstein wünsche ich mir Folgendes:

_____

_____

☐ Der Grabstein soll in Auftrag gegeben werden bei der Steinmetz-

firma _____

_____

Zu 12.11.: Ort, Datum, Unterschrift _____

_____

12.12. Grabpflegevereinbarung

Wenn ein Bestattungsvorsorgevertrag oder ein (Teil-)Testament Bestattung vorliegt, müssen die folgenden Punkte so weit nicht ausgefüllt werden, wie sie in diesen Dokumenten geregelt sind.

☐ Eine Grabpflegevereinbarung soll abgeschlossen werden mit dem

Friedhof _____

/mit der Gärtnerei _____

☐ Eine Grabpflegevereinbarung (⟶ 2.30. und 8.4.) habe ich

abgeschlossen mit dem Friedhof _____

/mit der Gärtnerei _____

☐ Eine Kopie meiner Grabpflegevereinbarung befindet sich im Dokumentenordner 11.8.11.

☐ Eine Kopie meiner Grabpflegevereinbarung befindet sich bei

_____

☐ Ich möchte, dass meine Grabpflege über die regionale „Treuhandstelle für Grabpflege" abgesichert wird. (⟶ 2.30.)

Zu 12.12.: Ort, Datum, Unterschrift _____

_____

12.13. Nachlassregelungen

Soweit sie nicht im Testament geregelt wurden. Bitte beachten Sie, dass alle testamentarisch festgelegten Regelungen für die Erben eine größere Verbindlichkeit haben als die folgenden Verfügungen. Um nachträgliche Veränderungen zu vermeiden, sollten nicht benutzte Zeilen durchgestrichen werden (➡ 2.21.).

12.13.1. Geld, Wertgegenstände

12.13.2. Inventar, Auto

12.13.3. Kleidung

_____

_____

_____

_____

_____

12.13.4. Schmuck, Bilder, Bücher etc.

_____

_____

_____

_____

_____

12.13.5. Digitaler Nachlass

Mit meinem digitalen Nachlass (➡ 2.21.5.) soll Folgendes geschehen:

_____

_____

_____

☐ Ich wünsche, dass _____
für die Umsetzung meines Wunsches in Bezug auf meinen digitalen Nachlass sorgt.

12.13.6. Haustier

☐ Ich möchte, dass bei meiner Pflegebedürftigkeit oder bei meinem Tod mein Haustier

_____

in die Pflege von _____ gegeben wird.

12.13.7. Grabstätten

☐ Das Grab auf dem Friedhof _____

mit der Nr. _____ befindet sich in meinem Besitz,

Grabschein in _____

Nach meinem Tod soll das Nutzungsrecht übergehen an

_____

☐ Er/Sie hat diesem Übergang zugestimmt

☐ Der Friedhof muss darüber benachrichtigt werden.

Ablauf der Ruhezeit _____

12.13.8. Lebensbeschreibung

☐ Eine Kopie meiner Lebensbeschreibungen sollen nach meinem

Tode folgende Personen bekommen _____

_____

_____

12.13.9. Vorsorgebuch und Dokumentenordner

☐ Nach Erledigung aller Aufgaben, Wünsche und Verfügungen aus diesem Buch sollen Vorsorgebuch und Dokumentenordner übergeben

werden an _____

☐ Nach Erledigung aller Aufgaben, Wünsche und Verfügungen aus diesem Buch sollen Vorsorgebuch und Dokumentenordner vernichtet werden, sofern nicht Dokumente oder Daten in Zukunft noch gebraucht werden.

12.13.10. Weitere Besitztümer

_____

_____

_____

_____

Zu 12.13.: Ort, Datum, Unterschrift: _____

_____

12.14. Fundstellen für weitere persönliche Verfügungen

☐ Das Dokument _____ befindet sich _____

☐ Das Dokument _____ befindet sich _____

☐ Das Dokument _____ befindet sich _____

☐ Das Dokument _____ befindet sich _____

Inhalt

Hans-Arved Willberg
Heidrun Mildner

Demenz
DER LANGSAME ABSCHIED

Ein Ratgeber für
betroffene Angehörige

neukirchener
aussaat

Demenzerkrankte Menschen begleiten

Die Autoren zeigen Wege, wie Angehörige demenzerkrankte Menschen begleiten
können. Eine besondere Herausforderung ist dabei die Kommunikation mit
Betroffenen. Ein starker Praxisbezug und viele persönliche Erfahrungen machen
das Buch zu einem kompetenten Ratgeber.

Hans-Arved Willberg / Heidrun Mildner
Demenz – der langsame Abschied
Ein Ratgeber für betroffene Angehörige
kartoniert, 169 Seiten, ISBN 978-3-7615-5942-0

neukirchener
aussaat

Leben aus dem Einen!

ANNE SCHNEIDER
NIKOLAUS SCHNEIDER

Wenn das Leid, das wir tragen, den Weg uns weist

Leben und Glauben mit dem Tod eines geliebten Menschen

neukirchener
aussaat

Hoffnung über den Tod hinaus

Wenn ein geliebter Mensch stirbt, führt uns das oft an die Grenzen unseres Gottvertrauens. Anne und Nikolaus Schneider haben das erlebt, als ihre Tochter Meike an Leukämie starb. Ein sehr persönliches und tröstendes Buch!

Anne Schneider / Nikolaus Schneider
Wenn das Leid, das wir tragen, den Weg uns weist
Leben und Glauben mit dem Tod eines geliebten Menschen
gebunden, 79 Seiten, ISBN 978-3-7615-5728-0